# La mujer como extranjera en Israel

## Estudio exegético de Esdras 9-10

I0140610

222.7066
C771e
   Cook Steike, Elisabeth M.
     La mujer como extranjera en Israel: Estudio exégetico
   de Esdras 9-10 / Elisabeth M. Cook Steike.
   - San José, C.R.: Sebila, 2010.
   220 p.: 21cm.

   ISBN: 978-9977-958-41-5

     1. BIBLIA. A.T. - ESDRAS 9-10 - CRÍTICA,
   INTERPRETACIÓN, ETC. I. Título.

UNIVERSIDAD BÍBLICA
LATINOAMERICANA
Editorial SEBILA:
Dr. José Enrique Ramírez (director)
M.Sc. Elisabeth Cook
Dra. Genilma Boehler
M.Sc. Ruth Mooney
M.Sc. Violeta Rocha
Damaris Alvarez

# La mujer como extranjera en Israel

Estudio exegético de Esdras 9-10

ଔ  ଔ

*Elisabeth Cook Steike*

Universidad Bíblica Latinoamericana
Editorial SEBILA
Apdo 901-1000
San José, Costa Rica
Tel.: 2283-8848 / 2283-4498
Fax.: 2283-6826
ubila@ice.co.cr
www.ubila.net

Dedicado a mi familia,
entre quienes nunca soy extranjera.

# Contenido

# Abreviaturas

| | |
|---|---|
| AB | Anchor Bible |
| ANET | Ancient Near Eastern Texts |
| BDB | Brown, Driver and Briggs. Hebrew and English Lexicon |
| BI | Biblical Interpretation. A Contemporary Approach |
| BJ | Biblia de Jerusalén |
| BIS | Biblical Interpretation Series |
| BZAW | *Beihefte zur Zeitschrift fürConslu die alttestamentliche Wissenschaft* |
| CBQ | Catholic Biblical Quarterly |
| CB | Cuadernos Bíblicos |
| D | Tradición deuteronómica |
| DTMAT | Diccionario Teológico Manual del Antiguo Testamento |
| EB | Estudios Bíblicos |
| ICC | International Critical Commentary |
| JBL | Journal of Biblical Literature |
| JBS | Journal of Biblical Studies |
| JJS | Journal of Jewish Studies |
| JPS | Jewish Publication Society |
| JRS | Journal of Religion & Society |
| JSOT | Journal for the Study of the Old Testament |

| | |
|---|---|
| JSOTSup | Journal for the Study of the Old Testament Supplement Series |
| LBS | The Library of Biblical Studies |
| NCBC | The New Century Bible Commentary |
| NICOT | New International Commentary on the Old Testament |
| OBT | Overtures to Biblical Theology |
| OTL | The Old Testament Library |
| P | Tradición sacerdotal |
| SBL | Society of Biblical Literature |
| SBLMS | Society of Biblical Literature Manuscript Series |
| TDNT | Theological Dictionary of the New Testament |
| TDOT | Theological Dictionary of the Old Testament |
| TM | Texto Masorético |
| TWOT | Theological Wordbook of the Old Testament |
| VT | Vetus Testamentum |
| VTSup | Vetus Testamentum, Supplements |
| WBC | Word Biblical Commentary |
| WJ | Women in Judaism: A Multidisciplinary Journal |
| **ZAW** | *Zeitschrift für die alttestamentliche Wissenschaft* |

*El ángel que hablaba conmigo se adelantó y me dijo:*
*-Alza la vista y mira lo que aparece.*
*Pregunté: ¿Qué?*
*Me contestó: - Un recipiente de veintidós litros:*
*representa la culpa de todo el país.*
*Entonces se levantó la tapadera de plomo*
*y apareció una mujer sentada dentro del recipiente.*
*Me explicó el ángel: - Es la maldad.*
*La empujó dentro del recipiente y la tapó con la tapa de plomo.*
*Alcé la vista y vi dos mujeres con alas de cigüeña aleteando en el*
*viento,*
*que transportaban el recipiente entre cielo y tierra.*
*Pregunté al ángel que hablaba conmigo:*
*-¿Adónde se llevan el recipiente?*
*Me contestó:*
*-A construirle un nicho en territorio de Sanaar,*
*y cuando esté terminado, la pondrán sobre un pedestal.*
*Zac 5.5-11*
Traducción adaptada de
Luis Alonso Schökel. *Nueva Biblia Española.*

# Introducción

A pesar de haber crecido en la iglesia protestante, participando –a veces en forma obligada– en los cultos semanales y la escuela dominical, no fue hasta un curso reciente en la UBL que descubrí el relato de la expulsión de las mujeres extranjeras en el libro de Esdras.

Mi primera reacción, al encontrarme con este texto que presenta como algo natural la expulsión de mujeres –esposas y madres–, fue de asombro. Me sentí extrañamente identificada con esas mujeres, desde mi experiencia de ser "extranjera" - a los ojos de otras personas – dondequiera que he vivido, sea en el norte o en el sur del continente. Intrigada por las justificaciones que aporta el texto para la exclusión de las mujeres, empecé a cuestionar cómo la preocupación por la pureza e impureza, tan presente en el Antiguo Testamento, se concretizaba en la vida de seres humanos, como justificación para su rechazo y marginalización.

Mi interés, al desarrollar esta investigación, ha sido el de entender mejor las motivaciones y la visión del mundo de esta concepción sacerdotal y por qué, en este texto, desemboca en la exclusión de mujeres que, al parecer, no son acusadas de una actuación indebida, sino que son excluidas únicamente por razón de su género e identidad étnica. Inquieta por la conjugación de lo extranjero (en términos de etnia, raza y religión), en la figura de la mujer, y por el silencio de las mujeres en el texto, propongo analizar – teniendo muy presente las relaciones de género aparentes y encubiertas en el texto - la estrategia literaria y teológica de este relato y el contexto social en el que surge.

Esdras 9-10 es un texto escrito desde la perspectiva de los hombres. Expresa las medidas que un grupo de exiliados considera necesarias para asegurar su supervivencia y permanencia en la tierra de la promesa, a la que han podido volver después de muchos años de desarraigo y añoranza. Sus esperanzas para el futuro están plasmadas en la reconstrucción de su ciudad, de su templo, y en el cumplimiento de la ley como medio para asegurar que las infidelidades que llevaron al exilio no se volvieran a repetir. *Este grupo, que había experimentado la exclusión y expulsión en carne propia, regresa a su tierra y, extrañamente, margina y expulsa a otros (otras), por ser diferentes.* La preocupación exclusiva por las mujeres como amenazantes para la comunidad judía, es una clave importante que atraviesa nuestra investigación.

No es la intención de este trabajo buscar aspectos "liberadores" para las mujeres en este texto. Desde la situación de mujeres que luchan hoy contra la exclusión en todos los ámbitos de la vida, la expulsión de las mujeres extranjeras en Esdras no puede ser más que un reflejo de su propia vida y experiencia. Sin embargo, el esfuerzo por entender las luchas de poder que subyacen al texto, y la percepción religiosa y teológica que lleva a este grupo de judíos a decidir, con toda convicción y solemnidad, que la expulsión de las mujeres es su única salida (y que representa una acción de fidelidad a Yahvé), ilumina nuestra comprensión de los mecanismos que justifican y legitiman la exclusión de quienes son considerados diferentes – sea por su raza, etnia, religión o género.

El título de esta investigación, "La mujer como extranjera en Israel", resume, a nuestro parecer, la encarnación de diversas expresiones de la extranjeridad en la figura femenina. En un mundo definido a partir de lo masculino, la mujer siempre es, inevitablemente, extranjera.

**Antes de empezar...**

- En el capítulo 1 desglosamos nuestra propuesta para esta investigación y aportamos una breve descripción del contenido y la metodología que desarrollamos.
- Todas las citas bíblicas, siempre que no se indique lo contrario, son de la Biblia de Jerusalén, edición de 1998.
- Las citas traducidas al español de obras publicadas en otros idiomas, son nuestras.

# Capítulo 1
## "No tomes a sus hijas para tus hijos": Acercamientos al problema de los matrimonios con mujeres extranjeras en Esdras

El relato de la expulsión de las mujeres extranjeras de la comunidad judía postexílica en Esdras 9-10, ha sido estudiado ampliamente en los últimos años. El problema que presenta este texto es el matrimonio de hombres judíos (incluyendo sacerdotes y levitas) con mujeres extranjeras. La oposición a los matrimonios con extranjeras se basa en textos legales que prohiben el matrimonio entre israelitas y los habitantes de la tierra de Canaán, y en la identificación de la presencia de estas mujeres con la infidelidad a Yahvé y la impureza.

El rechazo de los pueblos extranjeros es característico de gran parte de la literatura del Antiguo Testamento, particularmente de la historia deuteronomista y de la tradición sacerdotal. Las mujeres extranjeras son identificadas, en general,[1] como problemáticas para Israel. Este hecho se ve complicado por el hecho de que la definición de quien es extranjero es determinada culturalmente y puede variar según el contexto.[2] Agregamos a

---

1     Excepcionalmente se presentan mujeres extranjeras que benefician a Israel con sus acciones, como Rajab (Jos 2.8-21) y Jael (Jc 4.17-22), pero, en el caso de Rajab es una prostituta (figura marginal) y en el caso de Jael, no es integrada a Israel.

2     Tamara C. Eskenazi y Eleanore P. Judd. "Marriage to a Stranger in Ezra 9-10" en Tamara C. Eskenazi y Kent H. Richards. *Second Temple Studies Vol 2: Temple and Community in the Persian Period. JSOTSup 175.* Sheffield: Sheffield Press, 1994, 274.

esto, el hecho de que Esd 9-10 se opone a la presencia de mujeres extranjeras, pero no se preocupa por los hombres extranjeros. Nuestra discusión del texto de Esdras debe empezar, entonces, por identificar *quiénes* definen la extranjeridad de las mujeres y *en qué circunstancias*. La ubicación de este texto en el postexilio, en medio de los conflictos generados por el regreso de exiliados a Judá y del naciente sectarismo en el judaísmo, obliga a una mayor profundización en el contexto de este período histórico y de la visión de dicho contexto que nos presenta el libro de Esdras.

Observamos en los capítulos 9-10 de Esdras que las mujeres extranjeras no toman la palabra en el texto, no tienen nombre, no actúan. No son *sujetos* en el texto, sino más bien el *objeto* de la discusión y de las decisiones del narrador. No tienen rasgos corporales ni de personalidad. El texto no indica por qué algunos de los miembros de la comunidad postexílica se casaron con ellas. No son, explícitamente, objeto de amor, como en el caso de las esposas extranjeras de Salomón (1 R 11.1-3); tampoco se les atribuyen acciones seductoras que extravían a los hombres, como encontramos en la historia de Jezabel y Dalila. Percibimos su presencia únicamente a partir de la reacción que provoca su presencia en los hombres que hablan en el texto.

En este capítulo desarrollamos, en primer lugar, nuestra propuesta para el estudio de Esd 9-10 y la perspectiva desde la cual analizamos el rechazo de las mujeres extranjeras en este texto. Con el fin de delimitar el acercamiento que proponemos para esta investigación, continuamos en el segundo punto con un repaso de los principales enfoques planteados por la literatura consultada. Como trasfondo para nuestra investigación, concluimos este capítulo con una síntesis de las diversas valoraciones y perspectivas de la mujer que encontramos en el Antiguo Testamento. De esta manera procuramos ubicar la actitud hacia la mujer que encontramos en Esd 9-10 dentro de un marco conceptual.

# 1. Propuesta para el estudio de Esdras 9-10

La tesis que exploramos en estas páginas no se detiene en los problemas específicos materiales relacionados con los matrimonios con mujeres extranjeras, sean estos de índole económica o legal.[3] Nuestro enfoque busca ir más allá de los problemas inmediatos de uno o varios posibles sucesos aislados, para analizar cómo el texto busca convertirse en normativo para el judaísmo posterior. Procuramos analizar, entonces, la *función literaria, retórica y teológica* de las mujeres extranjeras en Esd 9-10. Para ello, analizamos no sólo lo que el texto dice acerca de las mujeres extranjeras, sino también cómo lo dice, desde dónde lo dice e incluso, lo que no dice.

Nuestro estudio de la función de las mujeres extranjeras se concentra en el libro de Esdras, capítulos 9-10, pero entra en diálogo con mujeres extranjeras en otros textos del Antiguo Testamento. En el *capítulo 2* aportamos una visión global de esta obra postexílica, su estructura y las temáticas que desarrolla. La ubicación de Esd 9-10 en su contexto literario es fundamental para entender la problemática que se desarrolla en estos capítulos y su relación con los objetivos y las preocupaciones del libro de Esdras. Continuamos, en el *capítulo 3* con un estudio del contexto histórico y teológico del libro, enfocando particularmente el impacto de la interpretación del exilio en los textos exílicos y postexílicos del Antiguo Testamento. Leemos el libro de Esdras como una interpretación, entre otras, de del regreso a Judá en el post-exilio.

En el *capítulo 4* analizamos la composición y estructura de Esd 9-10, los temas teológicos y los conflictos evidenciados en el texto. Procuramos identificar la estrategia retórica del texto que desarrolla una fundamentación para la exclusión de las mujeres extranjeras, como también las luchas de poder que subyacen al texto. A partir del estudio del texto, proponemos una comprensión particular de la función de las mujeres en el contexto que refleja el libro de Esdras.

---

3   Analizamos los aportes y las limitaciones de estos acercamientos en el segundo punto de este capítulo.

En el *capítulo 5*, ampliamos el horizonte del estudio para incluir otros textos, de redacción final exílica y postexílica, donde la mujer extranjera también es responsabilizada por problemas que amenazan a Israel. Sugerimos algunas ideas para entender por qué los textos encuentran en la mujer extranjera una figura apropiada para representar un peligro para la comunidad. Cerramos el capítulo explorando algunas de las implicaciones sociales de la función que es asignada a la mujer extranjera en Esdras, y de lo que esto revela acerca del mundo que subyace al texto.

Nos acercamos al libro de Esdras como una construcción histórica realizada a partir de las perspectivas e intereses de un grupo del judaísmo postexílico. Partimos de la premisa de que el texto tiene una finalidad retórica, que es producto de la dinámica, e incluso del conflicto, entre los diversos grupos que empiezan a surgir durante el postexilio. Los círculos representados en el libro de Esdras presentan *su interpretación* de la experiencia del exilio y su comprensión de la naturaleza del judaísmo naciente como normativa para toda la comunidad.

Esta investigación se debe interesar, entonces, por la autocomprensión de la comunidad representada en el texto, así como por las facciones divergentes sobre las cuales el libro de Esdras busca imponerse. Reconocemos, además, que la función asignada a las mujeres en el texto no puede desligarse de sus implicaciones para la vida de mujeres, tanto en el judaísmo naciente como en nuestro mundo hoy. No podemos detenernos en la función literaria sin analizar las relaciones sociales que el texto refleja y refuerza.

En la *conclusión* de este trabajo identificamos algunos de los problemas que encontramos en la lectura de Esd 9-10 desde nuestro contexto hoy, y cerramos con algunas propuestas teológicas y pastorales desde la perspectiva de los géneros, las etnias y religiones "extranjerizadas" en nuestro medio.

## 2. Acercamientos al problema

Esd 9-10 es analizado en la literatura consultada desde diversas perspectivas. Resumimos a continuación las propuestas de estos autores y autoras para el estudio del problema de los matrimonios con mujeres extranjeras. Podemos agrupar los aportes según cuatro acercamientos generales: 1) un enfoque legal, 2) un acercamiento socioeconómico, 3) un acercamiento sociológico y, 4) un enfoque desde la perspectiva de género. Además de resumir cada acercamiento, valoramos su aporte para nuestra comprensión de Esd 9-10, y destacamos algunos elementos que consideramos importantes para la discusión que sigue.

### 2.1 Enfoque legal

Algunos autores y comentaristas entienden el problema de las mujeres extranjeras en Esd 9-10 como la violación de la ley. Loring W. Batten, en su comentario a Esdras y Nehemías de la serie del *International Critical Commentary*, valora la expulsión de las mujeres de la siguiente manera:

> Las posibles implicaciones para las mujeres son fácilmente exageradas a partir de consideraciones sentimentales, pero éstas difícilmente hubieran sido consideradas por Esdras y sus contemporáneos. Desde hacía mucho la ley había prohibido este tipo de matrimonios, y la ley debía ser obedecida.[4]

Sin duda, Esd 9-10 hacen énfasis en la importancia de obedecer la ley, e incluso cita dos de ellas en 9.11-12. La comunidad

---

4   Loring W. Batten en S. R. Driver, A. Plummer, y C.A. Briggs, editores. *Ezra and Nehemiah. ICC.* Edinburgh: T&T Clark, 1972 segunda edición, 352. . Ver también D.J. Clines, quien reconoce que Esdras hace una lectura más rígida de una ley desarrollada para otro contexto (*Ezra, Nehemiah, Esther. NCBC.* Grand Rapids Eerdmans, 1984, 133); Charles F. Fensham, quien enfáticamente declara los matrimonios como "ilegales" (*The Books of Ezra and Nehemiah. NICOT.* Grand Rapids: Eerdmans, 1982, 135); Adam C. Welch, quien afirma que Esdras simplemente aplicó una ley ya vigente (*Post-Exilic Judaism.* Edinburgh: William Backwood, 1935, 275-279).

es exhortada por Esdras y amenazada por su incumplimiento de las leyes que prohiben el matrimonio con mujeres extranjeras. Consideramos, sin embargo, que limitar la visión del texto a una cuestión legal no toma en cuenta la complejidad de elementos presentes en el texto, como por ejemplo: la identidad de los grupos involucrados, la participación de sacerdotes y levitas en el "delito", la preocupación exclusiva por las *mujeres* extranjeras, los intereses y temores reflejados en el texto y el contexto literario e histórico de las leyes que cita Esd 9.11-12.

Ciertamente existe legislación en el Antiguo Testamento que se preocupa por la relación matrimonial entre Israel y otros pueblos. Las prohibiciones explícitas, sin embargo, prohiben únicamente los matrimonios entre Israel y los pueblos originarios de Canaán (Dt 7.3-4; Ex 34.15-16). Esdras 9 también alude al problema de las mezclas sancionadas en Lv 19.19 y a la prohibición del ingreso a la asamblea de Yahvé de moabitas y amonitas (Dt 23.2-9). Esta legislación es interpretada en el libro de Esdras en un nuevo contexto y aplicada en forma generalizada a toda la población judía en Palestina. Una comprensión de estas prohibiciones en su contexto original es importante para entender su uso en Esdras 9 como argumentación en contra de los matrimonios con mujeres extranjeras.

### a)    Dt 7.3-4 y Ex 34.15-16

[3]No harás alianza con ellas, no les tendrás compasión ni emparentarás con ellas: tu hija no la darás a su hijo, ni tomarás una hija suya para tu hijo, [4]porque apartaría a tu hijo de mi seguimiento, y serviría a otros dioses...(Dt 7.3-4).

[15]No hagas alianza con los habitantes del país, pues cuando se prostituyan con sus dioses y les ofrezcan sacrificios, te invitarán a participar en sus sacrificios. [16]No tomes a sus hijas para tus hijos, pues sus hijas se prostituirán con sus dioses y prostituirán a tus hijos con sus dioses (Ex 34.15-16).

Esd 9.12 cita la prohibición de Dt 7.3b (cf. Ex 34.15) en su argumentación en contra del matrimonio con mujeres extranjeras. También encontramos referencia a Dt 7.3-4 en el relato de las mujeres extranjeras de Salomón en 1 R 11.1 y en la polémica de Neh 13 contra las mujeres extranjeras. En estas dos últimas referencias, a diferencia de Esd 9.12 donde no aparece mención explícita del problema del seguimiento de dioses ajenos, la advertencia en contra del matrimonio incluye la justificación que aparece en Dt 7.4 (cf. Ex 34.16): el peligro de seguir a otros dioses.

En Dt 7.3-4 y Ex 34.15-16, la prohibición a contraer matrimonio con personas de los pueblos que habitan Canaán, describe una preocupación por la identidad religiosa de Israel. Estos textos forman parte de un gran bloque legal que establece distancia entre Israel y las naciones de Canaán: desde la prohibición de relaciones sociales con dichos pueblos (Dt 7.1-4; Ex 34.12-16), hasta su expulsión (Ex 23.23-33; Nm 33.50-56) o exterminación (Dt 7.16; 20.16-18).[5]

Tanto Dt 7.3-4 como Ex 34.15-16 afirman, como base de la prohibición, la relación especial de Yahvé con Israel. Ex 34.10 reafirma la alianza de Yahvé con Israel y Dt 7.6 la elección de Israel como pueblo consagrado para Yahvé. El peligro de las naciones es, entonces, que seguir sus dioses significa abandonar esta relación especial. Esta es la argumentación de los autores que interpretan Esd 9-10 como la imposición de reglamentaciones ya existentes. Estos autores no responden satisfactoriamente a la pregunta por el énfasis exclusivo en las mujeres extranjeras en Esd 9-10.[6] Un estudio más detenido de las prohibiciones en Dt 7

---

5    Para un estudio de estos y otros textos preocupados por la relación de Israel y los pueblos de Canaán, ver Moshe Weinfeld. "The Ban on the Canaanites in the Biblical Codes and Its Historical Development" en André Lemaire y Benedikt Otze, editores. *History and Tradition of Early Israel. VTSup L.* New York: Brill, 1993, 142-160.

6    Batten, por ejemplo, explica la preocupación por las mujeres extranjeras argumentando que entre los exiliados que regresaron habían muchos hombres solteros y había escasez de mujeres apropiadas para ellos (*Ezra and Nehemiah*, 351). Otros autores, como Clines, se basan en el énfasis sobre la influencia de la mujer en Ex 34.15-16 (*Ezra, Nehemiah, Esther*, 120).

y Ex 34, sin embargo, nos ofrece pistas para empezar a comprender este enfoque sobre el problema de las mujeres. El vocabulario específico que utilizan estos dos textos difiere en varios puntos. Dt 7.3 prohibe explícitamente tanto el matrimonio de hombres israelitas con mujeres de las naciones, como el de mujeres israelitas con hombres de las naciones. En Ex 34.16, la prohibición específica se preocupa únicamente por el matrimonio de hombres israelitas con mujeres de las naciones. En ambos textos las naciones ejercen una influencia sobre los israelitas: apartar (סור) en Dt 7.4 y prostituir (זנה) en Ex 34.15-16. Pero este último texto describe el seguimiento de otros dioses con una metáfora que hace referencia a la actividad sexual de la mujer fuera del matrimonio, e identifica el problema específicamente con las mujeres (v.16: "sus hijas...prostituirán a tus hijos").[7] La identificación del peligro del matrimonio con los pueblos de Canaán adquiere aquí un doble énfasis en lo femenino: las mujeres son las que desvían a los hombres y esta infidelidad se describe en términos de una actividad sexual indebida identificada con la mujer. En Ex 4.16, las mujeres no sólo se prostituyen a sí mismas, sino que prostituyen a los hijos de Israel en el seguimiento de otros dioses. La prostitución asume aquí el carácter metafórico de la infidelidad de Israel,[8] pero *causado por* estas mujeres extranjeras.

Dado que la redacción de estos textos es posterior al período pre-monárquico, éstos no aluden históricamente a las naciones citadas, ya que muchas de ellas ni siquiera existían ya en la época de redacción del relato.[9] Estas comunidades no re-

---

7    Respecto al uso del término זנה, explica Phyllis A. Bird: "Como término general para la relación sexual extra matrimonial, ZNH está limitado en su uso primario a sujetos femeninos, ya que es sólo para mujer que el matrimonio es el determinante primario de status y obligación legal." ("To Play the Harlot: An Inquiry into an Old Testament Metaphor" en *Mistaken Persons and Mistaken Identities. Women and Gender in Ancient Israel*. OBT. Minneapolis: Fortress Press, 1997, 222).

8    La infidelidad de Israel es representada frecuentemente en los profetas como prostitución, donde Israel es la mujer infiel: Os 3.1; Is 1.21; Jer 3.1; 6-10; Ez 16; 23.

9    La mayoría de los autores consultados ubican Dt 7 en el período de la invasión Asiria, la destrucción del reino del norte en 722 y la posterior reforma de Josías con su preocupación por mantener el culto a Yahvé libre de influencias consideradas extranjeras. Ex 34 es posterior a Dt, posiblemente alrededor de 550 a.C. y refleja un contexto exílico. Ver R.H. Pfeiffer. *Introduction to the Old Testament*.

presentan, entonces, pueblos "históricos" con los cuáles Israel mantuviera relación, sino un "otro retórico" cuya función es la de sustentar el llamado a abandonar aquellas prácticas que la tradición deuteronómica consideraba contrarias a una fidelidad exclusiva a Yahvé – particularmente la adoración de otros dioses.[10] Las prácticas indeseables son identificadas como "abominaciones" practicadas por las naciones que habitan *en la tierra* que Israel va a tomar en posesión. La sentencia contra estos pueblos, que debían ser conquistados, expulsados o incluso exterminados (Dt 7.16,17,22-24), es una advertencia para quienes, *en Israel*, mantenían dichas costumbres.

Lecturas posteriores de Dt 7.3-4 y Ex 34.15-16 aplican la prohibición en forma literal a todas las personas no judías, pero en particular, al matrimonio con mujeres extranjeras.[11] Un ejemplo de esto es Esd 9.1-2 y Esd 9.11, cuya lectura de Dt 7 estudiaremos en el capítulo 3. Filón de Alejandría también aplica la prohibición a toda persona o nación no judía,[12] y encontramos numerosas prohibiciones contra el matrimonio con gentiles (especialmente mujeres gentiles) en la literatura apócrifa y pseudoepígrafa.[13]

New York: Harper & Brothers, 1941, 187, 224; Gerhard Von Rad, *Deuteronomy*. *OTL*. Philadelphia: Westminster, 1966, 26-27; Brevard S. Childs. *Exodus*. *OTL*. Philadelphia: Westminster, 1974, 613. Claudia Camp ubica ambos textos en el postexilio. Ella cuestiona la relevancia de estos textos en la época monárquica y sugiere que reflejan el conflicto postexílico entre los exiliados que regresan a Judá y los israelitas que permanecieron (*Wise, Strange and Holy. The Strange Woman and the Making of the Bible*. *JSOTSup 320*. Sheffield: Sheffield Academic Press, 2000, 23).

10   Cf. Kenton L. Sparks. *Ethnicity and Identity in Ancient Israel. Prolegomena to the Study of Ethnic Sentiments and Their Expression in the Hebrew Bible*. Winona Lake: Eisenbrauns, 1998, 259-261.

11   Una excepción son textos rabínicos, como la *Mishnah*, que no prohiben el matrimonio con extranjeros e incluso en el caso de moabitas y amonitas, permiten la incorporación de las mujeres pero no de los hombres, por medio del matrimonio. Ver M. Yebamot 8:3. Shayne J.D. Cohen explica esta determinación como la confrontación entre el libro de Rut y Dt 23.4 que prohibe el ingreso de amonitas y moabitas a la congregación (*The Beginning of Jewishness. Boundaries, Varieties, Uncertainties*. Los Angeles: University of California, 1999, 249).

12   Philo. "The Special Laws" III.29 en *The Works of Philo*. Traducido por C.D. Yonge. Massachusetts: Hendrickson, 1993, 597.

13   Ver, por ejemplo: Tob 4.12-13; Jub 22.19ss; 27.8-12; 30.7ss; TestJud 13.3; 14.6;17.1ss; TestLev 9.10; 14.6.

La redacción de Ex 34.15-16 refleja, entonces, una evolución teológica que identifica a la mujer extranjera de los pueblos de Canaán con la infidelidad de Israel. Las prácticas indeseables en Israel son el problema en ambos textos, pero el vocabulario de Ex 34 define el problema en términos de infidelidad sexual (prostitución). La infidelidad de Israel y sus consecuencias es un tema teológico que surge en la literatura bíblica a partir de la destrucción del reino del norte.

### b)    Dt 23.4-6

[4]Ni el amonita ni el moabita serán admitidos en la asamblea de Yahvé; ni aun en la décima generación serán admitidos en la asamblea de Yahvé, nunca jamás. [5]Porque no vinieron a vuestro encuentro con el pan y el agua cuando estabais de camino a la salida de Egipto, y porque (el moabita) alquiló para maldecirte a Balaán, hijo de Beor, desde Petor, Aram Naharáin. [6]Pero Yahvé tu Dios no quiso escuchar a Balaán, y Yahvé tu Dios te cambió la maldición en bendición, porque Yahvé tu Dios te ama. [7]No buscarás jamás mientras vivas su prosperidad ni su bienestar.

Este texto no hace mención alguna al matrimonio, sino que prohibe el ingreso a la asamblea de Yahvé a los amonitas y moabitas.[14] Sin embargo, la mención en Esd 9.1 de las naciones citadas en Dt 23.4-6 (amonitas, moabitas, egipcios), sugiere que en algunos círculos esta prohibición se entendía en términos de matrimonio. Dos de las naciones citadas en este texto de Dt (amonitas y moabitas), también se encuentran en la lista de las

---

14    En los versículos siguientes, el texto permite el ingreso de edomitas y egipcios de la tercera generación. Es significativo que aquí solo algunas naciones son excluidas – es decir, otras muchas son aceptadas en la congregación. No hay un rechazo generalizado de todas las naciones extranjeras. Los versículos anteriores (2-3), prohiben también el ingreso del mutilado y del *mamzer*, lo que sugiere que, además de una preocupación por el ingreso de ciertos extranjeros en Israel, también hay una preocupación cúltica y ritual. La BJ [3] define el término *mamzer* como hijos de matrimonios entre judíos y no judíos (nota a Dt 23.3). Cohen define *mamzer* como: un judío, hombre o mujer, quien por las circunstancias de su nacimiento, no puede casarse con un judío nativo; si se casan, los hijos son *mamzerim*." (*The Beginning of Jewishness*, 274). Cf. Yebamot 7.5.

mujeres extranjeras de Salomón (1 R 11.1) y en la descripción de la nacionalidad de las mujeres extranjeras en Neh 13.23.[15] Aparentemente, los redactores de estos textos interpretaron o ampliaron el significado de Dt 23.2-9 como una prohibición al matrimonio con personas de estas naciones. Esta es la interpretación rabínica que encontramos en la *Mishnah*, aunque sólo se refiere a los hombres amonitas y moabitas y no a las mujeres. Otros escritos judíos y algunos textos del Antiguo Testamento, en cambio, identifican la "congregación" con el Templo, la ciudad de Jerusalén o las asambleas y vida religiosa del judaísmo.[16]

Es interesante notar que Esd 9.1 no toma en cuenta la actitud más positiva de Dt 23.8 hacia los egipcios. Estos son incluidos en la lista de pueblos que cometen abominaciones, junto con los pueblos autóctonos de Canaán y los moabitas y amonitas, enemigos tradicionales de Israel.[17]

### c) Lv 19.19 (cf. Dt 22.9-11)

[19]Guardad mis preceptos. No cruzarás ganado tuyo de diversas especies. No siembres tu campo con dos clases de grano diferentes. No uses ropa de tejidos de dos clases.

Este texto tampoco hace referencia directa al matrimonio con extranjeros, pero sí por las mezclas, y el contexto del versículo, entre los capítulos 18 y 20 de Lv que expresan preocupación por la separación entre Israel y los pueblos de Canaán, sugiere la posibilidad de una interpretación en este sentido. Esd 9.2 expresa el rechazo de las mezclas entre las especies ("ha intercambiado compromisos -mezclado- la semilla santa con los pueblos

---

15   Estos pueblos fueron vecinos de Israel tanto durante la monarquía como en el exilio y postexilio. Ver mapas de los Imperios Asirio y Persa en Herbert Donner. *História de Israel e dos povos vizinhos*. Vol. 2: *Da divisão do reino até Alexandre Magno*. Traducido del alemán. São Leopoldo: Sinodal, 1997, 347, 457.

16   Cf. Lm 1.10. Para los textos judíos y rabínicos, ver resumen en Cohen, *The Beginning of Jewishness*, 250-251.

17   Algo que refleja, quizá, la actitud negativa hacia las prácticas atribuidas a Egipto en Lv 18.3 (equiparadas a las prácticas de Canaán!): "No hagáis como se hace en la tierra de Egipto...como se hace en la tierra de Canaán..").

de la tierra,..")[18] que encontramos en Lv 19.19. Este versículo de Levítico se encuentra en un capítulo de prescripciones éticas y cultuales en el Código de Santidad que responden a la exhortación: "Sed santos, porque yo, Yahvé, vuestro Dios, Soy santo" (Lv 19.1). Las normas citadas orientan a Israel en el camino hacia la santidad.[19] La prohibición habla específicamente de ciertas mezclas: diferentes especies de ganado, dos clases de grano diferentes, dos tejidos diferentes.[20]

El tema de las mezclas nos remite también a Lv 20.25-26, donde la separación de Israel de los demás pueblos es ejemplificada en la obligación de distinguir entre los animales puros e impuros: evitar la confusión o mezcla. El factor común es la separación, el orden. La santidad empieza por la separación, tanto *de* Israel como *en* Israel. El orden se debe preservar para evitar el caos, la impureza y la consecuente contaminación de la tierra (Lv 18.24). La ausencia de separación es característica de las prácticas de las naciones que habitan en Canaán.

Cuando relacionamos Lv 19.19 con Lv 20.25-26, la prohibición adquiere un sentido similar al de Dt 7.3ss y Ex 34.15-16: las prácticas indeseables son identificadas como prácticas extranjeras de las cuales Israel debe mantenerse distante. La mezcla, la comunión, el matrimonio con quienes las practican, amenaza a Israel. En este caso, la amenaza es formulada en términos sacerdotales: impureza, profanación, contaminación. Dicha terminología surge con fuerza en el período postexílico, época probable de la redacción final de la tradición sacerdotal (incluyendo el Código de Santidad), como un intento por establecer límites

---

18    Ver estudio de este versículo en el capítulo 4.
19    Jacob Milgrom. *Leviticus 17-22*. AB. New York: Doubleday, 2000, 1596.
20    Este texto ha sido interpretado de diversas maneras. Calum M. Carmichael identifica estas prohibiciones como proverbios que enjuician aspectos específicos de la historia patriarcal. Mientras que Dt 22.9-11 hace una crítica del comportamiento de Judá, Lv 19.19 critica al matrimonio de José con la egipcia Asnat y la descendencia "mixta" que surge de esta unión. ("Forbidden Mixtures in Deuteronomy XXII 9-11 and Leviticus XIX 19", *VT* XLV, 4 (1995) 433-448). Cf. Max Weber. *Ancient Judaism*. Traducido por Hans H. Gerth y Don Martindale. Illinois: Free Press, 1952, 351. Milgrom,, en cambio, afirma que el texto prohibe las mezclas por estar reservadas al ámbito de lo sagrado. (*Leviticus 17-22*, 1661).

entre lo que "es Israel" y lo que "no es Israel", en un contexto donde la monarquía ha dejado de existir y las fronteras políticas son relativizadas ante la dominación de los imperios babilonio y persa. Esta es la posición de van Houten:

> Comprendo la legislación sacerdotal como un cuerpo legal que fue revisado por los sacerdotes en el exilio en respuesta a la crisis que vivieron los judíos. En el exilio, los judíos ya no podían identificarse como nación. La pertenencia a esta comunidad ya no era sinónimo de la ciudadanía bajo un rey. El pueblo elegido era ahora una minoría derrotada en una tierra extranjera... cuando este grupo regresó a su tierra, enfrentó nuevos desafíos en términos de identidad, tenencia de la tierra, participación y membresía en la comunidad cúltica. Las leyes del cuerpo de P articulan una de las respuestas de la fe de Israel a esta crisis.[21]

El problema de los matrimonios con mujeres extranjeras en Esd 9-10, según este enfoque, es la ausencia de separación entre dos naturalezas: se ha mezclado lo puro y lo profano.

De lo anterior concluimos que el estudio de los textos legales a los que hace referencia Esd 9 es importante para nuestra investigación. La complejidad de la situación postexílica y del texto mismo, sin embargo, no nos permite reducir la interpretación del suceso relatado a la obediencia de una ley, sin explorar cómo esta legislación es aplicada a un nuevo contexto, y cuáles son los intereses y las preocupaciones que refleja.

---

## Excursus 1
## El principio matrilineal

Según el principio matrilineal, la identidad étnica de la madre define si un hijo o una hija pueden ser aceptados como judíos. Si la madre es judía, independientemente de si el padre lo es o no, los hijos y las hijas son aceptadas como judías. Dada la preocupación exclusiva en Esd 9-10 por la condición extranjera de las mujeres, consideramos

---

21    Christiana van Houten. *The Alien in Israelite Law. JSOTSup 107.* Sheffield: Sheffield Academic Press, 1991, 119.

importante valorar las posibles implicaciones de esta tradición para la interpretación del texto. Aunque el principio matrilineal fue incorporado a la legislación rabínica en el siglo 2 d.c.,[22] existen diversas propuestas sobre la época y las motivaciones que llevaron al surgimiento de este concepto para la definición de la identidad judía. Kunin propone que esta tradición surgió en un contexto donde se buscaba limitar el matrimonio de hombres judíos con mujeres extranjeras, posiblemente a partir del postexilio.[23] Cohen, sin embargo, aporta evidencia de que el principio matrilineal era desconocido para autores posteriores como el autor de Jubileos, e incluso Filón y Joséfo.[24] Concluye, entonces, que el principio no era conocido en forma generalizada en la época del segundo templo.[25]

El principio matrilineal no era un privilegio que se le otorgaba a la mujer, sino, como señala Kunin,[26] una forma de evitar que hombres judíos se casaran con mujeres no judías. Se basa en la premisa de que la mujer es la que tiene el potencial de contaminar la pureza de la raza judía. El matrimonio de una mujer judía con un hombre no judío, por un lado, se podía evitar dado que la mujer estaba bajo la tutela de su padre y, por otro lado, no era tan crítico por el hecho de que ella salía de su familia para formar parte de la familia de su esposo. Sus hijos eran linaje de su esposo y recibirían la herencia de su esposo, por lo tanto no era problemático para el linaje y la herencia de la comunidad judía.

Este principio no influyó en la definición del linaje, que seguía siendo patriarcal (como vemos claramente en las genealogías de 1 Crónicas). Buscaba asegurar que *ambos*, hombre y mujer, fueran judíos, con el fin de asegurar la pureza del linaje y mantener la herencia dentro del linaje judío. Pero la descendencia genealógica y la herencia seguían pasando por el hombre.

Es posible que lo que encontramos en Esdras sea una aplicación del principio matrilineal, en sus inicios. Difícilmente podemos asegurar, sin embargo, que ya en el postexilio temprano esta era una legislación establecida, dada la ausencia de crítica hacia los matrimonios con mujeres extranjeras que encontramos en textos como Crónicas y Rut.

---

22    Cohen, The Beginnings of Jewishness", 263.
23    Seth Daniel Kunin. *The Logic of Incest. A Structuralist Analysis of Hebrew Mythology*. JSOTSup 185. Sheffield: Sheffield Academic Press, 1995, 54.
24    Cohen, *The Beginnings of Jewishness*, 271-273.
25    Qiddushin 3.12; 4.16; Yebamot 2.5; 7.5.
26    Kunin, *The Logic of Incest*, 54.

## 2.2 Acercamiento económico

Otro acercamiento a nuestro texto de estudio en la literatura actual sugiere que factores socioeconómicos pueden ofrecer pistas para entender la expulsión de las mujeres extranjeras de la comunidad judía postexílica en este relato. Los autores enfocan el problema desde dos perspectivas. La primera busca explicar, en términos de status social y económico, qué podría haber llevado a exiliados repatriados a casarse con mujeres extranjeras. La segunda describe la amenaza en términos económicos que podría haber significado el matrimonio de hombres del grupo de exiliados con mujeres extranjeras.

### a)    ¿Por qué casarse con una mujer extranjera?

Daniel Smith-Christopher, Tamara Eskenazi y HGM Williamson explican los matrimonios sancionados en Esd 9-10 como una forma en la que algunos exiliados podrían haber buscado mejorar su situación económica y social en Judá. Esta propuesta se basa en la premisa de que la comunidad exiliada regresó en condiciones de desventaja económica.[27] Habían perdido sus tierras y al regresar encontraron una nueva elite en control de la vida religiosa, económica y social en Judá. Esta posición concuerda con el análisis que hace Francolino Gonçalvez de la situación de Judá durante el exilio:

> La pérdida demográfica acarreó, sin duda, una disminución de
> la importancia política y militar de Judá, pero nada indica que
> afectara desfavorablemente a la vida de su población...particu-
> larmente a la actividad económica...Las grandes familias favora-
> bles a la sumisión a Babilonia ya no tenían la competencia del

---

27    Esta es la posición de Daniel L. Smith-Christopher. "The Mixed Marriage Crisis in Ezra 9-10 and Nehemiah 13: A Study of the Sociology of the Post-Exilic Judaen Community" en Tamara C. Eskenazi y Kent H. Richards. *Second Temple Studies Vol 2*, 261; y H.G.M. Williamson. *Ezra-Nehemiah*. WBC. Nashville: Thomas Nelson Publishers, 1985, 160.

partido adverso. Los campesinos pobres, que eran la gran mayoría, recibieron las viñas y las tierras de los ricos deportados.[28]

Smith-Christopher describe la teoría de la "hipergamia", según la cual hombres de una población en desventaja buscan casarse con mujeres que están en mejores condiciones económicas y sociales.[29] Paolo Sacchi explica los matrimonios, particularmente de los sacerdotes, como una estrategia para extender su control y hegemonía en toda la región, ante las dificultades económicas y los conflictos internos con otros grupos de exiliados repatriados.[30] Las alianzas con las familias poderosas de Judá facilitarían esta meta. Esto es más aparente en Nehemías, donde hay evidencia de matrimonios entre las familias sacerdotales de Jerusalén y familias de Samaria y Amón (Neh 6.17-19).

b)      **Propiedad, herencia y estabilidad económica**

Una de las preocupaciones expresadas en los textos postexílicos es la disputa por el derecho a la tierra en Palestina. En la historia de Israel relatada en el Antiguo Testamento, la tierra es la herencia de la descendencia elegida por Yahvé. En el contexto de la preocupación por la pertenencia de la tierra, Naomi Steinberg interpreta el problema de los matrimonios en Esdras a partir de su lectura de Gn 11.10-50.26, donde identifica la importancia de límites familiares claros para mantener la herencia (la tierra) dentro del linaje "correcto".[31]

El matrimonio adecuado, según este estudio, se limitaba a mujeres del linaje de Téraj y solo un hijo podía heredar. Así, mientras Israel permaneciera en la tierra, la herencia no se diluía entre muchos. Esta autora, quien ubica la redacción

---

28      Francolino J. Gonçalves. "El 'destierro': Consideraciones históricas", *EB* 55 (1977) 458.
29      Smith-Christopher, The Mixed Marriage Crisis in Ezra", 249-252.
30      Paolo Sacchi. *The History of the Second Temple Period. JSOTSup 285*. Trad. del italiano. Sheffield: Sheffield Academic Press, 2000, 117-125.
31      Naomi Steinberg. *Kinship and Marriage in Genesis. A Household Economics Perspective*. Minneapolis: Fortress Press, 1993.

final de Génesis en la época postexílica, afirma que las historias son "metáforas que definen los límites de la comunidad".[32] El libro de Génesis concluye con los hijos de Jacob ubicados fuera de la tierra de la promesa – en el exilio. La herencia, entonces, se asigna únicamente a éstos, quienes regresan a la tierra de la promesa desde el exilio. Quienes permanecieron en la tierra son, por definición, del linaje incorrecto y no pueden heredar.

Los artículos de Harold Washington,[33] Tamara C. Eskenazi[34] y Kenneth Hoglund[35] también proponen que detrás de la polémica contra las mujeres extranjeras se esconde una preocupación basada en intereses sociales y económicos, más que en preocupaciones religiosas o étnicas. Según Eskenazi, en ausencia de la monarquía, la familia vuelve a adquirir importancia económica en la sociedad, lo que redunda en mayor poder para las mujeres, incluyendo la posibilidad de ser herederas de la propiedad de la familia y de participar en transacciones económicas.[36] Esto significa que el matrimonio con una mujer extranjera podía resultar en la pérdida de propiedades pertenecientes a los exiliados repatriados en Judá.[37] Esta propuesta supondría que la comunidad de exiliados en Judá había tomado posesión de las

---

32  Ibid., 143.
33  Harold C. Washington. "The Strange Woman of Proverbs 1-9 and Post-Exilic Judaen Society" en Eskenazi y Richards. Second Temple Studies Vol 2, 217-242.
34  Tamara C. Eskenazi. "Out from the Shadows: Biblical Women in the Postexilic Era", JSOT 54 June (1992) 25-43.
35  Kenneth Hoglund "The Achaemenid Context" en Phillip R. Davies. Second Temple Studies 1. The Persian Period. JSOTSup 117. Sheffield: Sheffield Academic Press, 1991, 67.
36  Eskenazi, "Out from the Shadows", 31-33.
37  Ibid., 35. Según Hoglund, "...un matrimonio mixto eleva el potencial de la transferencia de la propiedad de un grupo étnico al control de otro...la reformulación de las leyes que gobiernan el matrimonio a menudo acompaña cambios legales en la relación económica dentro de una comunidad étnica o religiosamente diversa." ("The Achaemenid Context", 67). . Washington concluye que esta preocupación por mantener la integridad socio-económica de la comunidad postexílica en Judá está detrás de la figura de la mujer extranjera (נכריה/אשה זרה) en Pro 1-9 ("The Strange Woman of Proverbs 1-9", 239-242). Cf. Joseph Blenkinsopp. Ezra-Nehemiah. OTL. Philadelphia: Westminster Press, 1988, 176, quien también hace referencia a la preocupación por la herencia en los relatos de Gn 12-50.

propiedades y que la pertenencia a la comunidad tenía implicaciones económicas (cf. Esd 10.8).[38]

Janzen, sin embargo, argumenta que, con el fallecimiento del esposo, la propiedad que una mujer podría heredar pasaría a sus hijos y no saldría de la comunidad.[39] El matrimonio con mujeres extranjeras, en vez de arriesgar la pérdida de propiedad y bienes, sería un medio para incrementar los bienes de la comunidad, ya que aportarían bienes al matrimonio desde su familia de origen. Según este autor, en el Antiguo Medio Oriente, un hombre que se divorciaba sin causa debía entregar su propiedad a la esposa para la manutención de los hijos. La expulsión de las mujeres extranjeras, entonces, significaría la pérdida, y no la protección, de la propiedad de la comunidad.[40]

Las implicaciones de la discusión anterior para nuestro análisis de Esd 9-10 tienen que ver con una posible motivación económica para mantener la "pureza de la raza". El matrimonio con mujeres extranjeras podría transmitir la herencia a quienes no eran del linaje correcto – es decir, a quienes no eran descendientes exclusivamente de judíos exiliados. Sin restarle importancia a los conflictos económicos y sociales del postexilio, consideramos que la preocupación que encontramos en Esdras por la identidad y por la definición de los límites del "verdadero Israel", no se limita a

---

38   Ver el modelo del *Citizen-Temple Community* (ciudadano-templo-comunidad) de Joel Weinberg. "The Postexilic Citizen-Temple Community: Theory and Reality" en Joel Weinberg. *The Citizen-Temple Community*. *JSOTSup 150*. Traducido del alemán por Daniel L. Smith-Christopher. Sheffield: Sheffield Academic Press, 1992, 127-138. Según este autor, la estructura social de la comunidad postexílica se caracterizaba por un sistema de relaciones agrarias en las que toda la tierra era declarada propiedad de Yahvé. Se mantenía bajo la administración de las casas ancestrales y se dividía entre las diversas familias para su uso. La participación en la comunidad tenía, entonces, implicaciones directas para el acceso a la tierra. Negarse a cumplir las normas de la comunidad podría amenazar con la pérdida de la tierra.

39   Ver la discusión de Janzen, *Witch-hunts, Purity and Social Boundaries. The Expulsion of Foreign Women in Ezra 9-10. JSOTSup 350*. Sheffield: Sheffield Academic Press, 2002, 16-18.

40   Janzen, *Witch hunts*, 17; "El Código de Hammurabi 138" en James Pritchard, comp. *La Sabiduría del Antiguo Oriente*. Traducido por Dr. J.-A. G.-Larraya; James Pritchard, comp. *The Ancient Near East*. Princeton: Princeton University. Barcelona, Garriga, 1966, 180.

los aspectos económicos. Esd 9-10 no describe una preocupación por la situación socioeconómica, como la que encontramos en Neh 5. La amenaza que representa la presencia de las mujeres – su integración a la comunidad – sea cual haya sido su origen social, político o económico, se ha trasladado a una argumentación teológica y cultica que sobrepasa en mucho un hecho particular (como sí encontramos en el caso de Neh 13.23-27).[41]

Nuestra interpretación de Esd 9-10 encuentra en el texto intenciones mucho más amplias que se relacionan con la definición de criterios normativos para el judaísmo postexílico. Con este fin, el texto incorpora lenguaje sacerdotal y deuteronómico, haciendo memoria de la experiencia del exilio, y presentando la situación de la comunidad como una reincidencia en aquellos comportamientos que provocaron el castigo anterior. Aunque veremos que el texto de ninguna manera está libre de tensiones económicas y sociales, éstas no se relacionan exclusivamente con las mujeres extranjeras.

## 2.3   Amenazando los límites de la identidad

Este acercamiento al texto analiza el impacto que tuvo sobre los exiliados el hecho de vivir como una minoría extranjera bajo dominación. Estudia cómo las estrategias de supervivencia e identidad desarrolladas en el exilio son trasladadas a un nuevo contexto con el retorno a Judá. Daniel L. Smith[42] identifica pistas en los textos exílicos y postexílicos que sugieren que los exiliados generaron mecanismos de solidaridad social con el fin de preservar la integridad social, como también una consciencia de grupo minoritario caracterizada por límites sociales que designan lo que está "dentro" y "fuera" del grupo. Esta consciencia se

---

41   Donde el problema de los matrimonios mixtos es explícitamente el olvido de la lengua judía.

42   Daniel L. Smith. "The Politics of Ezra" en Phillip R. Davies, editor. *Second Temple Studies. 1. The Persian Period. JSOTSup 117.* Sheffield: Sheffield Academic Press, 1991, 82-83. Ver también Daniel L. Smith. *The Religion of the Landless. The Social Context of the Babylonian Exile.* Bloomington: Meyer-Stone Books, 1989, 56-60.

expresa de diversas maneras, incluyendo la preocupación por la pureza y la integridad del grupo.

Una forma de preservar la solidaridad e identidad de un grupo, según Smith,[43] sería la creación de relaciones de parentesco o unidades familiares "ficticias", como las que encontramos en las listas de casas paternas en Esdras. Otra sería por medio de la endogamia. Los conflictos reflejados en Esdras entre los exiliados repatriados y los pueblos que permanecieron en Palestina se entienden como producto de la sociología particular de este grupo de "sobrevivientes".

Los límites sociales establecidos como mecanismo de supervivencia durante el exilio produjeron conflictos luego del regreso a Palestina. Los exiliados formaron una comunidad autodefinida...una comunidad de 'sobrevivientes' que regresaron a Palestina con una teología de inocencia y pureza adquirida en oposición a la impureza de quienes habían permanecido en casa. Este orgullo teológico por parte de la comunidad de exiliados, debe haber generado estragos y provocando otros conflictos, como el abuso económico y la infidelidad religiosa.[44]

En esta misma línea, Eskenazi y Judd describen a la comunidad en Esdras como una comunidad de inmigrantes que busca establecer límites frente a la pérdida de las señales tradicionales de la identidad.[45] Los diferentes criterios de identidad y pertenencia, propone Christine Hayes, ayudan a explicar el surgimiento de diversos grupos a partir del judaísmo postexílico.[46] La preocupación por los matrimonios con mujeres extranjeras

---

43   Smith. *The Religion of the Landless*, 60.
44   *Ibid.*, 197.
45   Eskenazi y Judd. "Marriage to a Stranger in Ezra 9-10" en Tamara C. Eskenazi y Kent H. Richards. *Second Temple Studies Vol 2*, 275.
46   Sostengo que diferentes perspectivas sobre el acceso de gentiles a la identidad judía, derivadas de distintas concepciones de la impureza de los gentiles, jugaron un papel central en la formación de sectas judías durante el período del Segundo Templo y en la separación de la iglesia primitiva de lo que luego sería el judaísmo rabínico. Christine E. Hayes. *Gentile Impurities and Jewish Identities*. Oxford Scholarship Online:Oxford University Press. 2002, 4. Consultado en .www.Oxfordscholarship.com/oso/public/content/religion/0195151208/toc.html.

forma parte de este debate sobre la identidad de la comunidad y los criterios que definen quiénes pueden pertenecer a ella.

El peligro de las mujeres extranjeras en Esdras está en su cercanía, tanto geográfica como genealógica. Kunin, en su investigación de las relaciones entre Israel y los pueblos cercanos, concluye que la proximidad genealógica de Israel con quienes *no son Israel*, requiere establecer límites claros a nivel ideológico.[47] La preferencia por la endogamia es una de las formas en que se establece dicha distancia, ya que define con quiénes es aceptable contraer relaciones matrimoniales:[48]

> La endogamia crea una distinción natural entre personas, es decir, los que se pueden casar entre sí y los que no pueden hacerlo. Cuando hay un límite claro entre los grupos, no hay problema... Es con los grupos más cercanos donde surge la crisis, porque genealógicamente forman parte del grupo...Para mantener la estructura social de la endogamia...las naciones más cercanas deben ser las más negativas ideológicamente con el fin de reducir la crisis generada por su proximidad...[49]

Greifenhagen, en su artículo sobre la etnicidad, propone que la insistencia en las diferencias entre pueblos y grupos en los textos bíblicos es una clara señal de que en realidad la diferencia no era tan aparente.[50]

Este mismo autor describe la etnicidad en términos que iluminan nuestro estudio de la comunidad judía postexílica: a) es un proceso social preocupado por los límites entre "nosotros" y "ellos"; b) el límite de la etnicidad a menudo se caracteriza por una creencia subjetiva en una descendencia común (real

---

47 Kunin, *The Logic of Incest*, 201ss.
48 Notamos que en el Antiguo Testamento no hay una preocupación por el matrimonio de israelitas con mujeres de naciones lejanas, incluso de los imperios. La legislación y los textos están preocupados por la relación con quienes están cerca. Los límites claros impuestos por vía legal y religiosa son necesarios cuando las diferencias no son aparentes.
49 Kunin, *The Logic of Incest*, 201
50 Greifenhagen, F.V. "Ethnicity In, With, or Under the Pentateuch. *JRS* Vol 3 (2001), pr 23. Versión electrónica: moses.creighton.edu/JRS/pdf/ 2001-1.pdf.

o ficticia) y una historia ancestral o mitología común; c) los de afuera sirven como un contraste con base al cual se articula la identidad étnica...los miembros del grupo definen quiénes son por medio de la definición de quiénes no son; d) la preocupación por evocar un sentido de diferencia es más urgente respecto a "otros próximos" o "vecinos cercanos" quienes comparten similitudes reales con el grupo que busca definirse étnicamente; e) la identidad étnica es una construcción social producida como respuesta humana a circunstancias particulares, especialmente relaciones asimétricas que tienen que ver con la formación, la expansión y el mantenimiento del estado...[51]

David Janzen[52] también se acerca al texto desde la preocupación por la integración social de un grupo y la definición de su identidad. Este autor describe la expulsión de las mujeres extranjeras en Esd 9-10 como una "cacería de brujas", producto de la necesidad de fortalecer una sociedad caracterizada por la desintegración social interna. Las mujeres, según Janzen, frecuentemente son las víctimas de este tipo de "acto de purificación ritualizada."[53] Ellas son identificadas como extranjeras y, como tal, impuras. La purificación de la comunidad implica la expulsión de lo impuro/extranjero.[54]

Los acercamientos al texto que hemos descrito en este apartado, tienen en común una preocupación por entender la expulsión de las mujeres extranjeras como producto de la necesidad de establecer criterios para la identidad del verdadero Israel. Estos criterios definen, por oposición, la diferencia entre Israel y quiénes *no son* Israel. El contexto social, histórico y teológico en el que se desarrolla esta identidad tiene implicaciones para la actitud reflejada en los textos hacia quienes son definidos como "extranjeros".

La imagen de desarraigo y precariedad de los exiliados repatriados que nos presenta Smith-Christopher, sin embargo, no

---

51    Resumido y traducido de *Ibid.*, par. 5-8.
52    Janzen, *Witch-hunts, Purity and Social Boundaries.*
53    *Ibid.*, 19-21, 78-79.
54    *Ibid.*, 22.

es aparente en el libro de Esdras. Según la visión que presenta el libro, los exiliados (particularmente el grupo que acompaña a Esdras), regresan con autoridad política, religiosa y económica.

Los exiliados son considerados, en el libro de Esdras y en muchos otros textos del Antiguo Testamento, como el verdadero Israel, el remanente santo que Yahvé rescató y con quiénes busca establecer un nuevo pueblo en Judá.

Aunque el encuadramiento del texto dentro de la crisis del exilio y la resultante redefinición de la identidad judía es fundamental para entender la dinámica del judaísmo postexílico, no explica por qué las mujeres son identificadas como *el problema* en este texto.

## 2.4 Mujeres extranjeras...y extranjerizadas

Este acercamiento es el menos explorado en la literatura consultada. El avance que consideramos más significativo es el de Claudia Camp.[55] Esta autora interpreta Esd 9-10 a partir de su lectura de la mujer extranjera de Pro 1-8. Su análisis se basa en textos sobre mujeres extranjeras y "extranjerizadas" en literatura veterotestamentaria exílica y postexílica. Ella encuentra en los textos un desdoblamiento que convierte en "mujeres extranjeras" incluso a aquellas que son de linaje sacerdotal.[56]

Camp no niega que el contexto social, político y económico influye en la actitud hacia las mujeres extranjeras, a quienes ella ubica exclusivamente en redacciones postexílicas de los textos del Antiguo Testamento. Su tesis, sin embargo, no se concentra en los condicionamientos históricos sino que busca entender la ambigüedad que encuentra en las representaciones de las mujeres extranjeras y "extranjerizadas" en los textos.

---

55    Camp, *Wise, Strange and Holy*; Claudia Camp. "What's So Strange About the Strange Woman" en David Jobling, Peggy Day y Gerald T. Sheppard, editores. *The Bible and the Politics of Exegesis*. Cleveland: Pilgrim Press, 1991.

56    "La rigurosa comprensión de la identidad basada en la descendencia masculina significa, en efecto, que toda mujer es extranjera", Camp, *Wise, Strange and Holy*, 344.

Camp desarrolla su imagen de la mujer extranjera a partir de una lectura que coloca un texto "sobre" otro hasta llegar a identificar a la mujer (no solo la mujer extranjera), con el mal. Más allá de una situación histórica concreta, ella desarrolla una propuesta para entender a la mujer extranjera dentro de la lógica retórica de los textos.

Nuestro acercamiento a Esd 9-10 y el problema de las mujeres extranjeras sigue la línea de Camp en nuestra lectura de la mujer extranjera como figura representativa en el texto. Igualmente consideramos fundamental el factor de género, y no sólo de etnicidad, para la interpretación del texto. Nuestra investigación, sin embargo enfocará la función de las mujeres extranjeras dentro de la dinámica específica de un texto. De esta manera procuramos identificar las particularidades de este texto y de su representación de las mujeres extranjeras. Además, aportamos algunas pistas para entender por qué la mujer extranjera es representada tan frecuentemente como una figura negativa y amenazante en los textos.

Como trasfondo para la investigación que sigue, buscamos a continuación ubicar la actitud de Esd 9-10 hacia la mujer en el contexto de las diversas valoraciones y perspectivas de la mujer que encontramos en el Antiguo Testamento.

### 3. La mujer en el mundo conceptual del Antiguo Testamento

No pretendemos "rescatar" a las mujeres extranjeras en Esd 9-10, sino entender cómo el texto se ubica dentro de una realidad donde la valoración de la mujer la convierte en la figura idónea para representar y personificar el temor a lo extranjero. Por ello resaltamos aquí que la actitud hacia las mujeres que encontramos en el libro de Esdras es propia de un momento en el desarrollo histórico, cultural y literario de Israel.

## 3.1 La construcción de la figura de la mujer en el AT

Las imágenes de la mujer que encontramos en los textos del Antiguo Testamento son una construcción simbólica masculina. La función de las mujeres en los textos responde a los intereses, como también a los temores y las ansiedades, de los hombres.[57] Los textos reflejan cómo los hombres perciben a las mujeres y su función en la sociedad. Y este mundo simbólico refleja, a su vez, el mundo social, político, económico y religioso en el que surge.[58]

Aunque vemos en los textos del Antiguo Testamento que el hombre ejercía la función primordial a nivel público, hay evidencia de que el ámbito familiar giraba alrededor de la mujer. En las narraciones patriarcales, el papel principal de la mujer es proveer descendencia para el linaje de los hombres, algo necesario para la sobrevivencia de la familia. En este contexto, donde la economía familiar era de vital importancia para la comunidad, resaltaba el papel de la mujer como gestora de dicha economía.[59] Aunque la mujer se mantenía bajo control del esposo, ella era necesaria para la sobrevivencia de la familia y la sociedad.[60]

---

57   Explica Cheryl Exum: "Mientras que hombres y mujeres han compartido en la construcción de la historia de la sociedad, la creación simbólica ha sido controlada por los hombres." (*Fragmented Women. Feminist (Sub)versions of Biblical Narratives. JSOTSup 163.* Sheffield: Sheffiled Academic Press, 1993, 10).

58   Alicia A. Keefe. "Stepping In/Stepping Out: A Conversation Between Ideological and Social Scientific Feminist Approaches to the Bible", *JRS* Vol 1 (1999), 8. Versión electrónica: puffin.creighton.edu /human /JRS/PDF/1999-6.PDF. Cf. Phyllis A. Bird. *Missing Persons and Mistaken Identities. Women and Gender in Ancient Israel. OBT.* Minneapolis: Fortress Press, 1997, 19.

59   Para un estudio breve del papel de la mujer en el hogar ver Carol Meyers. "Women and the Domestic Economy of Israel" en Alice Bach, editora. *Women in the Hebrew Bible. A Reader.* New York: Routledge, 1999, 33-44.

60   Cheryl Meyers analiza tres relatos (Gn 24.28; Rut 1.8; Cant 3.4;8.2) donde aparece una contraparte femenina a la casa patriarcal (*bet 'ab*), denominada casa de la madre (*bet 'em*). Ella sugiere que este término refleja tradiciones antiguas en las que la influencia de la mujer en el ámbito de la familia era mucho mayor. (Carol Meyers. "'To Her Mother's House' Considering a Counterpart to the Israelite Bet 'ab" en Jobling, Day y Sheppard, editores, *The Bible and the Politics of Exegesis,* 39-51). Cf. Alicia A. Keefe. "Stepping In/Stepping Out", 5.

Esta valoración de la mujer va cambiando en el contexto de la monarquía. Según Keefe:

...la política de centralización del estado produjo un deterioro en el poder social de las mujeres...y a la vez un aumento de actitudes negativas y hasta de misoginia hacia el cuerpo de la mujer y la sexualidad femenina...[61]

Naomi Steinberg[62] explica este fenómeno como resultado de las leyes introducidas por el estado para favorecer la familia nuclear por encima de las relaciones de la familia extendida – el clan y la tribu. Las leyes que controlan la sexualidad buscan proteger al matrimonio como unidad básica de la sociedad con el fin de eliminar cualquier lealtad extendida que pudiera amenazar el poder de la monarquía. La relaciones familiares son controladas por leyes externas al clan y de esta manera, el gobierno central reemplaza la lealtad al sistema social del clan y la tribu.[63] En este contexto, la sexualidad de la mujer ejercida fuera del matrimonio representa una amenaza para la sociedad.

Sin detenernos aquí para explorar en profundidad los mecanismos que generan este cambio, podemos ver evidencia de ello en los textos proféticos, empezando con el libro de Oseas. Este profeta representa la infidelidad religiosa de Israel -- el seguimiento de otros dioses -- como la actividad de una prostituta. En Ezequiel, Israel es descrito como una mujer infiel y su castigo consiste en imágenes de violencia física hacia esta mujer (Ez 23.25-29).

En los textos narrativos, las mujeres empiezan a asumir una gran diversidad de funciones. Las mujeres extranjeras y las prostitutas son representadas como personajes que amenazan a Israel, desviando a los hombres y provocando su infidelidad. Algunas de estas mujeres "marginales" asumen un papel que favorece a

---

61  Keefe, "Stepping In/Stepping Out", 7-8. .
62  Naomi Steinberg. "The Deuteronomic Law Code and the Politics of State Centralization" en Jobling, Day y Sheppard, editores. *The Bible and the Politics of Exegesis*, 165-169.
63  Cf. Ronald A. Simkins. "Patronage and Political Economy in Monarchic Israel," *SEMEIA* 87 (1999) 136-138.

Israel, como Rajab y Jael. Sin embargo, las mujeres extranjeras en general nunca son aceptadas como parte de Israel y no dejan de ser percibidas como amenazantes y traicioneras. En 1 R 11.1-13, las mujeres extranjeras dejan de ser sujetos en el texto y pasan a asumir una función plenamente teológica. Ellas son identificadas directamente con la adoración de otros dioses. En el libro de Proverbios, en cambio, la mujer ya no aparece como figura pasiva. La mujer extranjera es activa; es la maldad y la seducción que salen en busca del hombre para hacerlo caer en sus redes. La figura de la mujer empieza a ser identificada propiamente con el mal. En Eclesiastés, huir de la mujer equivale a huir del mal y agradar a Dios:[64]

> He descubierto que la mujer es más amarga que la muerte, porque es como una red, su corazón como un lazo, sus brazos como cadenas: El que agrada a Dios se libra de ella, pero el pecador cae en su trampa (Qo 7.26).

Textos posteriores son aún más enfáticos en la identificación de la mujer con la maldad. Ben Sirá afirma que: "Por la mujer empezó el pecado, y por su culpa todos morimos" (25.25). En muchos textos pseudoepígrafos la mujer malvada se dedica a atrapar al hombre y esclavizarlo con sus artimañas:

> Malvadas son las mujeres, hijos míos: como no tienen poder o fuerza sobre el hombre, lo engañan con el artificio de su belleza para arrastrarlo hacia ellos. Al que no pueden seducir con su apariencia lo subyugan por el engaño. Sobre ellas me habló el ángel del Señor y me enseñó que las mujeres son vencidas por el espíritu de la lujuria más que el hombre. Contra él urden maquinaciones en su corazón, y con los adornos lo extravían comenzando por sus mentes. Con la mirada siembran el veneno y luego lo esclavizan con la acción (TestRub 5.1-3).[65]

---

64  Señala J.E. Ramírez Kidd. "Toda mujer es Dalila. Acerca de la misoginia en el Antiguo Testamento", *Vida y pensamiento* Vol 21, No 1 (2001), 115, que la exhortación de Proverbios: "Temer a Dios y apartarse del mal" se convierte aquí en "agradar a Dios y escapar de la mujer".

65  Trad. de Antonio Piñero en A. Diez Macho. *Apócrifos del Antiguo Testamento Vol.*

En los documentos de Qumrán, el texto de la "Mujer demoníaca" desarrolla esta temática con elocuencia: "...ella es el comienzo de todos los caminos de impiedad...Es la ruina de todos los que la heredan y el desastre de todos los que la tienen..." (4Q 184,8).[66] La figura de la mujer que describe este texto, es capaz de desviar incluso al más justo y honorable entre los hombres. Ella representa no solo la desviación sexual, sino también la herejía religiosa.[67] Lo interesante de este texto para nuestro estudio es que, al igual que Esd 9-10, la figura de la mujer personifica todo aquello que amenaza a la comunidad. Ella representa el límite entre lo propio y el "otro", lo extraño. Es el "vehículo por medio del cual el autor promueve sus ideales".[68] La identificación de la mujer como amenaza, al igual que en Proverbios, establece una base para la solidaridad y unión entre los hombres.

Podemos decir, entonces, que el temor que expresan los textos respecto a la mujer y la mujer extranjera, son un reflejo de la comunidad detrás del texto. Esta manera de hablar del "otro" (femenino), es una forma en la que Israel habla de sí.[69] Esd 9-10 se ubica en este mundo de actitudes y construcciones simbólicas respecto a la mujer. No llega al extremo de identificar a la mujer con la maldad; en este sentido, Esd 9-10 es más moderado que otros textos, pero sí la identifica como aquello que personifica la impureza y representa la infidelidad a Yahvé. Ella es una amenaza para la comunidad. La pasión que encontramos expresada en Es-

---

V. Madrid: Cristiandad, 1987, 34. Cf. TestJud 15.5-5: "El ángel del Señor me indicó que las mujeres dominan siempre tanto al rey como al mendigo. Al rey le despojan de su honor, al valiente de su energía y al menesteroso hasta del más pequeño sustento de su pobreza."

66    Florentino García Martínez, trad. y ed. *Textos de Qumrán*. Madrid: Trotta, 1992, 406-407.

67    Melissa Aubin.'"She is the beginning of the ways of perversity:' Femininity and Metaphor in 4Q184", *Women in Judaism* 2:2 (2001), pr. 8 y 57. Versión electrónica: www.utoronto.ca/wjudaism/journal/vol2n2/documents/aubin.pdf. Es probable que la figura de la mujer en este texto represente un enemigo o grupo rival de la comunidad. Aunque el texto no se refiere literalmente a la mujer, es importante tomar nota del hecho de que con la figura de la mujer el texto representa aquello que considera un grave peligro para la comunidad. Ver J.E. Ramírez, "Dalila", n.33, 130.

68    *Ibid.*, 58.

69    Ramírez, "Toda mujer es Dalila", 119.

dras 9, es producto de la convicción de que las mujeres extranjeras son un peligro que puede llevar a la muerte. El mismo temor que encontramos en libros como Deuteronomio y Jueces frente a los pueblos de Canaán se enfoca, en Es 9-10, sobre la mujer extranjera que vive *en medio de Israel.*

### 3.2 La mujer siempre es "extranjera"

En un contexto donde el punto de referencia para el "nosotros" siempre es masculino, la mujer siempre es, por su condición de género, "extranjera". La estructura social gira alrededor del hombre: el linaje es patrilineal y la herencia patrimonial. Como esposa, la mujer es externa a la familia. La esposa, por definición, tiene que venir de fuera. No puede ser de la familia inmediata del esposo. Aunque la esposa correcta, en los relatos patriarcales, viene de un linaje cercano (Abraham, Isaac y Jacob se casan con mujeres del linaje de Téraj), ella siempre es "de fuera" y esto la convierte en peligrosa para la familia.

Kunin desarrolla esta tesis del peligro que representa la esposa en su estudio de las tradiciones patriarcales en Génesis. Este autor interpreta, por ejemplo, los textos que convierten las esposas (externas) en hermanas (internas) como estrategia, a nivel mitológico, para reducir el peligro de la presencia de la esposa-otra en el linaje patriarcal.[70] Las hermanas no son tan peligrosas para su familia de origen porque *salen* para formar parte de otra familia. Pero la presencia de la esposa representa una oportunidad para el ingreso de influencias externas. Un ejemplo claro de ello es la lealtad de la esposa de Sansón hacia su familia (los filisteos), cuando ella le cuenta a los suyos la respuesta dada por Sansón (Jc 14.17). Otro caso es el de Raquel, quien trae al campamento de Jacob los ídolos de su familia de origen (Gn 31.19). Las esposas, son, como los pueblos de Canaán, cercanas y a la vez potencialmente peligrosas. Los hombres, sin embargo, *son* Israel, son el centro que se define en oposición al "otro" ("otra").

---

70     Gn 12.10-13.4; Gn 20; Gn 26.1-17. Kunin, *The Logic of Incest*, 14-108.

Otro símbolo de esta posición marginal de la mujer es la circuncisión, símbolo de la alianza entre Yahvé e Israel, la promesa de descendencia y bendición. Según Eilberg-Schwartz, la circuncisión enfatiza el vínculo entre padre e hijo; representa la continuidad del linaje:

> Ya que la circuncisión une a los hombres de generación en generación, establece una oposición entre hombres y mujeres. Las mujeres no pueden recibir el símbolo del pacto. Sólo el cuerpo de los hombres puede conmemorar la promesa de Dios a Abraham.[71]

Por definición, las mujeres son excluidas del linaje sacerdotal. Ellas son siempre זרה, prohibidas del contacto con lo santo:

> Pero tu y tus hijos (בניך) os ocuparéis de vuestro sacerdocio en todo lo referente al altar y a todo lo detrás del velo y prestaréis vuestro servicio... El זר que se acerque morirá (Nm 18.7).

La mujer representa la ambigüedad, lo marginal. Puede ser parte de Israel, pero a la vez nunca es *realmente* Israel.

El temor a la mujer que encontramos en Esdras, se ubica en un contexto de inseguridad a nivel económico, político, social y religioso en el que la mujer llega a representar aquello que amenaza la comunidad. Esta representación del peligro en la figura de la mujer responde a una evolución en la concepción de la mujer en los textos bíblicos y en la literatura judía que se encamina hacia la identificación de la mujer con el mal. Esd 9-10 se ubica en este contexto, donde la mujer extranjera representa la amenaza del "otro".

Iniciamos nuestro estudio de Esd 9-10, a continuación, con el contexto literario, histórico y teológico en el que surge, con el fin de acercarnos a la autocomprensión de la comunidad que subyace al texto.

---

71    Howard Eilberg-Schwartz. *The Savage in Judaism. An Anthropology of Israelite Religion and Ancient Judaism.* Indianapolis: Indiana University Press, 1990, 171. .

# Capítulo 2
## Visión global del libro de Esdras: su ubicación histórica y teológica

Nuestro objetivo en este capítulo es identificar algunas claves para entender la dinámica social de las comunidades detrás del libro de Esdras, y analizar cómo el texto refleja la perspectiva histórica y teológica de este grupo.

## 1. Visión global del libro de Esdras

### 1.1 Introducción general al libro de Esdras

#### a) Texto y versiones

El texto hebreo y arameo de Esdras se ha transmitido sin mayores problemas, aparte de algunos versículos cuya corrupción dificulta la lectura y comprensión.[72] Hay dos versiones griegas de Esdras: Esdras α y Esdras β. Esdras β es una traducción casi literal. Esdras α (1 Esdras) incorpora la mayor parte del TM de

---

72    Para esta discusión nos basamos en las introducciones a los comentarios de Esdras-Nehemías de: Loring W. Batten. *Ezra and Nehemiah. ICC.* Driver, S.R., A. Plummer, y C.A. Briggs, editores, Edinburgh: T&T Clark, 1972 segunda edición, 6-13; Joseph Blenkinsopp. *Ezra-Nehemiah. OTL.* Philadelphia: Westminster Press, 1988,70-72; D.J. Clines, *Ezra, Nehemiah, Esther. NCBC.* Grand Rapids: Eerdmans, 1984,2-4; Jacob M. Myers. *Ezra-Nehemiah. AB.* New York: Doubleday, 1965,lxiii-lxvii y Tamara C. Eskenazi. *In an Age of Prose: A Literary Approach to Ezra-Nehemiah. SBLSup 26.* Atlanta: SBL, 1988, 34-36, 155-174.

Esdras pero empieza con la pascua de Josías (2 Cro 35-36,TM) y concluye con la lectura de la ley (Neh 7.72b-8.13a, TM). Los capítulos 3 a 5 de 1 Esdras son una adición que no se encuentra en el texto canónico. 1 Esdras omite a Nehemías completamente de su relato. En las versiones griegas del Antiguo Testamento, 1 Esdras precede Esdras-Nehemías y estos últimos forman un solo libro.[73]

b)    **Fecha de redacción**

Para analizar las diversas propuestas respecto a la fecha de redacción y composición de las obras de Esdras-Nehemías, es necesario discutir el valor histórico de las obras. Quienes ven en estos libros personajes históricos parten del orden cronológico de las misiones de Esdras y Nehemías para establecer la fecha de redacción de los textos. El libro de Nehemías ubica la misión de Nehemías en el año veinte del rey Artajerjes, es decir, 445 a.c. Esta fecha es aceptada por la mayoría de los estudiosos.[74] La fecha de la misión de Esdras es más difícil de definir por los problemas de cronología al interior del texto. Si identificamos al rey Artajerjes de Esd 7 con el mismo Artajerjes de la misión de Nehemías, entonces debemos ubicar la misión de Esdras en 458 a.c.[75] Algunos autores se inclinan por una fecha posterior para

---

73    Existen diversas propuestas respecto al origen de 1 Esdras. La importancia de la discusión sobre la relación entre 1 Esdras y Esdras-Nehemías tiene que ver con el valor histórico de 1 Esdras y la evidencia que este libro podría ofrecer respecto a la unidad de Crónicas, Esdras y Nehemías. La posición de algunos autores es que 1 Esd es una composición tardía, que se basa en Cr, Esd y Neh (Blenkinsopp, *Ezra-Nehemiah*, 71 y Jacob M. Myers. *I&II Esdras*. AB. New York: Doubleday, 1974, 7). Otros, en cambio, optan por una redacción anterior al texto canónico actual de Crónicas, Esdras y Nehehemías (Eskenazi, *In an Age of Prose*, 158 y Frank Moore Cross. "A Reconstruction of the Judean Restoration", JBL Vol. 94, No.1, March (1975), 7-8). Charles Torrey ubica el texto en una escuela distinta a la que produjo la versión canónica (*Ezra Studies. LBS*. Primera edición 1910. New York: KTAV, 1970, 18).

74    HGM Williamson, *Ezra-Nehemiah*. WBC. Nashville: Thomas Nelson Publishers,1985, 168; Clines, *Ezra,Nehemiah,Esther*,15; Blenkinsopp, *Ezra-Nehemiah*, 140.

75    Esta es la posición de Clines, *Ezra, Nehemiah, Esther*, 15; Blenkinsopp, *Ezra-Nehemiah*, 141; Williamson, *Ezra, Nehemiah*, xl; Frank Moore Cross, "A Reconstruction of the Judean Restoration", 11.

Esdras, en 398 a.C durante el reinado de Artajerjes II. Esto colocaría la misión de Esdras unos 47 años después de Nehemías.[76] Quienes afirman la prioridad cronológica de Esdras,[77] establecen la fecha de composición de la obra a más tardar en 400 a.c.,[78] mientras que la prioridad de Nehemías sugiere como fecha probable de redacción 300 a.c.[79] Williamson distingue entre una primera etapa que combina el material de Esdras y Nehemías (sin Esdras 1-6), alrededor de 400 a.c., y la adición de Esdras 1-6 en el período helenístico, alrededor de 300 a.c.[80] Consideramos convincente la postura de Williamson, haciendo la salvedad de que los capítulos 9-10 de Esdras parecen reflejar elementos sugerentes de la época griega temprana,[81] por lo que podrían haber recibido una última redacción durante dicho período.

### c) Autor

La discusión sobre la autoría del libro de Esdras debe detenerse primero en la relación entre Esdras y Nehemías y, en

---

76    Batten, *Ezra und Nehemiah*, 29. Esta propuesta se basa en las dificultades que presenta la reconstrucción cronológica del texto de Esdras. El autor identifica al Jehohán de Esd 10.6 con el nieto de Eliashib en Neh 12.22, por esta razón Esdras debió seguir a Nehemías cronológicamente y el rey Artajerjes de Esdras 7 debe ser Artajerjes II (404-358 a.C.). También señala como evidencia la afirmación de Esdras en 9.9 de que Yahvé ha dado un muro en Jerusalén y Judá (tomando esto como referencia al muro construido por Nehemías) y la dificultad de entender el problema de los matrimonios con extranjeras en Nehemías si Esdras ya los había eliminado. Para un resumen de las diversas posiciones ver Williamson, *Ezra, Nehemiah*, xxxix-xliv. Aquí leemos el libro de Esdras como una construcción histórica que interpreta una situación histórica desde la perspectiva de un grupo dentro del judaísmo del período postexílico temprano. Según Blenkinsopp, *Ezra-Nehemiah*, 41: "el material...es un constructo teológico o ideológico...una interpretación posible de los eventos descritos...".

77    Clines. *Ezra, Nehemiah, Esther,*14; Cross. "A Reconstruction of the Judean Restoration", 12; Myers, *Ezra,Nehemiah*, lxx.

78    Esta fecha se basa en la identificación de Johanán (Esd 10.6) como el último sumo sacerdote (ca. 411 a.C.) y la fecha del reinado de Darío II (424-405 a.C.).

79    Batten, *Ezra and Nehemiah*, 2-3. Este autor no explica la distancia de casi 100 años entre la misión de Esdras y la composición de la obra.

80    Williamson, *Ezra, Nehemiah*, xxxv-xxxvi.

81    Por ej.: conflictos intra-judíos, preocupación por influencias extranjeras, entre otros.

segundo lugar, en la relación de Esdras y Nehemías con la obra cronista. Incluimos esta discusión ya que estas tres obras reflejan diferencias que consideramos significativas en su trato a los extranjeros en general y a las mujeres extranjeras en particular.

### i)    Unidad de Esdras-Nehemías

La posición de los autores respecto a la unidad de Esd-Neh está dividida. Algunos consideran indiscutible la unidad original de estas obras, mientras que otros citan evidencia en favor de su independencia. Resumimos a continuación alguna de la evidencia para ambas posiciones:

*Una sola obra:* En los manuscritos tempranos de LXX como también en los manuscritos hebreos más antiguos, Esdras y Nehemías forman una sola obra; y en el TM las anotaciones de los masoretas indican una sola obra que concluye con Nehemías.[82]

*Dos obras:* Factores internos: los libros utilizan distintas fuentes, los personajes centrales son distintos (Esdras en el primer libro y Nehemías en el segundo), la presencia de dos memorias distintas y la repetición de la lista de repatriados.[83] Factores externos: Si 49.12b-13 y 2 Mac 11.18, 20-36 hablan sólo de Esdras y no de Nehemías mientras que 1 y 2 Esdras sólo mencionan a Esdras e ignoran a Nehemías.[84]

Algunos autores proponen que las obras originalmente estuvieron separadas y en algún momento del proceso de redacción posterior fueron combinadas.[85] La separación que perdura en la mayoría de las Biblias modernas es obra de Orígenes, quien, sin embargo, afirmaba la unidad de estos libros.[86] Consideramos

---

82    Williamson, *Ezra-Nehemiah*, xxi; Batten, *Ezra and Nehemiah*, 1; Blenkinsopp, *Ezra and Nehemiah*, 32.

83    Discutido por Eskenazi. *In an Age of Prose*, 11-14.

84    Blenkinsopp, *Ezra-Nehemiah*, 57-59. Cross, "A Reconstruction of the Judean Restoration", 11, concluye por la ausencia de Nehemías en 1 Esdras que la obra cronista, incluyendo Esdras, circuló primeramente sin el texto de Nehemías, el cual fue compuesto independientemente y agregado a la obra de Cr-Esd en un momento posterior.

85    Sacchi. *The History of the Second Temple Period*, 130.

86    Eskenazi, *In an Age of Prose*, 12.

probable la unidad de Esd-Neh en un momento posterior de su redacción. Estos dos libros, sin embargo, reflejan diferentes acercamientos a la problemática del postexilio y están compuestos de fuentes diversas.

## ii)  Esdras-Nehemías y la obra cronista

El consenso general atribuye la autoría de Esdras y Nehemías al Cronista. Esta posición se basa en similitudes lingüísticas, teológicas y de perspectiva histórica. La repetición de la conclusión de 2 Crónicas en el primer capítulo de Esdras es aportado como evidencia de la unidad o continuidad entre estos dos libros.[87] Durante los últimos años diversos estudiosos han cuestionado este consenso aportando estudios lingüísticos y teológicos detallados que resaltan las diferencias entre las obras.[88] Para los fines de nuestro estudio, la diferencia más significativa entre Esdras y Crónicas gira en torno a la presencia de extranjeros, hombres y mujeres. Las genealogías de 1 Crónicas incluyen, como algo normal y aceptable, la presencia de extranjeros en el linaje de Judá.[89]

---

87    Ver Blenkinsopp, *Ezra-Nehemiah*, 47-54; Torrey, *Ezra Studies,* 208-251; Fensham. *The Books of Ezra and Nehemiah,* 3-4; Samuel R. Driver. *An Introduction to the Literature of the Old Testament.* New York: Meridian Books, 1957, 516, 535-540.

88    Ver Sara Japhet. "The Supposed Common Authorship of Chronicles and Ezra-Nehemiah Investigated Anew", VT XVIII, 3 July (1968), 330-371; Eskenazi, *In an Age of Prose,* 17-36.

89    La poca presencia de David en Esd-Neh frente a su papel protagónico en Crónicas es citada como evidencia de autorías distintas. Sin embargo, Blenkinsopp argumenta que David tiene el mismo rol como líder cultual en ambas obras y que su aparición en Esd-Neh lógicamente es menos importante porque la monarquía ya no figura en los sucesos en Judá (*Esdras-Nehemías,* 51). James D. Newsome Jr. enfoca la poca importancia de la profecía y la monarquía y la actitud separatista de Esd-Neh como evidencia de la independencia de estas obras ("Toward a New Understanding of the Chronicler and His Purposes", JBL, Vol 94, no. 2, junio (1975) 201-217). Crónicas, afirma este autor, sigue la línea de Ageo y Zacarías donde el movimiento profético y la monarquía tienen un papel fundamental en el judaísmo postexílico.

# Excursus 2
## Extranjeros en los libros de Crónicas

• Los matrimonios con extranjeros

Las genealogías de 1 Crónicas incluyen referencias explícitas a personas extranjeras que forman parte de Israel por medio del matrimonio. La genealogía de Judá (1 Cr 2.3-4.23),[90] incluye seis matrimonios con personas descritas explícitamente como extranjeras: Bat Súa la cananea, esposa de Judá (2.3); Yeter el ismaelita, esposo de Abigail (2.17); la hija de Sesán, casada con el esclavo egipcio de su padre para continuar su linaje (2.34-35); David casado con Ahinoán de Yizreel, Abigail de Carmelo (3.1) y Maacá de Guesur (3.2); Mered, casado con Bitía, hija del faraón (4.1); los hombres de Cozebá, Joás y Saraf se cazaron en Moab (4.22).[91]

Aunque la genealogía de 1 Crónicas abarca todas las tribus de Israel, la ubicación del linaje de Judá refleja su interés en resaltar el papel de esta tribu y su descendencia en el contexto de la composición de la obra cronista (entre 400 y 300 a.C.).[92] Braun enfatiza cómo las genealogías reflejan no sólo las relaciones familiares, sino también realidades políticas, sociales, económicas, religiosas y geográficas.[93] Según Knoppers,

Las alianzas y simpatías apropiadas de un grupo se reflejaban en sus linajes...afirmaciones respecto al pasado expresaban percepciones y aspiraciones políticas, económicas y sociales del presente.[94]

La genealogía de Judá incluye varias instancias de matrimonios con extranjeros, tanto hombres y mujeres. También incluye pueblos

---

90   Sobre la estructura de esta genealogía, ver Roddy Braun. *1 Chronicles. WBC.* Waco: Word Books, 1986, 25-28.

91   Gary N. Knoppers. "Intermarriage, social complexity and ethnic diversity in the geneology of Judah", *JBL* 120/1 (2001) 19-22; Antje Labahn y Ehud Ben Zvi. "Observations on Women in the Genealogies of 1 Chronicles 1–9" en *Bib* **84** (**2003**) 458, 465-466. 2 Crónicas menciona también el matrimonio de Salomón con la hija del faraón (8.11) y con Naamá una amonita, madre de Roboán (12.13).

92   Braun se inclina por una fecha de redacción final alrededor de 350 a.C. (*1 Chronicles*, xxix), Jacob Myers sugiere 400 a.C. (*1 Chronicles. AB.* New York: Doubleday, 1965, lxxxix), y Edward L. Curtis aboga por una fecha más tardía, alrededor de 300 a.C. (*Chronicles. ICC.* Edinburgh: T & T Clark, 1910, 5).

93   Braun, *1 Chronicles*, 4.

94   Knoppers, "The Geneology of Judah", 18.

y grupos que en otros textos no son de Israel o están relacionados en forma distante.[95] Esta diversidad es sorprendente cuando la comparamos con los libros de Esdras y Nehemías. Este contraste resalta aún más si consideramos que los libros fueron redactados, en su forma final, alrededor de la misma época, y por la relación literaria entre ellos. En 1 Crónicas, el pueblo de Israel crece y se desarrolla por medio de la inclusión de extranjeros; en Esdras y Nehemías, los que son designados como extranjeros amenazan a quienes se consideran el verdadero Israel (la *golah*).

• La actitud hacia los extranjeros

   1 y 2 Crónicas usan cuatro veces la palabra גֵּר, término que no encontramos en Esdras-Nehemías. En 1 y 2 Crónicas este término hace referencia a extranjeros que residen en Israel (1 Cr 22.2; 2 Cr 2.17; 30.25), y, una vez (1 Cr 29.15), describe a Israel como forastero ante Yahvé.

   1 Cr 22.2 y 2 Cr 2.17 designan como גֵּרִים a las personas usadas para trabajos pesados en la construcción del templo. Según Sara Japhet, estos versículos se refieren a los pueblos originarios de Canaán cuyos descendientes "habían permanecido en el país, y a los que los israelitas no habían exterminado..." (2 Cr 8.7; cf. 1 R 9.20-22) y a quienes Salomón redujo a mano de obra forzada para la construcción del templo.[96]

   Crónicas revela una perspectiva distintiva aquí al designar a los trabajadores forzados como "gerim"...constituye el único uso del término en la Biblia para referirse al remanente de la población autóctona cananea....el Cronista indica que se encuentran adjuntos a la comunidad israelita y elimina su afiliación extranjera.[97]

---

95   Ver *Ibid.*, 23-28, para un análisis de estas relaciones.
96   2 Cr 2.17 repite 1 R 5.29-30, pero el Cronista inicia el texto con el anuncio de un censo de los גֵּרִים en Israel, identificándolos así con los "hititas, amorreos, perizitas, jivitas, jebuseos...etc.", lista que cita directamente de 1 R 9.20-22. Es decir, el Cronista, cuando no cita su fuente (1 R), designa a estos pueblos como גֵּרִים, algo que no aparece en 1 Reyes. 1 Cr 22.2, que igualmente habla de los גֵּרִים, reunidos por David para trabajar en el templo, alude al mismo texto de 1 Reyes, los versículos 31-32, que, igualmente, no habla de גֵּרִים.
97   Sara Japhet. "Foreigners and Aliens" en *The Ideology of the Book of Chronicles and its Place in Biblical Thought*. Frankfurt a.M. -Bern - New York – Paris, 1989, 337. . Japhet define al גֵּר en Crónicas como "un forastero que podía participar en la vida religiosa de la comunidad israelita...un miembro de un pueblo extranjero que se había unido al pueblo de Israel, adoptando su religión y perdiendo así su identidad extranjera", 346.

El adjetivo נכרי en Crónicas designa únicamente a los dioses extranjeros (2 Cr 14.3; 33.15). El sustantivo נכר aparece únicamente en 2 Cr 6.32,33 en una plegaria de Salomón, donde le pide a Yavé que responda la oración del extranjero para que "todos los pueblos de la tierra conozcan tu nombre y te respeten como tu pueblo Israel…". En otras palabras, la única referencia a lo extranjero en Crónicas que expresa rechazo o exclusión se refiere a los dioses extranjeros.

En 1 y 2 Crónicas, la designación "pueblo de la tierra" (עַם הָאָרֶץ)[98] es frecuente, pero no se usa en forma exclusiva para pueblos considerados extranjeros, como sí en el libro de Esdras. La mitad de los usos de la frase hacen referencia a pueblos que tienen otros dioses o a pueblos de otras tierras,[99] mientras que la otra mitad se refiere en forma general al pueblo que reside en Israel.[100]

En Crónicas encontramos una visión mucho más amplia de la comunidad judía. A pesar de ser un escrito contemporáneo y del intento redaccional por convertirlos en un conjunto literario, Esdras y Crónicas parecen escribir para diferentes lectores y tener diferentes concepciones de lo que es Israel.[101] Las diferencias entre estas obras evidencian la diversidad de posiciones y perspectivas presentes en el judaísmo postexílico. El Cronista refleja, probablemente, una visión más realista de la pluralidad de la comunidad judía en la época persa, mientras que Esdras propone criterios mucho más cerrados y exclusivistas.

La separación que busca legitimar el libro de Esdras es, precisamente, una crítica a la "mezcla" que caracterizaba la realidad de la comunidad judía. Las genealogías de 1 Crónicas reflejan esta consciencia de la "mezcla" que compone Israel en el tiempo de la redacción de la obra. No hay polémica en contra de los extranjeros, ni una idealización del exilio o los exiliados, aunque sí hay un énfasis en la primacía de la tribu de Judá. La

---

98    El término aparece de tres formas diferentes: עַם הָאָרֶץ (pueblo de la tierra), עַמֵּי הָאֲרָצוֹת (pueblos de las tierras) y עַמֵּי הָאָרֶץ (pueblos de la tierra). Ver *Excursus 3*: Los pueblos de la tierra.
99    1 Cr 5.25; 2 Cr 6.33; 13.9; 32.13,19.
100   2 Cr 23.1; 23.20,21; 26.21; 33.25; 36.1.
101   Yigal Levin. "Who Was the Chronicler's Audience? A Hint From His Genealogies ", *JBL* 122/2 (2003) 244-245.

perspectiva del Cronista, según Levin, es la de la sociedad rural, mientras que Esdras (y Nehemías) representa la perspectiva de la elite urbana de Jerusalén.[102] Mencionamos una propuesta que a nuestro parecer explica las diferencias entre Crónicas, Esdras y Nehemías, e igualmente las evidencias que han llevado a algunos estudiosos a abogar por su unidad. Frank Moore Cross afirma que 1 Esdras nos ofrece evidencia de que la obra cronista circuló en un principio sin el libro de Nehemías.[103] Su propuesta identifica tres etapas en la redacción de Crónicas-Esdras-Nehemías: a) La obra original del Cronista, que busca resaltar la labor de Zorobabel como proyecto para la restauración de la monarquía, abarcaba desde Crónicas hasta Esd 3.13, donde cierra con la inauguración del culto en Jerusalén; b) la segunda redacción agrega el texto de Esd 5.1-10.44 incluyendo Neh 8, que tiene su propia historia de composición y refleja los intereses de un grupo particular; c) la tercera redacción agrega el texto de Nehemías, redactado también en forma independiente.[104] Aunque dudamos que las redacciones se hayan realizado en forma tan "ordenada" como lo propone este autor, y consideramos probable una serie de etapas redaccionales intermedias, esta propuesta es coherente, en gran parte, con la obra final de Esd-Neh, que incorpora elementos cronistas, pero a la vez refleja considerables diferencias de perspectiva.

## 1.2   Composición del libro de Esdras

El libro de Esdras relata la historia del regreso a Palestina de diversos grupos de judíos que habían sido exiliados en Babilonia. El libro se distingue por la incorporación de textos y documentos oficiales (decretos de los reyes persas, correspondencia, listas de personas y utensilios), junto con memorias en primera persona, dentro de un marco narrativo en tercera persona. El uso de dos idiomas, hebreo y arameo, se debe a la incorporación de

---

102   *Ibid.*
103   Cross, "A Reconstruction of the Judean Restoration", 13.
104   *Ibid.*, 13-14.

diferentes documentos en distintas etapas de su composición. Las discusiones alrededor del texto de Esdras enfocan la autenticidad de los documentos y la historicidad de aquello que relatan.[105] Los problemas de cronología que surgen en los libros de Esd y Neh en su forma actual, dificultan una reconstrucción histórica de los hechos.[106] La cronología del autor parte de aquellos hechos que considera fundamentales para su interpretación histórica y no de una calendarización objetiva según los reinados de los persas.[107] Sara Japhet concluye su estudio de la composición de Esdras:

> ...aunque el autor del libro decidió usar fuentes literarias existentes y no incluyó mucho de su propia mano, sin embargo... procuró expresar su propia perspectiva ubicando el material utilizado dentro de un marco cronológico e histórico que el mismo creó....[108]

En este trabajo partimos de la premisa de que Esdras es una *reconstrucción* histórica que refleja la perspectiva de la comunidad retratada en el texto: sus creencias, teología e interpretación de una experiencia histórica.[109] El ordenamiento y la selección

---

105    David Janzen. "The 'Mission' of Ezra and the Persian-Period Temple Community", JBS, 119/4 (2000) 625-638; Lester Grabbe. "Reconstructing History from the Book of Ezra" en Davies, editor. *Second Temple Studies 1*, 99-103. Blenkinsopp, *Ezra-Nehemiah*, 74-76.

106    Algunos autores han buscado soluciones al problema cronológico, adecuando la fecha de redacción y el orden de Esdras y Nehemías según la identificación de los distintos monarcas persas y sumo sacerdotes judíos. Ver Bob Becking,. "Continuity and Community in the Book of Ezra" en Becking, Bob y Marjo Korpel. *The Crisis of Israelite Religion*. Boston: Brill, 1999, 260; Peter Ackroyd. "The Jewish community in Palestine in the Persian period" en Davies, W.D. y Louis Finkelstein. *The Cambridge History of Judaism Vol 1: Introduction; The Persian Period*. Cambridge: Cambridge Univ. Press, 1984, 136ss.; Frank Moore Cross, "A Reconstruction of the Judean Restoration", 4-18.

107    Sara Japhet. "Composition and Chronology in the Book of Ezra-Nehemiah" en Eskenazi y Richards. *Second Temple Studies Vol 2*, 201-205.

108    *Ibid.*, 215.

109    Becking. "Continuity and Community in the Book of Ezra", 262, Phillip R. Davies, editor. *Second Temple Studies. 1*, 12-15. Davies, en la introducción a este mismo libro, señala que la búsqueda de una sociología del Segundo Templo es "la búsqueda de un 'Israel' bíblico que los sectores letrados de aquella sociedad crearon como un constructo ideológico" (15).

de los hechos en el texto parte de las prioridades y los intereses del autor y de los redactores posteriores.

Los eventos a los que hace referencia el libro de Esdras se inician con la conquista del imperio Babilónico por parte de Ciro, rey de los persas, en el año 539, y su decreto permitiendo el retorno de exiliados judíos a Judá.[110] Se extienden hasta la misión de Esdras entre los años 458 a.C. y 445 a.C.[111] Según la cronología del libro, entre la celebración de la pascua en Esd 6.19ss (año sexto del reinado de Darío, 515 a.c.), y la llegada de Esdras en Esd 7.1 (reinado de Artajerjes, ca. 458 a.c.), hay un espacio de unos 67 años. Este dato es importante para nuestra consideración de los conflictos generados por la llegada de Esdras, como veremos más adelante.

**1.3    Estructura y lógica interna del libro**

Proponemos una división del libro de Esdras en dos momentos.[112] Ambos momentos se inician en Babilonia con una misión autorizada por un rey persa (Ciro en el primer momento y Artajerjes en el segundo). A partir de esta evidente preocupación por legitimar el regreso a Palestina de un grupo de exiliados, y su proyecto de reconstruir el templo y la comunidad judía en Judá, podemos leer el libro de Esdras como "propaganda" de un grupo judío que no cuenta con el apoyo de la mayoría y/o que debe defenderse de otros grupos influyentes.[113] Esta es una clave para leer el libro y comprender su estructura. La lógica interna del libro desarrolla la tensión entre las misiones encomendadas por

---

110    El caso de los judíos no es único, la misma política se aplicó a otras poblaciones. Ver Edwin M. Yamauchi. *Persia and the Bible*. Grand Rapids: Baker Books, 1990, 1996, 89-90.

111    Jon L. Berquist. *Judaism in Persia's Shadow. A Social and Historical Approach*. Minneapolis: Fortress Press, 1995, 110.

112    Adaptamos esta estructura de Tamara Eskenazi, quien estructura Esd-Neh en tres movimientos. Los cambios surgen de nuestro propio estudio del libro de Esdras (*In an Age of Prose*, 46-47,60-6). Separamos a Esdras de Nehemías en nuestra estructura por las diferencias fundamentales que identificamos entre estos libros.

113    Blenkinsopp, *Ezra-Nehemiah*, 44, sugiere que bajo de la superficie del texto podemos vislumbrar una versión menos favorable a Esdras.

los reyes persas y los obstáculos provocados por grupos o personas externas a la comunidad representada en el texto. Los capítulos 9 y 10 de Esdras se ubican en la segunda misión; la expulsión de las mujeres extranjeras debería ubicarse, según la estructura del libro, dentro del encargo recibido por Esdras del rey de Persia.

Presentamos la estructura de las dos etapas en forma paralela para resaltar las similitudes y diferencias entre ambas.

| I. Misión: Reconstrucción del templo (1.1-6.22) | II. Misión: Enseñar la ley de Yahvé y del rey (7.1-10.44) |
|---|---|
| A. Motivación desde Babilonia (1.1-11)<br>  1. Decreto de Ciro (1.1-4)<br>    1) Edificar templo en Jerusalén<br>    2) Pueblo subir a construir<br>  2. Recursos y utensilios del templo (1.5-11) | A. Motivación desde Babilonia (7.1-26)<br>  1. Presentación y validación de Esdras (7.1-10)<br>  2. Decreto de Artajerjes (7.1-26)<br>    1) Encargo a inspeccionar re/la ley<br>    2) Recursos para el templo<br>    3) Autoridad de Esdras<br>  3. Respuesta de Esdras (7.27-28) |
| B. Viaje de regreso (2.1-70)<br>  1. Lista de repatriados (2.1-67)<br>  2. Llegada a Jerusalén (2.68-70) | B. Viaje de regreso (8.1-36)<br>  1. Lista de repatriados (8.1-14)<br>  2. Reclutamiento de Levitas (8.15-20)<br>  3. Ayuno y consagración de sacerdotes y recursos (8.22-30)<br>  4. Llegada a Jerusalén (8.31-36) |

| | |
|---|---|
| C. Inicio de la construcción (3.1-13)<br>  1. Construcción del altar: reestablecen el culto (3.1-8)<br>  2. Construcción de cimientos: celebración (3.9-13) | C. Enseñanza de la ley<br><br>  ¿(Neh 8)? |
| D. Conflicto (4.1-24)<br>  1. Oposición a la construcción del templo (4.1-5)<br>  2. Correspondencia con Jerjes y Artajerjes (4.6-23)<br>  3. Construcción detenida (4.24) | D. Conflicto (9.1-10.6)<br>  1. Informe de los matrimonios con extranjeras (9.1-2)<br>  2. Respuesta de Esdras (9.3-10.1)<br>  3. Respuesta de la comunidad (10.2-6) |
| E. Desenlace: reinician labores (5.16-13)<br>  1. Iniciativa de Zorobabel y Josué (5.1-2)<br>  2. Autorización del rey Darío (5.3-6.12)<br>  3. Continuación de la construcción (6.13) | E. Desenlace (10.7-17)<br>  1. Convocatoria de asamblea (10.7-8)<br>  2. Decisión de la asamblea (10.9-15)<br>  3. Ejecución (10.16-17) |
| F. Conclusión: construcción finalizada (6.14-22)<br>  1. Dedicación del templo (6.14-18)<br>  2. Celebración de la Pascua (6.19-22) | F. Conclusión (10.18-44)<br>  1. Lista de hombres involucrados (10.18-43)<br>  2. Resumen final (10.44) |

Cada una de las misiones que señalamos en la estructura generan un conflicto principal que gira alrededor de la relación con la población que reside en Palestina. En ambos casos, el conflicto se resuelve en favor del grupo de los repatriados, quienes se designan a sí mismos como los "exiliados" (נולה), "hijos del exilio" (בני הגולה), o "comunidad del exilio" (קהל הגולה).[114] Resaltamos, a continuación, elementos claves que surgen en las diferentes etapas de la estructura del texto.

## A. Motivación desde Babilonia

La sección "A" enfoca en cada etapa del relato la preparación y motivación desde Babilonia para emprender las misiones. Esta legitimación es el punto de partida para todo lo que sucede en el libro de Esdras.

1. El imperio persa autoriza los eventos claves que cumplen, según Esd 1.1, "la palabra de Yahvé en boca de Jeremías": la *repatriación* de los judíos exiliados, la *reconstrucción* del templo y la *imposición* de la ley. Todos estos eventos relatados en el libro de Esdras, son presentados como fruto de la benevolencia de los reyes persas.[115] El narrador identifica la voluntad de Yahvé con la voluntad de los reyes. En el capítulo 1, Ciro dice: "Yahvé, el Dios de los cielos, me ha dado todos los reinos de la

---

114 Con el fin de distinguir entre los exiliados repatriados en Judá y quienes permanecieron en Babiblonia, usamos desde ahora el término *golah* para hablar de los exiliados ubicados en Judá.

115 La política del imperio persa se ha caracterizado como benévola frente a los pueblos conquistados, permitiendo el retorno de exiliados a sus tierras, apoyando la reconstrucción de templos y devolviendo dioses o objetos religiosos a los pueblos. Ver M. Dandamayev. "The Diaspora. A. Babylonia in the Persian Age" en *The Cambridge History of Judaism Vol 1*, 327; Sacchi. *The History of the Second Temple Period*, 58-60. Debemos considerar los objetivos estratégicos de esta política. La consolidación de pueblos organizados favorables al imperio en las fronteras del imperio, la reestructuración del liderazgo regional, la reconstrucción de los centros de poder religioso, político y económico (en este caso el templo) y el retorno de los dioses a sus tierras, ayudó a asegurar las fronteras frente a las amenazas externas y facilitó el control administrativo y jurídico, el cobro de tributos, la militarización, el comercio y la expansión territorial. Ver Berquist. *Judaism in Persia's Shadow*, 23-26; David Janzen. "The 'Mission' of Ezra and the Persian-Period Temple Community", 632-635; Joseph Blenkinsopp. "Temple and Society in Achaemenid Judah" en Phillip R. Davies. editor. *Second Temple Studies. 1*, 22-53; Welch. *Post-Exilic Judaism*, 89-91. Esta política no se dirigió exclusivamente a los judíos, aunque el narrador de Esdras así lo sugiere. Ver Blenkinsopp,"The Mission of Udjahorresnet and Those of Ezra and Nehemiah", *JBL*, 106/3 (1987) 409-421.

tierra. El me ha encargado que le edifique un templo en Jerusalén, en Judá" (1.2). En el capítulo 7, Artajerjes ordena: "Todo lo que ordena el Dios del cielo debe ser cumplido con celo para el templo del Dios del cielo, a fin de que la cólera no caiga sobre el reino, el rey y sus hijos...Y todo aquel que no cumpla la ley de tu Dios y la ley del rey, aplíquesele una rigurosa justicia..." (7.23,26).

La autorización persa es clave en el texto, ya que favorece los intereses de la *golah* frente a la oposición de quienes permanecieron en Judá. En la lógica del libro de Esdras, la *golah* representa al rey, quien a su vez ha sido respaldado por Yahvé. La construcción del templo, por ejemplo, tenía implicaciones mucho más allá de las religiosas y cúlticas. La reconstrucción de los templos formaba parte de la política persa para el fortalecimiento de los extremos del imperio y proveía un medio para la recolección de impuestos y el control administrativo de la región. La participación del imperio en la reconstrucción del templo, como también en la formulación de la ley (Esd 7.1ss), era una forma de asegurar que los intereses del imperio se respetaran en la provincia. A nivel local, el control del templo equivalía a control social, religioso y económico. Berquist describe el vínculo entre el liderazgo local del templo y el imperio Persa:

> El templo funcionaba como legitimación simbólica de la relación entre Persia y Judá...de esta manera se establecía una equivalencia entre el liderazgo local de Yehud y el imperio de Persia. Ambos participaban en la construcción del templo...ambos compartían los beneficios (financieros y simbólicos) de las operaciones del templo....Darío y los emperadores persas que le siguieron consideraban como valida y normativa la ley local de Yehud. Esto permitió a la pequeña provincia establecer sus propias normas de comportamiento interno, a la vez que el Imperio Persa mantenía su propio control general.[116]

---

116  Berquist, *Judaism in Persia's Shadow*, 138-140. .

2. Otra dimensión de este movimiento desde Babilonia que encontramos en el libro de Esdras es la relación entre la *golah* y los judíos de la diáspora. El texto indica que los exiliados que no regresaron a Judá participaron con sus contribuciones (1.5;7.16). La importancia de la diáspora es clara en la concepción de la experiencia del exilio como fundamento de la identidad de los repatriados. El punto de referencia de la *golah*, como lo indica su propia autodesignación, es la diáspora. Con esto se distinguen de los judíos en Palestina que no pasaron por la experiencia del exilio. Esta discusión entre los exiliados y los que permanecieron está presente en diversos textos proféticos y nos ofrece algunas pistas para entender los conflictos en el libro de Esdras. Profundizamos en este aspecto más adelante.

En resumen, la composición del texto reafirma el hecho de que la iniciativa y los recursos para la reconstrucción de Israel vienen de Persia/Babilonia y no de los judíos palestinos.[117] El envío de líderes de Persia para la reconstrucción del templo y de la cuidad, y para imponer la ley, son señal de esta iniciativa que excluye el aporte de los habitantes de Palestina. De esta manera, el libro de Esdras efectivamente niega la validez de la comunidad judía que permaneció en Judá, su culto y su organización social. Esta negación forma parte de una corriente teológica, claramente representada en el libro de Esdras, que identifica exclusivamente a los exiliados con el verdadero Israel. Analizamos esta corriente teológica en la segunda parte de este capítulo.

La comparación de los líderes identificados en los dos momentos del texto resalta el énfasis en el personaje de Esdras. El narrador dedica diez versículos específicamente a Esdras, su linaje sacerdotal, su capacidad como escriba y la misión que le encomienda el rey. A Esdras se le atribuyen todas las cualidades necesarias para asumir control en Judá, tanto a nivel religioso (linaje del sumo sacerdote), como a nivel administrativo. En

---

117  Para un análisis de la relación entre Judá y la diáspora ver Peter R. Bedford. "Diaspora: Homeland relations in Ezra-Nehemiah", VT LI, 1 (2001) 147-165.

efecto, viene con la potestad necesaria para tomar control del templo, nombrar nuevos funcionarios administrativos e imponer una ley bajo pena de "muerte, destierro, multa o cárcel" (Esd 7.26). Esdras no solo viene con una gran cantidad de dinero para el templo y para "emplear como mejor os parezca..." (Esd 7.18), sino que también tiene autorización para pedir a los tesoreros de la satrapía cualquier recurso que pudiera necesitar, incluyendo "plata, trigo, vino, aceite y sal". La llegada de Esdras desautoriza no sólo a los judíos que no habían sido exiliados, sino también al liderazgo (que según los capítulos 1-6 de Esd, consistía en exiliados repatriados bajo Ciro), que en ese momento ejercía poder a nivel religioso y administrativo.

**B. La *golah*: el linaje correcto**

La sección "B", que relata el viaje de regreso consiste básicamente en una lista de personas, enumeradas por familias o procedencia. Estas listas son un indicador de la importancia del linaje para comprobar la pertenencia a la *golah* (בְּנֵי הַגּוֹלָה) en Judá.[118] Este criterio es fundamental en la definición de "los otros" y en la forma en que son percibidos. En ausencia de un estado nacional con fronteras geográficas claras que ayudaran a definir quién era y quién no era judío, la comunidad desarrolla una identidad basada en el linaje y la adhesión religiosa. Las listas también señalan el protagonismo de todos los miembros de la *golah* en la conformación de la nueva comunidad e identidad judía en Palestina.[119]

---

118 Weinberg distingue dos grupos en esta lista: 1) los que retornaron del exilio que son identificados como "hijos de X" y 2) miembros de la población judía que permaneció en Judá y que se unen a la comunidad emergente, identificados como "los hombres de A" indicando su pertenencia geográfica en Judá. (*The Citizen-Temple Community*, 132). Si es así, y los judíos palestinos (no exiliados) se unieron a la comunidad judía, nos preguntamos por qué otros, que igualmente confiesan su creencia en Yahvé, son excluidos (Esd 4.1-3) y si los criterios de pertenencia a la *golah* eran diferentes para diferentes grupos dentro de la comunidad.

119 Ver Eskenazi, *In An Age of Prose*, 48-53.

## C. La misión

La sección "C" de la estructura, inicia el cumplimiento de la misión de la *golah* bajo Josué y Zorobabel. La *golah* restablece el culto y ofrece sacrificios, inicia la construcción de un altar, establece los cimientos del templo y celebra este inicio de la construcción. En el cap. 3 encontramos la primera mención del "pueblo de la tierra/pueblos de la tierra" que infunde temor en los repatriados (3.3).[120]

En la segunda parte del libro, Esdras no enseña la ley ni realiza las tareas que se le habían encomendado según el cap. 7. Se involucra inmediatamente en el conflicto generado por los matrimonios con mujeres extranjeras.[121]

## D. El conflicto

En ambos momentos de la estructura del libro surgen conflictos frente a la tarea que se propone la *golah*. El cap. 4 reúne diversas oposiciones a la reconstrucción del templo y a la ciudad, explicando con ello por qué se aplazó la construcción hasta el reinado de Darío (4.5,24).[122] El texto pasa del reinado de Ciro (538-520 a.C.) en 4.1-5 al de Jerjes (486-465 a.C.) y Artajerjes

---

120  Ver Excursus 3: Los "pueblos de la tierra".

121  Este "espacio" en la estructura podría ser una indicación de que el texto original fue modificado. Si ubicamos el actual capítulo 8 del libro de Nehemías, donde Esdras enseña la ley en Jerusalén, entre los capítulos 8 y 9 del libro de Esdras, el texto adquiere mayor coherencia dentro de la estructura global del libro. Así Esdras empezaría su misión enseñando la ley y el conflicto que surge a continuación se vería como resultado de la enseñanza. La mayoría de los autores están de acuerdo en que este era el orden original de Esdras, aunque difieren en su explicación del traslado del texto. Ver Williamson, *Ezra,Nehemiah*, 283-284; Blenkinsopp, *Ezra-Nehemiah*, 44-45; Clines, *Ezra, Nehemiah, Esther*, 12; Cross, "A Reconstruction of the Judean Restoration", 8.

122  Peter Ackroyd. "The Jewish community in Palestine in the Persian period" en Davies y Finkelstein. *The Cambridge History of Judaism Vol 1*, 142-143. Según Berquist, el reinado de Ciro ofreció la oportunidad del regreso a Judá pero no permitió la construcción del templo ya que su política buscaba el control militar más que administrativo. La construcción del templo se inició bajo Darío quien buscaba consolidar el imperio administrativamente. (*Judaism in Persia's Shadow*, 29).

(465-423 a.C.) en 4.6-23 y luego regresa al reinado de Darío (520-515 a.C.) en 4.24ss. El orden del autor enfatiza el aspecto temático y no la cronología histórica.[123] La oposición a la reconstrucción viene de diversos grupos: "los enemigos de Judá y de Benjamín" (4.1), los "pueblos de la tierra" (4.4) y Rejún, gobernador de Samaria. El narrador identifica los primeros (4.1) y los últimos (4.8-10) como pueblos traídos a Israel por el rey de Asiria.

La *golah* responde a la pretensión de los "enemigos de Judá y Benjamín" de participar en la reconstrucción del templo, afirmando la imposibilidad de emprender el proyecto juntos y acudiendo a la autorización persa para legitimar su derecho a la construcción (4.1-5). El texto distingue en forma enfática entre "nosotros" y "vosotros":

No podemos edificar juntos nosotros y vosotros un templo a nuestro Dios: a nosotros solos nos toca construir para Yahvé, Dios de Israel, como nos los ha mandado Ciro, rey de Persia (Esd 4.3).

El interés de ambos grupos no se limitaba al ámbito religioso. El control del templo, como hemos señalado, implicaba el control religioso, político, social y económico. Lo que vemos en la oposición a la reconstrucción es una lucha de poder y control.

El último caso de oposición (4.6-23) viene del gobernador de Samaria.[124] Esta oposición logra detener la construcción por medio de correspondencia con el rey Artajerjes, acusando a

---

123  Williamson, *Ezra,Nehemiah*, 59.
124  Algunos autores explican el interés del gobernador de Samaria en la construcción de la ciudad por estar Judá bajo la jurisdicción de Samaria. Otros, sin embargo, ven en su oposición el temor al fortalecimiento de una Jerusalén rebelde que amenazaría la estabilidad de la región. Blenkinsopp, *Ezra-Nehemiah*, 61. Berquist, *Judaism In Persia's Shadow*, 133, sin embargo, considera que Judá tuvo sus propios gobernadores y se mantenía administrativamente separada de Samaria. La rebeldía de Jerusalén podría coincidir con las revueltas constantes de Egipto, con quien, según consideran algunos autores, Judá se alió en diversos momentos. Ver Ephraim Stern. "The Persian Empire and the Political and Social History of Palestine in the Persian Period" en Davies y Finkelstein, *The Cambridge History of Judaism*. Vol 1, 72-73.

los judíos de tener intenciones de rebelión contra el imperio.[125] El texto no define con claridad la identidad de los "pueblos de la tierra".[126] Algunos autores los identifican con los "enemigos de Judá y Benjamín" en 4.1, que el texto describe como descendientes de los pueblos llevados a Israel durante la conquista Asiria (e.d. Samaritanos). Lo más claro respecto a los pueblos de la tierra es que el uso de este término divide a los habitantes de Judá en dos grupos: 1) la *golah* y 2) todos los demás.[127] Entre estos últimos están las mujeres extranjeras de Esd 9-10.

En la segunda parte del libro, después de la llegada del grupo que viaja con Esdras, el conflicto surge por un problema en la comunidad que, a pesar de ser un problema interno, gira alrededor de los "pueblos de la tierra". El matrimonio de miembros de la comunidad con mujeres de estos pueblos genera una preocupación por la pureza de la comunidad, que se designa a sí misma como semilla (raza) santa. No entramos aquí en detalle sobre este conflicto, dado que analizaremos los capítulos 9 y 10 de Esdras en el capítulo siguiente de esta investigación.

**E.   La prioridad de la *golah***

En ambas partes del libro de Esdras, los conflictos tienen un desenlace. En el caso de la reconstrucción del templo, Zorobabel y Josué toman la iniciativa de reiniciar la construcción y le hacen frente a los cuestionamientos del sátrapa de Transeufratina.[128] La situación se resuelve por medio de una carta del rey Darío que confirma el derecho de la *golah* a continuar con la construcción.[129]

---

125   El texto introduce tres cartas diferentes. En 4.6 se dirige a Jerjes, en 4.7 y en 4.8 a Artajerjes. A partir del v.8 el texto pasa al arameo e incluye el texto de la tercera carta.

126   Ver Excursus 3: "Los pueblos de la tierra".

127   Ver Becking, "Continuity and Community in the Book of Ezra", 272-273.

128   Provincia que incluye Samaria y Judá.

129   Esta autorización es coherente con las características del reinado de Darío, quien permitió mayor autonomía en las provincias mientras no perjudicara la lealtad y el pago de impuestos. Berquist, *Judaism In Persia's Shadow*, 61.

El conflicto generado por los matrimonios con extranjeras en el cap. 9 se "soluciona" por un consenso (aparente) de la comunidad, motivado y apoyado por Esdras. Esdras y otros líderes de la comunidad deben convencer a la *golah* del peligro de las mujeres extranjeras. La preocupación aquí no radica en *mantener la separación* ya existente entre la *golah* y los demás pueblos, como es el caso de Esd 4, sino en *no haberse separado* de los elementos "extranjeros" (las mujeres) que se habrían incorporado a la comunidad.

## F. Inclusión y expulsión

La construcción del templo concluye con sacrificios, la organización del personal del templo y la celebración de la Pascua (6.13-22). Diversos grupos son señalados como participantes en las celebraciones. En el v.16 celebran "los sacerdotes, los levitas y el resto de los deportados". Los vv.19-22 (donde el texto arameo de los cap. 4.8-6.18 vuelve al hebreo) se refieren a los levitas que ofician la pascua para "todos los deportados, para sus hermanos los sacerdotes y para sí mismos" y de "los israelitas que habían vuelto del destierro y todos aquellos que, habiendo roto con la impureza de los pueblos de la tierra, se habían unido a ellos para buscar a Yahvé, Dios de Israel" (cf. en 10.29-30) .

Esta última frase, en Esd 6.21, es la única ocasión en que el texto de Esdras habla de *inclusión* a la *golah*, en lugar de *exclusión o expulsión*. No está claro si estas personas, que se separaron de las impurezas de los pueblos de la tierra, son de los pueblos de la tierra o si son miembros de la *golah* que se habían "mezclado" con los pueblos de la tierra. El esfuerzo que hace el v.21 por distinguir entre la *golah* y "otros", sugiere que el texto se refiere a personas externas a la *golah* que se unen a ella.[130]

130 Williamson, *Ezra, Nehemiah*, 85; Blenkinsopp, *Ezra-Nehemiah*,131; Rainer Albertz. *A History of Israelite Religion in the Old Testament Period. Vol II: From the Exile to the Maccabees*. Traducido del alemán por John Bowden. Göttingen: Vandenhoeck & Ruprecht, 1992. Louisville: Westminster John Knox Press, 1992, 449; van Houten, *The Alien in Israelite Law*, 152; Harold C. Washington. "The Strange

Albertz y Washington ven en Esd 6.21 una señal de la "fluidez" existente en la composición de la *golah*.[131] Existía la posibilidad de excluir a quienes no podían comprobar su linaje, a pesar de ser judíos que habían regresado del exilio a Judá (Esd 2.59-62; Neh 7.61-64). Por otra parte, bajo ciertas condiciones, personas externas a la comunidad podían unirse a ella. Esd 6.21 establece dos criterios para esta participación en la *golah*: la separación de la impureza de los pueblos de la tierra y la búsqueda de Yahvé, Dios de Israel.

Lo anterior significa que la comprobación del linaje (como descendientes de judíos del exilio), no es criterio suficiente para la pertenencia a la *golah*, por lo menos en los primeros seis capítulos del libro. Blenkinsopp describe como "prosélitos" a quienes se unen a la comunidad de deportados en Esd 6.21.[132] La noción de prosélito, como conversión religiosa, no sería común, sin embargo, hasta la época griega cuando designa a no judíos convertidos y circuncidados.[133] El texto se asemeja al sentir de Is 14.1-4 y 56.3,5 donde el גר y el נכר, respectivamente, se unen (לוה) a Yahvé y al pueblo de Israel. Pero Esd 6.21 no usa estos términos para designar a los extranjeros.

La preocupación por la definición de criterios de inclusión de los de afuera y la exclusión de los de adentro es evidencia de que en realidad la distinción entre "los de adentro" y "los de afuera" no era tan clara y generaba polémica. El texto busca

---

Woman of Proverbs 1-9 and Post-Exilic Judean Society" en Eskenazi y Richards. *Second Temple Studies Vol 2*, 234. Contra Janzen. *Witch-hunts, Purity and Social Boundaries*, 95, quien entiende esta frase como otra descripción de la *golah*.

131 Washington, "The Strange Woman of Proverbs 1-9", 234; Albertz, *Israelite Religion in the Old Testament Period, Vol II*, 449-445.

132 Blenkinsopp, *Ezra-Nehemiah*, 131. En cambio, Richard A. Horsley afirma que quienes se unen a la comunidad en Esd 6.21 lo hacen solo para la celebración de la pascua. No forman parte de la comunidad ya que ésta se define estrictamente según linaje. ("Empire, Temple and Community – But no Bourgeoisie!" en Davies, editor, *Second Temple Studies. 1*, 171).

133 van Houten, *The Alien in Israelite Law*, 183; Karl George Kuhn. "προσήλυτος" en Gerhard Kittel y Gerhard Friedrich. *TDNT Vol. VI*. Traducido del alemán por Geoffrey W. Bromiley. Grand Rapids: Eerdamans, 1964-1976, 730.

clarificar y afirmar sus propios criterios para casos considerados marginales.[134]

Es importante señalar que los casos "marginales" aparecen únicamente en la primera parte del libro de Esdras, entre los capítulo 1 y 6. En los capítulos 7-10, que relatan la misión de Esdras, no hay casos marginales, al menos no en forma explícita. La inclusión o exclusión de la *golah* se define en términos absolutos. La genealogía de las familias que regresaron con Esdras no incluye personas que no podían comprobar su linaje exílico. Nadie se une a la comunidad, más bien hay amenaza de exclusión para los miembros de la *golah* que no se acogen a las resoluciones de la comunidad (10.8). La segunda parte del libro de Esdras busca cerrar (a nivel literario), la brecha que se había abierto en la definición de la comunidad de la *golah*. La figura elegida por el narrador para cerrar esta brecha es la mujer extranjera, quien no tiene la opción de "separarse de las impurezas de los pueblos de la tierra" y ser incluida en la comunidad de la *golah*.

Los dos momentos del libro de Esdras reflejan, entonces, dos percepciones diferentes de los criterios de pertenencia a la *golah*. El primero se acerca más a la línea de Is 14.1 y 56.3,6, donde existe la posibilidad de que personas externas se unan a Israel. El segundo momento viene a "corregir", por medio de la expulsión de las mujeres extranjeras, las ambigüedades reflejadas en el primer momento.

La conclusión del relato de los matrimonios es muy distinta a la conclusión de la sección anterior. No hay fiesta, no hay cele-

---

134   En su artículo sobre el libro de Josué, Lori Rowlett describe la preocupación del libro por los criterios de inclusión y exclusión en Israel. Ella encuentra que los casos marginales son los que más preocupan al narrador, donde: "El mensaje es que el castigo por la otredad es muerte y los de adentro fácilmente pueden convertirse en otros si dejan de someterse a la autoridad del gobierno central" (16). Al igual que en el libro de Esdras, "la distinción entre Israel y los Otros, basada primordialmente en la diferencia étnica, cultural y religiosa, se empieza a desmoronar casi de forma inmediata" (17). Como en el caso de las mujeres extranjeras en Esdras, la autora encuentra que en Josué, "La impureza normalmente es proyectada sobre los opositores en la literatura de violencia, con la intención de justificar las acciones realizadas en contra de ellos"(21). ("Inclusion, exclusion and marginality in the book of Joshua", *JSOT* 55 (1992) 15-23). .

bración, no hay inclusión. Hubo separación, división de familias, expulsión de mujeres y niños. En ambos textos, 6.21 y 10, hay un problema de impureza. En 6.21 hay una *separación de la impureza*, en el capítulo 10 hay una *separación de las mujeres*. Las muchas implicaciones de este hecho serán explorados más adelante.

---

## Excursus 3
## Los "pueblos de la tierra"

En la literatura preexílica del Antiguo Testamento, la frase "pueblo de la tierra" designa frecuentemente al pueblo de Israel, mientras que las naciones extranjeras son designadas con el término גוים. En algunos casos "pueblo de la tierra" se refiere a toda la población de un determinado territorio (Gn 42.6, Nm 14.9, 2 R 23.14, Jr 1.18) y en otros a la capa social más alta, los propietarios con derechos plenos o los dirigentes de la población (Gn 23.7,12; 2 R 21.23, Ez 12.19). En la mayoría de los textos representa a un grupo con autonomía política, algo que no se aplica a los judíos en el postexilio. La formulación plural "pueblos de la tierra" designa a menudo a todas las naciones de la tierra (cf. Jos 4.24; 1 R 8.43,53,60; Sof 3.20). En Esdras y Nehemías el término, tanto en singular como en plural, se aplica a la población de Palestina que no es aceptada por la comunidad cultual judía. Este uso da paso a la aplicación posterior del término a quienes no conocen o no practican la ley.[135]

En el libro de Esdras encontramos tres formulaciones diferentes de esta frase: Esd 3.3 y 9.1,2,11 usan עמי הארצות (pueblos de las tierras); Esd 4.4 utiliza la formulación עם הארץ (pueblo de la tierra) y Esd 10.2,11 utilizan עמי הארץ (pueblos de la tierra). Blenkinsopp[136] concluye que estos términos: "que en realidad se usan en forma intercambiable... se refieren a los habitantes de Judá o las provincias aledañas (Samaria, Idumea), que están fuera de la comunidad de la *golah* y que son, por definición, religiosamente sospechosos." Según de Vaux,[137] la expresión,

---

135 A. R. Hurst. "גוי/עַם 'am/gōy Pueblo" en Ernst Jenni y C. Westermann, editores. *DTMAT, Tomo 2*, Traducido del alemán por Rufino Gooy, Munich: Chr. Kaiser Verlag, 1971. Madrid: Cristiandad, 1985 384-387; Roland de Vaux. *Instituciones del Antiguo Testamento*. Traducido del francés por A. Ros. Barcelona: Herder, 1964, 114.
136 Blenkinsopp, *Ezra-Nehemiah*, 108.
137 de Vaux. *Instituciones del Antiguo Testamento*, 114.

tanto en singular como en plural, "designa a los habitantes de Palestina que no son judíos, que ponen trabas a la obra de restauración... con los que se contraen matrimonios mixtos. Los 'pueblos del país' se contraponen al 'pueblo de Judá' en Esd 4.4 y al 'pueblo de Israel' en Esd 9.1." Weinberg, en cambio, considera significativas las variaciones en el término. Este autor concluye que las formulaciones "pueblos de las tierras" y "pueblos de la tierra" se refieren a comunidades extrañas a Israel, mientras que "pueblo de la tierra" siempre designa a la comunidad Yavista.[138]

La frase "pueblo de la tierra/pueblos de las tierras", aparece sólo dos veces en lo que hemos designado como el primer momento del libro de Esdras (cap. 1-6). El primer uso del término (Esd 3.3: "pueblos de las tierras"), parece hacer referencia a los pueblos establecidos en Palestina (Judá y las provincias aledañas) – en oposición a los exiliados recién llegados. La oposición fundamental aquí se da entre quienes llegan de afuera y quienes están ubicados y organizados política y económicamente en el territorio. Esd 4.4 utiliza el singular "pueblo de la tierra" donde el conflicto es con aquellos que se consideran a sí mismos, al igual que la *golah*, adoradores de Yahvé y merecedores de participar en la reconstrucción del templo. Los demás usos de la frase se encuentran en los cap. 9-10, donde encontramos que la distribución de las formulaciones "pueblos de las tierras (Esd 9.1,2,11) y "pueblos de la tierra" (Esd 10.2,11) coincide con las diversas etapas redaccionales que proponemos para el texto. Analizamos esto en mayor detalle en el capítulo 3.

## Conclusión

Vemos en la estructura del libro de Esdras una progresión similar en los dos momentos de la experiencia de repatriación de los judíos exiliados, según lo narra este libro. Resaltamos cuatro elementos que nos parecen importantes, a partir de la estructura del libro: 1) la organización del libro que resalta la legitimidad de la *golah* y su pureza frente a los demás pueblos; 2) la iniciativa "desde afuera" para la reconstitución del pueblo judío y el

---

138 Weinberg, *The Citizen-Temple Community*, 67-73. Un problema con esta definición de los términos es el uso en Esd 4.2 de la formulación singular, "pueblo de la tierra", para designar a los adversarios de la *golah*.

templo en Judá, deslegitimando al pueblo judío en Palestina, su culto y su religiosidad, 3) los obstáculos que son atribuidos a la presencia de personas externas a la comunidad y 4) las diferencia en el trato de personas externas a la comunidad en los dos momentos del libro.

El enemigo de la *golah* no es Persia, aunque claramente la comunidad tiene consciencia de estar aún bajo dominación (Esd 9.7-9). La amenaza viene de los vecinos y no del imperio lejano. La preocupación de la *golah* está centrada en su conformación como legítimo pueblo judío en Judá, excluyendo a los demás pueblos de la región, algunos de los cuales también reclaman la identidad y religión judía como suya. Ciertamente la pretensión de la *golah* parte de intereses políticos y económicos, pero también se basa en una concepción histórica y religiosa que afirma su derecho a la tierra (entendido como derecho a ser el pueblo beneficiario de las promesas de Yahvé), y la identifica como el verdadero pueblo de Israel, el resto que permanece purificado y restaurado después de la experiencia del exilio.

Las mujeres extranjeras son identificadas como una amenaza para la conformación de la identidad de esta comunidad. El libro de Esdras le dedica mayor detalle, profundización y pasión a la amenaza de las mujeres extranjeras que a cualquier otro conflicto que experimenta la comunidad. Ellas, según el texto, son un peligro que destruye la comunidad desde dentro. Pero son un peligro porque un sector de la comunidad (aquél que produce el texto), así las designa.

No es sorprendente que el narrador elija a un grupo socialmente débil para responsabilizarlo por problemas internos de la comunidad. Las mujeres se convierten en el rostro visible de un problema invisible. Así, con una medida particular (la expulsión de dicho grupo, que cumple una función "expiatoria"), se pretende resolver problemas religiosos ya existentes en la comunidad. Como trasfondo fundamental para la comprensión de este fenómeno, analizamos en el siguiente capítulo el contexto histórico y teológico del libro de Esdras.

# Capítulo 3
# Ubicación histórica y teológica del libro de Esdras

## 1. El postexilio: contexto histórico del libro de Esdras[139]

Los acontecimientos que culminan en el exilio de una parte de la población de Judá, la experiencia de la comunidad exiliada, la conformación y el crecimiento de la diáspora y el retorno de un número de exiliados a Judá, marcan el judaísmo postexílico tanto a nivel social y cultural, como teológico. El libro de Esdras refleja *una interpretación* de estos acontecimientos que establecen las bases para el naciente judaísmo postexílico. En este período encontramos los inicios de un proceso de creciente sectarismo religioso, expresado en las diferentes corrientes teológicas y vivencias cotidianas de la fe judía.[140]

Shemaryahu Talmon atribuye la diversidad que surge en el postexilio a la pérdida de las referencias sociales, religiosas y políticas de la identidad del pueblo. A diferencia del período preexílico, donde la identidad del pueblo de Israel se circunscribe a una

---

139 Ver Apéndice: "Judá bajo el Imperio Persa".

140 Joseph Blenkinsopp describe a los grupos que surgen dentro del judaísmo a partir de este período como expresiones de diferentes interpretaciones de las tradiciones y textos representativos de la identidad judía y la historia de Israel. ("Interpretation and the Tendency to Sectarianism: An Aspect of Second Temple History" en E.P. Sanders, editor, *Jewish and Christian Self-Definition*. Philadelphia: Fortress, 1981, 1-4). Ver también Albertz, A *History of Israelite Religion Vol II*, 468-470.

región geográfica, el judaísmo postexílico se caracteriza, según este autor, por el multicentrismo.[141] Esta pérdida de las referencias que establecían la identidad del pueblo es importante para entender el conflicto que surge en el postexilio por la definición de la identidad del verdadero Israel.

Los textos que hacen referencia a los sucesos del exilio babilónico (cf 2 R 23.31-25.30, 2 Cr 36 y Jer 39.43), describen la dispersión de la población de Judá a diversos puntos geográficos. Algunos, huyendo de la deportación a Babilonia, se ubican en Egipto, donde se unen a otros israelitas para formar una comunidad judía que tenía incluso su propio templo.[142] Otros son exiliados a Babilonia y otro grupo, quizá mayoritario, permanece en Judá. Esta dispersión inicia el proceso en que el judaísmo pasa de ser definido por una ubicación geográfica, a representar una identidad étnica-religiosa.[143]

Los exiliados, según las investigaciones históricas y arqueológicas, lograron establecer comunidades en las diversas localidades geográficas en las que fueron ubicados, donde buscaron mantener cierta cohesión y preservar su identidad cultural y religiosa.[144] Estas comunidades representan lo que llegaría a

---

141    Shemaryahu Talmon. "The Emergence of Jewish Sectarianism" en Patrick D Miller Jr., et.al., editores, *Ancient Israelite Religion*. Philadelfia: Fortress Press, 1987, 594.

142    Información sobre esta colonia judía en Elefantina ha sido recopilada de documentos que proceden de la colonia a partir del año 495 a.C. Hay evidencia, sin embargo, de la existencia de una colonia de israelitas en Elefantina a partir del siglo VII a.C. y luego una colonia militar judía durante y posterior al periodo persa. Algunos autores encuentran evidencia de la incorporación de tradiciones religiosas egipcias al culto judío en Egipto. Ver Albertz, *A History of Israelite Religion Vol II*, 374 y Bezalel Porten. "The Diaspora. D. The Jews in Egypt" en Davies y Finkelstein. *The Cambridge History of Judaism Vol 1*, 372-400.

143    Joseph Blenkinsopp y Max Weber describen el judaísmo postexílico como una comunidad confesional, mientras que Talmon, en su crítica a Max Weber, describe a la comunidad como una "simbiosis de comunidad de fe y nación". Nuestro interés particular es cómo el texto bíblico define la identidad de la comunidad judía. Desde esta perspectiva, no existe una distinción entre la identidad religiosa/confesional y la pertenencia a un linaje particular, tal y como vemos reflejado en Esdras (Blenkinsopp, "Temple and Society in Achaemid Judah",47; Max Weber. *Ancient Judaism*. Traducido por Hans H. Gerth y Don Martindale. Illinois: Free Press, 1952, 388; Talmon, "Jewish Sectarianism", 598).

144    Elias Bickerman. "The Diaspora. B. The Babylonian Captivity" en Davies. y

ser la diáspora judía, donde las prácticas y tradiciones serían reformuladas para responder a sus necesidades y condiciones. Su punto de referencia, a nivel simbólico y religioso, seguiría siendo Jerusalén, pero a la mayoría no les interesaría regresar a Palestina en forma permanente. Sin embargo, la experiencia del destierro tendría un impacto significativo, sino trascendental, en los exiliados a nivel de su identidad teológica y social. Señala Maier:

> El aislamiento del destierro, además de dar origen a esta exclusividad teológica, fue el preludio de una exclusividad sociológica posterior, fundamentada en línea religiosa: la de ser los verdaderos titulares de la promesa, los guardianes de la continuidad de la historia de la salvación, la de representar al auténtico "Israel"...[145]

Quienes permanecieron en Judá, mantuvieron una estructura administrativa y religiosa propia, continuando con sus tradiciones culturales y religiosas, a pesar de las dificultades económicas iniciales (cf. Lm 4.4-5) y la destrucción del templo.[146] Los intereses económicos y la vinculación con pueblos vecinos, como también la inmigración de diversas poblaciones al territorio de Judá, promovió la incorporación de elementos culturales y religiosos de otros pueblos.[147]

---

Finkelstein. *The Cambridge History of Judaism Vol 1*, 344-350; Daniel L. Smith. *The Religion of the Landless. The Social Context of the Babylonian Exile*, 55; Hoglund, afirma que esta era una estrategia del imperio Babilónico con el objetivo de diferenciar los diversos grupos étnicos con fines administrativos ("The Achaemenid Context" en Phillip R. Davies. *Second Temple Studies 1*, 66).

145 Johann Maier. *Entre los dos testamentos. Historia y religión en la época del segundo templo*. Salamanca: Sígueme, 1996, 47. . Algunos de los signos de la identidad judía que adquirieron gran importancia en la diáspora son: la circuncisión (Ez 44.19), el sábado (Is 56.6), la dieta (Dn1.8; Jdt 12.2; Tb 1.10-11), la celebración de la pascua, la pertenencia genealógica y un estricto monoteísmo (por lo menos a nivel oficial). Ver Albertz, *A History of Israelite Religion, Vol II*, 407,417.

146 Berquist, *Judaism in Persia's Shadow*, 17.

147 Albertz, *A History of Israelite Religion Vol II*, 372; Maier, *Entre los dos testamentos*, 47. La presencia de tradiciones religiosas y culturales diversas en Israel es un hecho que atraviesa toda su historia. Un ejemplo es la cercanía entre el culto a Yahvé y los cultos cananeos y la presencia de los mismos en medio de Israel. A partir del exilio, sin embargo, los textos bíblicos tienden a representar a los exi-

El retorno de exiliados a Palestina, según la describen los textos del Antiguo Testamento, implicó la confrontación de dos grupos que, según las circunstancias de cada cual, habían desarrollado distintas comprensiones de su identidad cultural y religiosa. Este hecho ha sido analizado en términos sociológicos, como señalamos en el capítulo 1.

Ambos grupos pretendían ser el verdadero Israel, excluyéndose mutuamente. Explica Talmon:

> El *ethos* que distingue entre el "grupo de adentro" y el "grupo de afuera" que había caracterizado la relación de Israel con sus vecinos paganos en la tierra en el período anterior a la destrucción y en la diáspora durante el exilio, ahora se manifestaba en nuevas configuraciones. La necesidad de establecer límites claros para la identidad judía que había sido especialmente urgente en el contexto de la mayoría extranjera pagana en Babilonia-Persa, se volvió, por así decirlo, hacia dentro.[148]

Esta transformación significó una redefinición de los criterios de la definición de la extranjeridad: quiénes eran extranjeros y quiénes no lo eran. En el nuevo contexto del postexilio, ya no eran extranjeros sólo aquellas personas de otra etnia o nacionalidad que venían a residir en Judá como extranjeros residentes (גֵר). Ahora, como en la tradición de la conquista de Canaán, eran definidos como extranjeros quienes *estaban viviendo en la tierra* cuando regresaron los exiliados a Judá (independientemente de su parentesco con los exiliados).[149] El criterio de pertenencia a Israel dejó de ser geográfico. Dion señala que después de 587,

---

liados como adoradores de Yahvé en forma pura y exclusiva, mientras que los que permanecieron en Judá son acusados de idolatría y prácticas abominables. Cf. Ez 11.14-21.

148    Talmon, "The Emergence of Jewish Sectarianism", 600.

149    Vaux describe esta misma perspectiva en el contexto del establecimiento de Israel en Canaán: "Cuando los israelitas, establecidos en Canaán, se consideraron como los poseedores legítimos de la tierra, como 'el pueblo del país', entonces los antiguos habitantes, no asimilados por matrimonios ni reducidos a servidumbre, vinieron a ser *gerim*, a los que se añadieron los inmigrantes." (*Instituciones del Antiguo Testamento*, 117).

...nadie será necesariamente adorador de Yahvé *por el simple hecho de haber nacido en el país de Canaán*, sino que será la adhesión al culto de Yahvé lo que preservará su identidad judía..[150]

Es importante aclarar que aunque la adhesión al culto de Yahvé es un criterio fundamental para la identidad judía, según el libro de Esdras, no es el único. El libro establece claramente que la adhesión a Yahvé significa la separación de la impureza y la fidelidad religiosa, pero también enfatiza la importancia del linaje correcto (el linaje exílico) como señal de pertenencia al verdadero Israel. En este texto, la preocupación por el linaje exílico es evidencia de que la promesa de Yahvé no está ligada a una región geográfica, sino a un pueblo. Esta es una clave para la teología del exilio y de la diáspora, ya que reafirma la presencia de Yahvé con los exiliados y su abandono de quienes permanecieron en la tierra (cf. Ez 11.15-16).

El regreso a Judá no fue el gran retorno anunciado por los profetas (cf. Is 40). El cambio de ubicación geográfica no significó independencia de la dominación de un imperio. Percibimos que había consciencia de esto en Esd 9.9 y, especialmente, en Neh 9.36: "Mira que hoy somos esclavos, en el país que habías dado a nuestros padres..aquí en servidumbre nos sumimos".

Además, regresaron a encontrar sus tierras en manos de otros y una nueva elite que había asumido la función social y religiosa de quienes fueron exiliados.[151]

Analizamos a continuación tres temas teológicos, con sus implicaciones sociales y políticas, que subyacen al libro de Esdras y aportan un trasfondo desde el cual podemos interpretar los conflictos que vemos reflejados en este libro. Enfocamos estos temas particularmente desde las tradiciones deuteronómica y sacerdotal,

---

150 Paul-Eugene Dion. *Universalismo religioso en Israel*. Estella: Verbo Divino, 1975, 81. Énfasis nuestro. Muy al contrario de la identificación usual en el entorno del Antiguo Medio Oriente de la deidad con el territorio nacional.

151 Ver Joseph Blenkinsopp. "The Judaen Priesthood during the Neo-Babylonian and Achaemenid Periods: A Hypothetical Reconstruction", CBQ, Vol 60, No 1, Jan (1998) 25-43; Smith, *The Religion of the Landless*, 32-35; Welch, *Post-Exilic Judaism*, 66-68.

ambos concluidos en el período del exilio o posterior y ambos utilizados en Esd 9 para sustentar el rechazo de las mujeres extranjeras.

Buscamos, en primer lugar, entender cómo la comunidad judía postexílica que regresa a Judá se define a sí misma a partir del exilio y las implicaciones que esto tiene para comprender la naturaleza social y religiosa de esta comunidad en Palestina, que se designa a sí misma la *golah*. En segundo lugar, analizamos cómo la *golah* percibe su retorno como la conformación de un pueblo que excluye a otros. Por último, enfocamos la actitud hacia el extranjero/naciones extranjeras que encontramos en las tradiciones deuteronómica y sacerdotal, como base para nuestra comprensión del problema de las mujeres extranjeras en el libro de Esdras.

## 2. El exilio: experiencia que define a Israel

La destrucción de Jerusalén y el templo en 587 a.C. representó el fracaso de la teología que afirmaba la inviolabilidad de Jerusalén y la permanencia del templo y la monarquía (Lm 4.12,20; Sal 48).[152] Esta crisis provocó diversas reflexiones teológicas que buscaban comprender lo sucedido y establecer las bases para construir el futuro. El libro de Esdras es, repetimos, una de las interpretaciones que surgen de esta época. Es, sin embargo, una perspectiva que tuvo gran influencia sobre el canon del Antiguo Testamento y textos judíos posteriores.[153] Según Carroll, esta postura

...(El mito de la tierra vacía) se debe ver como producto y propiedad de aquel grupo de personas con su base de poder original en la corte imperial, y la creación de la comunidad del templo como el establecimiento de una base de poder en el territorio

---

152 "Nunca creyeron los reyes de la tierra ni cuantos habitaban en el mundo que el adversario y el enemigo entrarían por las puertas de Jerusalén" (Lm 4.12).
153 Robert P. Carroll, "The Myth of the Empty Land", *SEMEIA* 59 (1992) 85.

de Judá. Mucha – en cierto sentido quizá toda – de la literatura de la Biblia hebrea se debe considerar como la documentación de su pretensión a la tierra y un reflejo de su ideología. La representación de los pueblos de la tierra debe entenderse como la identificación de los perdedores en esta lucha ideológica particular.[154]

Lo que resulta inevitable en esta búsqueda por comprender la experiencia del exilio y reafirmar su identidad como pueblo de Yahvé, es que el favor hacia unos (los exiliados) significa, en muchos textos, el rechazo de los demás (los no exiliados). El énfasis está en la exclusión: sólo un grupo puede ser el verdadero Israel, los demás deben ser excluidos.[155] La preocupación por la autoafirmación (*supervivencia*) de un pueblo dominado, conquistado y disperso en medio de naciones mucho más grandes y fuertes, contribuye a una concepción de la elección de Israel como privilegio, separación y superioridad frente a los demás pueblos.

Según Esdras 2.70b, el regreso de los exiliados es el regreso de *Israel* a su tierra. Esta perspectiva no toma en cuenta a la población israelita que permaneció en Palestina. Según esta interpretación del exilio, que prevalece en los textos que relatan los sucesos del exilio babilónico, todo Israel fue deportado a Babilonia, dejando vacía y desolada la tierra de Judá:

- 2 Re 25.21b y Jer 52.27b, "Así fue como Judá partió al exilio, lejos de su tierra."

---

154 *Ibid.*, 85.

155 Existen otras voces con posiciones más inclusivas en textos como el Tritoisaías, Rut y Jonás, como también posiciones moderadas que contemplan la convivencia de Israel con ciertos extranjeros: por ejemplo, el גֵּר en textos de Ex, Dt, Nm y Lv. Señala J.E. Ramírez Kidd, *Alterity and Identity in Israel. The 'ger' in the Old Testament. BZAW*. New York: Walter de Gruyter, 1999, 83-84: "La actitud de los judíos hacia los gentiles era diferente en Palestina que en la diáspora, y estaba determinada en cada caso por las circunstancias particulares de su contexto social. Dado que los judíos en la diáspora vivían como una minoría entre gentiles, relaciones permanentes y positivas con ellos era *conditio sine qua non* para su supervivencia. La comunidad en la diáspora era, consecuentemente, más universalista en su acercamiento." .

- 2 Cro 36.17-21: ...Y a los que escaparon de la espada los llevó cautivos a Babilonia donde fueron esclavos de él y de sus hijos. ...para que se cumpliese la palabra de Yahvé por boca de Jeremías: Hasta que el país haya pagado sus sábados, descansará todos los días de la desolación, hasta que se cumplan los setenta años" (cf. Lv 26.33-36).[156]

Esta postura atribuye a los exiliados el carácter de verdadero y único pueblo de Israel, ya que descalifica a todos aquellos que permanecieron en Palestina (la "plebe baja", según Jer 39.10, cf. 2 R 25.12; Jer 52.16).[157]

En Ez 11.14-21, Yahvé, en boca del profeta, afirma estar presente con los exiliados, habiendo abandonado la tierra donde la población "camina según sus ídolos y abominaciones". En este y otros textos (Jer 24.1-10; 29.4-20; Ez 33.25-29), los que permanecen en la tierra son denunciados como pecadores e idólatras, destinados a la destrucción, mientras que los exiliados son los que Yahvé ha rescatado para purificar y restaurar. El exilio es una experiencia de expiación, el pago por las culpas e iniquidades (Lv 26.39-41; Is 40.2). Los que permanecen en la tierra no pasan por esta experiencia purificadora, permanecen en sus delitos y por ello están destinados a la destrucción. Jer 24.1-10 califica de higos buenos a los exiliados, en contraste con los demás, que son higos malos. Ben Zvi comenta las implicaciones de este texto:

> Desde la perspectiva del periodo persa, este texto sólo puede sugerir que los repatriados no encontrarían ni rastros de Israel

---

156 Solo de una tierra vacía podría decirse que está pagando sus sábados. La imagen del sábado de la tierra implica el cese de toda actividad agrícola y por ello de vida en la tierra.

157 Gonçalves analiza los textos que contienen estadísticas acerca del número de deportados y concluye que es probable que solo un diez por ciento o menos de la población de Judá haya sido deportada. Igualmente plantea que el objetivo de las deportaciones bajo Babilonia era remover a quienes se oponían a su hegemonía y dejar en el poder a una elite favorable al imperio. La deportación de "todo" Judá se entendería entonces como la deportación de los dirigentes, del "centro de gravedad" (435). ("El 'destierro': Consideraciones históricas", 438-446).

en la tierra al regresar, o, en otras palabras, que quienes viven en la tierra en ese tiempo no pertenecen a Israel.[158]

Este rechazo a quienes permanecieron en Judá significa, por un lado, que las tradiciones, enseñanzas y políticas que surgen del exilio/diáspora adquieren un carácter autoritario y excluyente (cf. la ley que trae Esdras de Persia). Otra implicación es el derecho de los repatriados a la tierra en Palestina y la calificación de quienes permanecieron en la tierra como *extranjeros*. El exilio, para unos símbolo de la ira de Yahvé, se interpreta como una experiencia de salvación y purificación de los elegidos de Yahvé. Esta experiencia se convierte, en el libro de Esdras, en criterio para la conformación de la nueva comunidad judía en Palestina.

La necesidad de afirmar la identidad propia de un grupo (los exiliados) a costa de la exclusión de otros, refleja la ansiedad de los exiliados frente a la amenaza de desintegración social, producto tanto del desplazamiento a otra tierra como del regreso a Judá. Esto lleva a enfatizar los elementos que separan al grupo de otros, en prejuicio de los factores que son comunes.[159] En este caso, la experiencia del exilio separa a un grupo de otro, aunque en términos étnicos, raciales, culturales y religiosos puedan ser muy parecidos.[160]

---

158 Ben Zvi. "Inclusion in and Exclusion from Israel as Conveyed by the use of the Term 'Israel' in Post-Monarchic Biblical Texts" en Steven W. Holloway y Lowell K. Handy. *The Pitcher is Broken. Memorial Essays for Gösta W. Ahlström, JSOTSup* 190. Sheffield: Sheffield Academic Press, 1986, 97 n.9.

159 Ver Janzen, *Witch-hunts, Purity and Social Boundaries*, 21-27. "...una forma de reforzar los límites externos de la sociedad...es contrastar fuertemente las creencias, religión y moralidad buenas de la sociedad en cuestión con aquellas – designadas peligrosas – de otros pueblos", 55.

160 Morton Smith caracteriza a los exiliados como el partido de los "Yawheh-alone" y a los que permanecieron como "syncretistic cult of Yahweh". (*Palestinian Parties and Politics*, 75). Welch afirma, en cambio: "Si el templo se hubiera convertido en el centro de un culto semipagano como el que describe Ezequiel, no podría haber mantenido la alianza de los Israelitas, quienes podían encontrar suficientes cultos paganos en Samaria para satisfacer dicha necesidad." (*Post-Exilic Judaism*, 68 n.1).

### 3. Un nuevo éxodo: una nueva conquista

El libro de Esdras describe el regreso de los exiliados con imágenes y términos que identifican este retorno con el éxodo y la ocupación de la tierra de Canaán en las tradiciones históricas de Israel. Blenkinsopp describe lo que él llama un "paralelismo" entre Esd 2 y la conquista de la tierra en el libro de Josué.[161] En ambos casos los viajeros llevan consigo riquezas entregadas por la población del país del que salen (Esd 1.4,6; 7.11-20; Ex 3.21-22;11.2;12.35-36). Ambos incluyen listas de familias que ingresan a la tierra[162] y en ambos la ocupación de la tierra es seguida inmediatamente por la construcción de un santuario (Esd 3.1ss; Jos 18.1; 19.5). El santuario, en ambos casos, declara la tierra como posesión del Dios del pueblo que la ha ocupado.

El viaje de regreso a Palestina en Esd 8 igualmente hace alusión al primer éxodo: la salida el primer día del mes (Esd 7.9; Ex 12.2; Nm 33.3), los tres días de espera en el río (Esd 8.15, cf. Jos 3.2), los sacerdotes cargan con los implementos para el templo (Esd 8.24-30; cf. el arca, Jos 3.17), la ley es traída de afuera de Judá por Esdras (Esd 7.25-26).

El libro de Esdras, entre muchos otros textos del Antiguo Testamento, es evidencia de que el cumplimiento del retorno, como nuevo éxodo, no se concebía como un evento único y aislado, sino como un proceso continuo de regreso a la tierra de la promesa. La esperanza de éxodo y retorno a la tierra no queda clausurada con los primeros que regresan, permanece como esperanza para el futuro.[163] Pero así como Israel había perdido la tierra recibida en el primer éxodo, perdura el temor a volver a perderla (Esd 9.14).

Esta historia de entradas y salidas, esclavitud y exilio, se repite numerosas veces en toda la historia de Israel en el Anti-

---

161 Blenkinsopp, *Ezra-Nehemiah*, 83-84.
162 Jos 15-19 distribuye el territorio entre las tribus, Esd 2 no distribuye el territorio pero claramente vuelven a un lugar que consideran suyo: "cada uno a su ciudad" (Esd 2.1).
163 Ver Williamson, *Ezra, Nehemiah*, 111.

guo Testamento.[164] La posesión de la tierra es una promesa que se cumple, pero nunca en forma definitiva – su cumplimiento pleno siempre está en el futuro. El pueblo judío, entonces, es un pueblo en permanente busca de su tierra (peregrino y extranjero). Esta es la esperanza que impulsa los movimientos de la historia de Israel y es igualmente aquello que genera incertidumbre y temor.[165] Estar sin tierra es vivir con temor: "el susurro de una hoja caída los ahuyentará, huirán como quien huye de la espada, y caerán sin que nadie los persiga" (Lv 26.36). Pero vivir en la tierra es enfrentarse a la posibilidad de perderla (cf. Dt 30.15-18). Aquí radica el elemento paradigmático de la experiencia del exilio. Toda la historia de Israel es leída en términos de expulsión y retorno, lo que significa vivir con culpabilidad y temor. Salir y entrar son entendidos como castigo/expulsión y retorno. Perder la tierra es señal de la ira de Yahvé, volver a la tierra es señal de su favor y bendición. La esperanza de retorno, entonces, se convierte en un factor fundamental en la teología de la diáspora y de la *golah*. La *posibilidad (promesa) de retorno*, más que el retorno en sí, es evidencia de que Yahvé no los ha abandonado.

Esta es la disyuntiva que encontramos en Esd 9-10. La comunidad ha regresado a la tierra, tiene la oportunidad de vida, de identidad como pueblo en su propio espacio. Pero la amenaza de perder esta oportunidad, lo inconcebible de repetir las infidelidades que provocaron el destierro, exigen una rigurosa interpretación de la ley y de lo que significa la fidelidad a Yahvé:

---

164 Abraham sale de su tierra en busca de la tierra que Yahvé le promete; Jacob sale de Canaán y es sometido a esclavitud por Labán, José es exiliado por sus hermanos, Jacob sale de Canaán en busca de alimento en Egipto, Moisés y el pueblo esclavizado salen de Egipto en busca de la tierra prometida, el pueblo que toma la tierra es expulsado numerosas veces por los imperios Asirio y Babilónico.

165 Jacob Neusner describe el impacto de la experiencia del exilio: "En esa genealogía minoritaria – esa historia de exilio y retorno, alienación y remisión, impuesta sobre las historias recibidas del Israel preexílico y recordado vez tras vez en los cinco libros de Moisés y expresado por los redactores de dicho documento en su trabajo global – encontramos la afirmación paradigmática en el que todo judaísmo, desde aquél tiempo hasta hoy, ha encontrado su estructura y sintaxis profunda de la existencia social; la gramática de su mensaje inteligible". ("Exile and Return as the History of Judaism" en James M. Scott, editor, *Exile. Old Testament, Jewish and Christian Conceptions*, New York: Brill, 1997, 226-227).

¿Hemos de volver a violar tus mandamientos, emparentándonos con esta gente abominable? ¿No te irritarás tú contra nosotros hasta exterminarnos sin que quedara Resto ni salvación? (Esd 9.14)

El regreso a la tierra viene acompañado de la necesidad de expulsar/conquistar a quienes viven en ella. Según la historia deuteronomista y el Código de Santidad,[166] los habitantes de la tierra representan el mayor peligro para la infidelidad de Israel y, consecuentemente, para la pérdida de la tierra. Esdras 9.1 identifica a los pueblos que permanecieron en Palestina con las naciones que habitaban la tierra de Canaán anterior a la llegada de Israel. Estas naciones son, según esta lógica, prohibidas para Israel.

La legislación que prohibe la relación con los pueblos habitantes de Canaán y los textos que se basan en ella (Jc y Jos, por ejemplo), expresan la búsqueda de un pueblo por definir su espacio de pertenencia, en esencia, de identidad. La tradición de la conquista de la tierra es más que la preocupación por obtener un espacio para vivir, es la reafirmación de una relación privilegiada con Yahvé que ofrece esperanza en medio de la impotencia. La promesa de la tierra significa que hay bendición para unos y maldición para otros, ganancia para unos y pérdida para otros.[167] No

---

166 Es ampliamente reconocida la presencia de un estrato en P, designado el Código de Santidad, cuyas características la distinguen del resto de la obra sacerdotal. Se ha comprobado que diversos textos Éxodo y Números son de esta fuente, pero Lv 17-26 comprende la sección más extensa del Código de Santidad. Las distinciones principales entre los acercamientos de P y el Código de Santidad tienen que ver con su comprensión de la santidad, pureza, impureza y las consecuencia de la impureza. J. Joosten. *People and Land in the Holiness Code. An exegetical study of the ideational framework of the law in Leviticus 17-26.* VTSup LXVII. New York: Brill, 1996, 5; Jacob Milgrom. *Leviticus 1-16.* AB. New York: Doubleday, 1990 1-2; Frank Crüsemann. *The Torah. Theology and Social History of Old Testament Law.* Traducido del alemán por Allan W. Mahnke. Chr. Aiser Verlag, 1992. Minneapolis: Fortress Press, 1996, 277; Israel Knohl. *The Sanctuary of Silence. The Priestly Torah and the Holiness School.* Minneapolis: Fortress Press, 1995, 180-186.

167 No nos referimos con lo anterior a lo que podría haber sido el proceso de conformación del Israel histórico, sino a cómo los textos representan la historia de la conformación de este pueblo. Tampoco podemos ignorar otras tradiciones presentes en el Antiguo Testamento, como la inmigración pacífica a Canaán, representada en las historias de los patriarcas, particularmente Abraham.

hay espacio para la convivencia: la exclusión se percibe como necesaria para asegurar la supervivencia. Unos tienen que salir para que otros tomen su lugar. Unos pierden el favor de Yahvé mientras que otros lo reciben. Todo pasa a manos de Israel.[168] A los ojos de Israel, todos los que no son Israel, *son extranjeros*, sin importar su cercanía en términos de parentesco.

En el libro de Esdras, la relación con los pueblos que residen en la tierra es de exclusión y, en el caso de las mujeres extranjeras, expulsión de la comunidad. Los paralelos entre el libro de Josué y el de Esdras son llamativos:

- Así como en el libro de Josué, Israel se organiza y enfrenta los diversos pueblos con el fin de eliminarlos, la *golah* se organiza e investiga en cada ciudad hasta identificar las "enemigas" y expulsarlas.
- Así como en Josué algunos de los habitantes de la tierra son rescatados de la muerte (p.ej. Rajab y su familia), en Esdras algunos que pertenecen a los pueblos de la tierra son incluidos en la comunidad (Esd 6.21).
- En ambos casos la inclusión es resultado de una expresión de lealtad hacia Israel/*golah*.
- Pero a diferencia de Josué, donde una mujer se salva, en Esdras, las mujeres son precisamente las que no pueden escapar del destino de ser expulsadas de la comunidad.

Notamos que la lista de las naciones de Canaán como representativas de los pueblos que residen en la tierra, aparece en Esdras únicamente en el momento en que surge la problemática de los matrimonios con mujeres extranjeras. Los textos a los que alude Esd 9.11-12 abogan por la expulsión, e incluso la exterminación, de estas naciones. La problemática de convivencia con los pueblos de la tierra no asume dimensiones críticas hasta los capítulos 9 y 10 del libro. La presencia de las mujeres extranjeras, según la lógica del texto, media entre el

---

168    "...una tierra que no os ha costado fatiga, unas ciudades que no habéis construido y en la que sin embargo habitáis, viñas y olivares que no habéis plantado y de los que os alimentáis" (Jos 24.13).

favor de Yahvé y el exterminio de la comunidad. La permanencia en la tierra, siempre incierta, se ve amenazada.

## 4.  Lo extranjero: el otro que amenaza a Israel

El libro de Esdras usa la palabra "extranjero" (נכרי) únicamente para hablar de las mujeres extranjeras.[169] Aunque el texto *representa* a los pueblos de la tierra como extranjeros, no los *llama* extranjeros. El término específico se reserva para las mujeres. Dado que la identidad propia, definida frente al otro, se desarrolla en un contexto social, político y religioso particular, es natural que en la época del postexilio la discusión sobre la relación de Israel con personas y pueblos extranjeros surja como tema polémico. Para algunos, como podemos ver en textos como el Deuteroisaías, Rut y la incorporación del extranjero residente en la legislación del Código de Santidad, la experiencia de ser extranjeros en tierra extraña genera una actitud más abierta hacia los extranjeros en su medio. Para otros, como es el caso de Esdras, Nehemías y redacciones exílicas de Deuteronomio, Josué y la historia deuteronomista, la experiencia de dominación y el retorno a una tierra poblada de personas que no habían pasado por el exilio, genera una actitud de temor y rechazo hacia lo extranjero. Explica Gerstenberger:

> ...después de la pérdida de la independencia con la ocupación babilónica y la deportación de sectores importantes de la población, la comunidad de Yahvé necesariamente se refugió en su identidad religiosa y moral. Y la tendencia universalmente humana a considerar que el modelo propio de vida es el único correcto y de devaluar a todos los demás grupos en comparación con el propio, en conjunción con la cultivación de la propia identidad de fe, llevó a la construcción de un exagerado muro protector de reglamentos, costumbres y mandamientos. Todos

---

169  "Hemos sido rebeldes a nuestro Dios, casándonos con mujeres extranjeras..." (10.2); "Hagamos un pacto con nuestro Dios comprometiéndonos a despedir a todas las mujeres extranjeras..." (10.3); "Habéis sido rebeldes al casaros con mujeres extranjeras..." (10.10); cf. 10.14,17,18,44.

tienen el objetivo doble de estabilizar a la comunidad israelita y a la vez excluir y desacreditar a las comunidades vecinas.[170]

Esta clave es importante para nuestro análisis de la *golah* en el libro de Esdras. Sus posiciones y actitudes no son arbitrarias, sino que surgen de situaciones históricas, tradiciones religiosas y necesidades concretas. Estas actitudes resultan de la necesidad de definir quiénes son y de comprender su situación delante de Yahvé y los demás pueblos. Esta comunidad, probablemente minoritaria, que busca establecer su pertenencia en una región geográfica relativamente insignificante en términos económicos y militares,[171] depende de su identidad religiosa y cultural para afirmar su existencia. Es en estas circunstancias que Israel explora teológicamente su lugar ante las demás naciones.[172]

## 4.1 El extranjero en Israel

### a) Actitudes hacia el extranjero

En general en Israel, como en los demás pueblos del Antiguo Oriente Cercano, el extranjero - especialmente las naciones extranjeras - eran temidos y hasta rechazado. Los textos del Antiguo Testamento revelan, sin embargo, lo que J.E. Ramírez llama una "actitud diferenciada" hacia el extranjero en Israel, algo que no es característico de las demás naciones de la región.[173] Uno de los temores de Israel, expresado en las maldiciones de Dt 28, es vivir bajo la dominación y explotación de un pueblo extranjero:

---

170   Erhard S Gerstenberger. *Leviticus: A Commentary.OTL.* Louisville: Westminster John Knox Press, 1996.

171   La ubicación geográfica de Israel es importante como corredor entre Mesopotamia/Asia Menor y Egipto, tanto para fines comerciales, como administrativos y bélicos.

172   Daniel L. Smith-Christopher, describe diversos modelos para entender la concepción del extranjero en Israel. En el libro de Esdras, el modelo que se impone es el de exclusión. ("Between Ezra and Isaish: Exclusion, Transformation and Inclusion of the Foreigner in Post-Exilic Biblical Theology" en Mark G. Brett, editor. *Ethnicity and the Bible.BIS.* New York: Brill, 1996 119-120.)

173   J.E. Ramírez, *Alterity and Identity in Israel*, 110-115.

...edificarás una casa y no la habitarás; plantarás una viña y no disfrutarás de ella...tus hijos y tus hijas serán entregados a otro pueblo...El fruto de tu tierra y toda tu fatiga lo comerá otro pueblo que no conoces. No serás más que un explotado y oprimido...El forastero que vive en medio de ti subirá a costa tuya cada vez más alto, y tú caerás cada vez más bajo...el estará a la cabeza y tú a la cola (Dt 28.30-44).

Pero también encontramos la figura del גֵּר, quien es incorporado a la legislación como objeto de solidaridad (Dt) y como sujeto, junto con el israelita, de las leyes que buscan preservar la pureza de Israel (Lv 17-26). Esta actitud hacia el גֵּר es producto de la experiencia histórica de Israel, como podemos ver en la repetida frase: "pues forasteros (גֵרִים) fuisteis vosotros en el país de Egipto" (Ex 22.20; 23.9; Lv 19.34; Dt 10.19).

---

## Excursus 4
## Terminología que define al extranjero

La distinta terminología que utiliza el Antiguo Testamento define al extranjero en términos de su relación con Israel.

### A.   זָר (zar)

El זָר es un extranjero de tierras lejanas, con quien Israel no entra en contacto en su vida cotidiana. Es el participio del verbo זוּר que significa ser un extraño o hacerse extraño; desviar, retirar o alienar y apartarse.[174] Aunque es frecuente definir זָר como extraño o extranjero,[175] el uso del término es bastante amplio.[176] Snijders especifica como signifi-

---

174    Martin Achard. "זוּר   zar Extranjero" en Jenni y Westermann, editores. *DTMAT* Tomo I, 728.    .
175    *Ibid.*, 729.
176    De otra familia o clan: Dt 25.5; 1 R 3.18; Ez 16.32, Os 5.7; Sal 69.9; Jb 19.15, 27; Pro 5.10, 17; 6.1, 11.15; 14.10; 20.16; 27.2,13; no israelitas/naciones extranjeras: Is 1.7, 25.5; 61.5; Jer 30.8; 51.2, 51; Ez 7.21, 11.9, 28.7, 10; 30.12; 31.12; Os 7.9, 8.7; Ab 11; Jl 4.17; Sal 54.5; 109.11; Job 15.19, Lm 5.2; dioses o prácticas extranjeras: Dt 32.16; Is. 17.10, 43.12; Jer 2.25; 3.13, 5.19; Sal 44.21, 81.10; objetos o acciones extrañas: Dt 32.16; 17.10, 43.12; Is 28.21; Jer 2.25; 3.13, 5.19; Os 8.12;

cado concreto: "uno que se distancia o se aleja", con base en el sentido del verbo.[177] Sin embargo, también distingue entre los usos religiosos y sociales de la palabra: enemigo, dioses extranjeros, aquello que no pertenece (lenguaje cúltico), personas no autorizadas (no sacerdotes) y el sentido sapiencial del término (la mujer de otro).[178]

La palabra זר representa particularmente aquellas naciones extranjeras que actúan hacia Israel en forma violenta y/o se apoderan de la tierra y los bienes de Israel. Los imperios que ejecutan el castigo de Yahvé sobre Israel son זרים.[179]

## B.   נכר - נכרי (nokri/nekar)[180]

El נכר - נכרי no reside en Israel pero es un extranjero con el cual hay mayor contacto, aunque siempre con recelo. Generalmente se refiere a personas de las naciones vecinas/enemigas de Israel, pero también puede describir tierras extranjeras, dioses y objetos.[181] Sparks describe al נכר - נכרי en Dt como una persona no israelita que participa en la vida económica de la comunidad, pero que no está ligado a la

---

Pro 23.33; Sal 44.21, 81.10; la mujer extraña/extranjera: Pro 2.16, 5.3,20; 7.5, 22.14; no sacerdotes (o que no son de la línea de Aarón): Ex 29.33, 30.33; Lv 22.10,12,13; Nú 1.51; 3.10,38; 17.5; 18.4,7; aquello que es profano: Ex 30.9; Lv 10.1; Nú 3.4; 26.61.

177   Snijders. "זור zur/zar" en Johannes Botterweck y Helmer Ringgren, editores. *TDOT Vol IV*. Traducido del alemán por David E. Green, Stuttgart: Verlag W. Kohlammer GmbH, 1977. Grand Rapids: Eerdamans Press, 1980, 53.

178   *Ibid.*, 54-56.

179   "Extranjeros devoran tu fuerza..." (Os 7.9); "...extranjeros la devorarán" (Os 8.7); "Vuestra tierra es desolación...extranjeros se lo comen..devastación de extranjeros" (Is 1.7); "Lo entregaré como botín a los extranjeros..." (Ez 7.21); "Os sacaré de la ciudad, os entregaré en manos de extranjeros..." (Ez 11.9).

180   נכרי es la forma adjetivada del sustantivo נכר.

181   נכר:Personas externas a la familia: Gn 17.12,27; dioses/cultos extranjeros: Gn 35.2,4; Dt 31.16; 32.12; Jos 24.20,23; Jc 10.16; 19.12; 1 S 7.3; 2 Cr 14.2; 33.15; Sal 81.10; Jer 5.19; 8.19, Mal 2.11, Dn 11.39; tierra extranjera: Sal 137.4; personas no israelitas: Ex 12.43; Lv 22.25, 2 S 22.45, 46; Neh 9.2, 13.30, Sal 18.45,46, 144.7, 11; Is 56.3,6, 60.10, 61.5, 62.8; Ez 44.7, 9 (2). נכרי: Externas a la familia: Gn 31.15; Jb 19.15; Sal 69.9; Pro 27.13; Qo 6.2; personas no israelitas: Ex 21.8; Dt 14.21, 15.3, 17.15, 23.21, 29.21; 2 S 15.19; 1 R 8.41, 43, 2 Cr 6.32,33; Pro 5.10; 20.16; Is 2.6; Lm 5.2; Ab 11; tierras/ciudades extranjeras: Ex 2.22; 18.3; Jc 19.12, objetos extraños: Is 28.21; Pro 5.10; Jer 2.21; Sof 1.8; mujeres extranjeras: 1 Re 11.1,8 (נשים נכריות), Esd 10.2, 10, 11, 14, 17, 18, 44 (נשים נכריות); Neh 13.26, 27 (נשים נכריות); Pro 2.16, 5.20, 6.24, 7.5, 23.27 (נכריה); Rt 2.10 (נכריה).

tierra ni a Yahvé.[182] Según Ramírez, "es un comerciante e intermediario de productos entre Palestina y los países vecinos."[183] Sus dioses son rechazados (Jos 24.20) y su participación en el culto es prohibida (Ex 12.43), pero desarrolla actividades comerciales en Israel (Gn 17.12; Dt 14.21; 15.3; 23.21). Su cercanía convierte al נכרי/נכר en un mayor peligro inmediato para Israel que el זר. La historia deuteronomista expresa este peligro en términos de la tentación de seguir los dioses de estos pueblos: la infidelidad religiosa. En el Código de Santidad, el peligro de las naciones cercanas es que Israel imite sus prácticas abominables y contamine la tierra. Los dioses de los pueblos que habitaban la tierra de Canaán usualmente son calificados como נכר. En Jer 5.19, la dominación del זר es consecuencia de ceder a la tentación que representan los dioses de los נכר:

Lo mismo que me dejasteis a mí y servisteis a dioses extraños (נכר) en vuestra tierra, así serviréis a extraños (זרים) en una tierra no vuestra (Jer 5.19).

## C.   גֵּר (ger)

La palabra גֵּר es un término técnico que designa un status legal y social en Israel.[184] Esta figura, siempre masculina,[185] es el único extranjero cuya permanencia en Israel es aceptada sin polémica, bajo ciertos criterios. En las leyes Ex y Dt, el término גר designa una persona que, por su condición social, merece protección especial y ayuda material.[186] Estas leyes surgen, según Cervantes, como respuesta al influjo de grandes números de personas hacia Judá como resultado de la dominación

---

182   Sparks, *Ethnicity and Identity in Ancient Israel*, 241. Según este autor, en Dt el נכר es económicamente independiente, mientras que el גֵּר es una persona (tanto Israelita como extranjera) económicamente vulnerable, 240-242.

183   Ramírez, "La tierra como posesión última de Yavé" en Habel, Norman, Roy H. May y José Enrique Ramírez K. *Tierra Prometida. Abraham, Josué y tierra sin exclusión*. Quito: Abya-Yala, 2000, 72-73.

184   Ramírez, *Alterity and Identity*, 29, "El sustantivo גֵּר, en cambio, es un término técnico que no designa una persona sino un status legal."

185   *Ibid.*, 28. Por representar una figura legal, la palabra גֵּר nunca aparece en forma adjetivada o femenina.

186   Ramírez, *Alterity and Identity*, 44-45; van Houten, *The Alien in Israelite Law*, 107. La diferenciación entre el Israelita y el גֵּר en asuntos cultuales deja claro que el גֵּר no es incorporado a la comunidad de Israel (van Houten, 107). El גֵּר constituye un punto intermedio entre el nativo y el extranjero que era rechazado y temido (Ramírez, 46).

asiria de Damasco y la caída de Samaria en 722.[187] Estas mismas exhortaciones para la protección del גֵּר surgen repetidamente en textos
proféticos como parte de su preocupación por la justicia social en el
contexto de los abusos de la monarquía (Jer 7.6; 14.8; Ez 14.7; 22.7; Za
7.10; Mal 3.5).

En el Código de Santidad, la inclusión del גֵּר no se basa en
su condición social, sino en la amenaza que representa para la pureza
del pueblo y la tierra. Su presencia no se cuestiona ni se polemiza, sino
que se legisla para prevenir que su conducta genere impureza.[188] Esta
preocupación impone al גֵּר algunas de las mismas leyes que el israelita
debía seguir. No existe una figura femenina comparable al גֵּר en la literatura del Antiguo Testamento, mientras que sí lo hay para las palabras
נׇכְרִי y זׇר. Estos últimos son los términos utilizados en diversos textos
para designar a la mujer extranjera.

---

Es interesante notar que el libro de Esdras, a pesar de
alimentarse tanto de Deuteronomio como de Levítico, donde el גֵּר
es una figura importante, no usa este término. Los extranjeros que
"residen en medio de Israel", no son reconocidos como residentes
legítimos en la tierra. Más lejos aún de la mente del narrador de
Esd 9-10, como también en el resto del del Antiguo Testamento,
es la posibilidad de un גֵּר femenino. La incorporación del גֵּר,
como también más adelante el prosélito designado con el mismo
término, se concibe a partir de los hombres, nunca como una

---

187    José Cervantes Gabarrón, "Un inmigrante será para vosotros como el nativo" (Lv
       19.34). El inmigrante en las tradiciones bíblicas" en José Antonio Zamora, coord.
       Ciudadanía, multiculturalidad e inmigración. Estella: Verbo Divino, 2003, 249.
188    Ramírez, Alterity and Identity, 51-60; 69. van Houten define al גֵּר en el Código
       de Santidad como una persona externa a la comunidad de repatriados que se une
       a ella. Lo define como un "converso" (144), una persona "culturalmente integrada
       a Israel" (149). (The Alien in Israelite Law, 138-157.) Esta definición, sin embargo,
       presupone que el texto surge únicamente de la situación de un pequeño grupo de
       repatriados, ignorando la problemática de la diáspora judía en sus diversos con-
       textos culturales. Por otro lado, el גֵּר en ningún momento figura como parte
       de la comunidad de Israel en las leyes del código. Si el גֵּר estuviera totalmente
       integrado a la comunidad de Israel, no sería necesario distinguir entre el גֵּר y la
       casa de Israel (Lv 17.8), o entre las leyes que aplican al גֵּר y las que se dirigen
       únicamente a Israel (en las que el גֵּר figura como beneficiario (Lv 19.10,33;
       23.22).

mujer. Las mujeres "extranjeras" siempre son נשים נכריות.[189] Según la terminología hebrea, las mujeres extranjeras están imposibilitadas de ser incorporadas a Israel dentro de las provisiones de los distintos códigos legales. Aunque viven en la tierra, las mujeres en Esd 9-10 son representadas como extranjeras que están de paso, con quienes Israel podría tener algún contacto pero no comunión. La terminología utilizada para designarlas (נשים נכריות), nos remite al peligro de los dioses extranjeros (נשים נכריות).

### b)   Las naciones y sus dioses

El Antiguo Testamento refleja una mayor preocupación por la relación de Israel con las naciones cercanas, ubicadas en o alrededor del territorio de Israel, que con las naciones e imperios lejanos. En la redacción deuteronomista estas naciones cercanas son peligrosas particularmente porque su cercanía puede apartar a Israel de Yahvé en seguimiento de sus dioses.[190] Un ejemplo de esta preocupación con los pueblos cercanos es Dt 20.10-18. Este texto legisla que los pueblos cercanos conquistados por Israel deben ser destruidos completamente, mientras que Israel podía tomar como botín a mujeres y niños de pueblos lejanos. Las mujeres de las naciones lejanas podían ser tomadas como esposas (Dt 21.11), mientras que las hijas de los pueblos habitantes de Canaán eran prohibidas (Dt 7.3).

La conexión entre el contacto de Israel con las naciones autóctonas de Canaán y el seguimiento de dioses extranjeros surge repetidamente en los textos de redacción deuteronomista. Ya hemos indicado la relación directa que encontramos en Ex 34.15-16 y Dt 7.3-4. Otros textos expresan esta misma preocupación como resultado de la convivencia con las naciones:

---

189   También זרה, en el libro de Proverbios.
190   Cf. Dt 7.16; Jos 23.6-8; Jc 3.1-6. Ex 23.20-33 y 34.11-16, que expresan la misma preocupación por los dioses de las naciones, muestran señales de redacción deuteronomista. Ver Brevard Childs. *Exodus. OTL.* Philadelphia: Westminster, 1974, 454, 613.

- "Y los israelitas habitaron en medio de los cananeos...se casaron con sus hijas y dieron sus propias hijas a los hijos de ellos y *dieron culto a sus dioses*" (Jc 3.5-6).

- "No habitarán en tu país, no sea que te hagan pecar contra mí, pues dando culto a sus dioses caerías en un lazo" (Ex 23.33).

- "Destruirás, pues, todos esos pueblos que Yahvé tu Dios te entrega; tu ojo no se apiadará de ellos, y así no darás culto a sus dioses, porque esto sería un lazo para tí" (Dt 7.16).

Los dos caminos – la vida y el bien, la muerte y el mal – que coloca Yahvé delante de Israel en Dt 30.15-20, oponen el seguimiento de los mandamientos de Yahvé al seguimiento de otros dioses. Al final del libro de Josué, el pueblo elige seguir a Yahvé y apartarse de los dioses de los pueblos vecinos (Jc 24.14-24) y en 1 Sam 7.3 volver a Yahvé significa quitar de en medio de Israel a los dioses extranjeros.

Sin embargo, se ha constatado que las prácticas y los dioses de las naciones extranjeras *no eran extrañas para Israel*. La religiosidad israelita era pluralista e incorporaba las deidades cananeas y los dioses de las familias, entre otros.[191] Yahvé llegó a ser el dios nacional, por lo menos según las tradiciones reflejadas en el Antiguo Testamento, y a distinguirse de otros dioses como Baal, por un proceso de diferenciación, pero la pluralidad religiosa perduró incluso durante el exilio (cf. Os 2.15; Jer 7.18; 44; Ez 8.14).[192] La polémica contra los dioses extranjeros es, en

---

191     Por ejemplo, los dioses que Laban le reclama a Jacob (Gn 31.30). Ver Rainer Albertz, *The History of Israelite Religion Vol I: From the Beginnings to the End of the Monarchy.* Traducido del alemán por John Bowden. Göttingen: Vandenhoeck & Ruprecht, 1992. Louisville: Westminster John Knox, 1994, 94-99; 146-156; 171-177; 206-216; Herbert Donner. *História de Israel e dos povos vizinhos. Vol. 1: Dos primórdios até a formaçao do Estado.* Traducido del alemán. São Leopoldo: Sinodal, 1997, 93-94; Norman Gottwald. *The Tribes of Yahweh.* Maryknoll: Orbis, 1979, 502.

192     Ver Patrick D. Miller. *The Religion of Ancient Israel.* Louisville: Westminster John Knox, 2000, 24-29; Mark Smith. *The Early History of God. Yahweh and the Other Deities in Ancient Israel.* Grand Rapids: Eerdmans, 2002, 6-11; Morton Smith, *Palestinian Parties and Politics,* 11-42.

su expresión externa-religiosa, una lucha de un sector de Israel contra la presencia de otros dioses en la religiosidad del pueblo de Israel: contra lo que consideraba lo "extranjero" que estaba *dentro* de Israel.

Pero detrás de la lucha contra los dioses subyacen conflictos sociales y políticos, particularmente a partir de la época de la monarquía. Las alianzas extranjeras, muchas de ellas por motivos económicos, afectaban negativamente a algunos grupos sociales del reino, mientras que favorecían a la elite. Las guerras con los pueblos vecinos que encontramos en los relatos de Samuel y Reyes tenían claros fines políticos y económicos. La interpretación de los hechos que ofrecen estos textos, sin embargo, es teológica.

Lo interesante para nuestro estudio es ver cómo, en diversos textos, las mujeres extranjeras son identificadas como quienes inducen a los hombres a seguir estos dioses extranjeros. La mujer extranjera media entre el hombre de Israel y los dioses extranjeros, justificando, por medio de su presencia (muchas veces descrita en términos de prostitución o seducción), la infidelidad de los hombres. Esta función de las mujeres es clara en Ex 34.15-16, como también en textos narrativos como los que analizamos en el capítulo 5 de esta investigación.

### c)   La impureza que amenaza lo santo

Mientras que la tradición deuteronomista identifica a las naciones extranjeras con el peligro de los dioses ajenos, la tradición sacerdotal enfoca la relación con lo extranjero a partir de la preocupación por la impureza. Esta tradición distingue entre la impureza que es producto de acciones voluntarias ("moral"), y la impureza por contagio directo o indirecto con procesos naturales como el parto, las enfermedades de la piel y las emisiones genitales ("ritual").[193]

---

193    Ver Jonathan Klawans, "The Impurity of Immorality in Ancient Judaism", JJS Vol XLVIII, No.1 (1997) 2; Tivka Frymer-Kensky, "Pollution, purification and purgation in Biblical Israel" en Carol L. Meyers y M. O'Connor, *The Word of the Lord Shall Go Forth*. Winona Lake: Eisenbrauns, 1983, 399-406.

### i) Impureza "moral": prácticas abominables

Las prácticas prohibidas – abominaciones – que generan impureza para el pueblo y la tierra de Israel son identificadas como las prácticas de otras naciones: "Egipto, donde habéis habitado...Canaán, adonde os llevo" (Lv 18.3);[194] "las naciones que voy a expulsar a vuestra llegada" (Lv 20.23). Esta impureza moral no es contagiosa, como la impureza ritual.[195] La preocupación es que el contacto con las naciones extranjeras puede llevar a practicar las acciones prohibidas.[196] Podemos ver esto, por ejemplo, en Lv 18.24-27:

[24]No os hagáis impuros con ninguna de estas prácticas, pues con ellas se han hecho impuras las naciones que yo voy a arrojar cuando lleguéis vosotros. [25]Se ha hecho impuro el país; por eso he castigado su iniquidad, y el país ha vomitado a sus habitantes. [26]Vosotros, pues, guardad mis preceptos y mis normas, y no cometáis ninguna de esas abominaciones, ni los [27]de vuestro pueblo ni los forasteros que residen entre vosotros.   Porque todas estas abominaciones han cometido los hombres que habitaron el país antes que vosotros, y por eso el país se ha contaminado.

El comportamiento, la moral y la ética, adquiere importancia especial en el Código de Santidad (Lv 17-22), donde el ámbito de la santidad (que en P incluye únicamente el santuario y quienes están asociados a el), es ampliado para incluir a toda

---

194    Es interesante notar la relación que establece Gn 10.6 entre Egipto y Canaán: ambos son descendencia de Cam. Según Milgrom, *Leviticus 17-22*, 1519, ya que la preocupación del texto son las naciones con las que Israel está o estaría en contacto en Canaán, la presencia de Egipto en este versículo tiene la única función de recordar el pecado sexual de Cam con su padre Noé. Sin embargo, podríamos sospechar que también había un deseo de distinguir entre Israel y Egipto, su lugar de procedencia según las tradiciones del éxodo. Cf. Greifenhagen, "Ethnicity In, With, or Under the Pentateuch".

195    Frymer-Kensky, "Pollution in Biblical Israel", 401,404.

196    James Kugel, "The Holiness of Israel and the Land in Second Temple Times" en Michael Fox, et.al. *Texts, Temples, and Traditions. A Tribute to Menahem Haran.* Winona Lake: Eisenbrauns, 1996, 23.

la tierra y el pueblo de Israel.[197] La impureza generada por las acciones abominables no puede convivir con la pureza que debe mantener el pueblo de Israel donde habita Yahvé. El castigo por cometer estas acciones es, según el texto, la exclusión de la persona culpable del pueblo y, en última instancia, amenaza con la expulsión de todo Israel de la tierra (Lv 18.28-30).[198]

La preocupación del redactor sacerdotal por estas prácticas es evidencia de que, en realidad, eran prácticas comunes en Israel.[199] Sobre las prohibiciones de Lv 18, comenta Gerstenberger:

> ...no hay evidencia que sugiera que la moral sexual de los vecinos de Israel haya diferido de manera fundamental de la de los israelitas mismos...el *ethos* sexual en todos se definía por una prohibición al incesto y el adulterio...Esto significa que la moral sexual de los israelitas era diferente de las 'costumbres de las naciones' sólo en elementos muy periféricos.[200]

Podemos ubicar la preocupación por las costumbres extranjeras en Lv 18, como parte de un ideal que establece el Código de Santidad para el regreso de Israel a la tierra a partir de finales del exilio babilónico y principios del período persa.[201]

---

197   Milgrom, *Leviticus 17-22*, 1397; Robert A. Kugler. "Holiness, Purity, the Body and Society. The Evidence for Theological Conflict in Leviticus", *JSOT* Vol 76 (1997), 16; Philip Peter Jenson, *Graded Holiness. A Key to the Priestly Conception of the World. JSOT* 106. Sheffield: Sheffield Academic Press, 1992, 49. Joosten, *People and Land in the Holiness Code*, 178-179, distingue entre la *santidad* del santuario y la *pureza* de la tierra.

198   Cf. Lv 20.22. Ver Frymer-Kensky, "Pollution in Biblical Israel", 408; Klawans, "The Impurity of Immorality", 5. Contra BJ³: "Y no os vomitará la tierra...sino que ...serán excluidos de su pueblo".

199   La mayoría de las prácticas citadas en Lv 18 y 20 tienen que ver con el comportamiento sexual (Lv 18.6-23; Lv 20.10-21). Los ejemplos que ofrecen estos textos sobre las abominaciones de las naciones expresan una preocupación particular por definir cuáles son las mujeres con las que un hombre israelita puede tener relaciones. Son representativas de las prácticas que han hecho impuras a las naciones que residen en la tierra que Israel va a ocupar (Lv 18.24-30). Ver Milgrom, *Leviticus 17-22*, 1372.

200   Erhard S. Gerstenberger. *Leviticus: A Commentary.* Louisville: Westminster John Knox Press, 1996 , 257.

201   Gerstenberger, *Leviticus*, 256. Aceptamos aquí que la redacción del Código de Santidad es posterior a la de P y adecua y adapta a P. Ver Knohl, *The Sanctuary of Silence*.

Podemos entender, entonces, los reglamentos y las costumbres establecidas por este código como un medio para desarrollar la identidad de la comunidad judía, tanto en Palestina como en la diáspora.[202] La reafirmación de la propia identidad religiosa y cultural implica, en estas circunstancias, la negación de las costumbres de pueblos cercanos (o aquellos en medio de los cuáles se encontraban los exiliados y repatriados). Van Houten afirma que los rituales y las prácticas prescritas por la legislación sacerdotal: "funcionan como un mecanismo efectivo para mantener los límites que separaban a los judíos de los extranjeros".[203]

Pero Esd 9 no expresa una preocupación específica por la relación sexual, sino por la "mezcla" y la separación.[204] El contacto con estas mujeres de los pueblos de la tierra expone a Israel a sus abominaciones. La mezcla con estas mujeres (que cometen abominaciones y son abominables, Esd 9.14) es un contacto intencional con lo profano. La separación, que distingue lo puro de lo impuro, lo santo de lo profano, que ordena la creación, se ve amenazada. Por medio de ellas, lo que Yahvé ha "separado" se convierte en caos. La impureza moral, la abominación, ya no es aquí producto de una *acción que surge de una relación*, sino de la *relación*, la mezcla, por sí misma.[205]

---

202    Es importante notar que aunque el Código de Santidad insiste en la separación de Israel de las demás naciones, también legisla para la convivencia del גֵּר en Israel. Las abominaciones del cap. 18 son prohibidas tanto para Israel como para el extranjero que reside en Israel. La presencia de extranjeros en medio de Israel era inevitable (particularmente en la diáspora y en el Judá postexílico), algo que este código acepta. Lo que preocupa es legislar para que la presencia del גֵּר no traiga impureza a Israel. Ver Ramírez, *Alterity and Identity*, 54-63. Esta actitud hacia el גֵּר sustenta nuestra tesis de que la preocupación es menos por el contacto con el extranjero, que con las prácticas denominadas "extranjeras" que caracterizan a estos pueblos. Los extranjeros que se adhieren a las leyes que preservan la santidad de la tierra no son amenazantes.

203    van Houten, *The Alien in Israelite Law*, 118.

204    "El pueblo de Israel, los sacerdotes y los levitas, *no se han separado* (בָּדַל)de las abominaciones de la gente del país...la raza santa *se ha mezclado* con la gente del país..." (Esd 9.1-2).

205    Podemos hacer la misma distinción en Dt 7.3-4 y Ex 34.15-16. Hay una preocupación por la relación por las consecuencias para la fidelidad religiosa, no porque la relación en sí se considere una abominación.

## ii) El ámbito de la santidad

En la cosmovisión sacerdotal la impureza tiene que ver con aquello que no puede convivir con la santidad. La actitud de separación por la que aboga el libro de Esdras responde a esta perspectiva de las leyes sacerdotales. El término בדל (separar) es propio de la tradición sacerdotal. En hifil, esta raíz es frecuente en P, el Código de Santidad y Ezequiel. En Gn 1, בדל describe la acción de Dios cuando separa la luz y la oscuridad, las aguas y el firmamento – estableciendo así orden en el cosmos. Lv 10.10 encarga a los sacerdotes la tarea de separar lo sagrado de lo profano y lo impuro de lo puro (cf. Ez 22.26). En Lv 20.24-26 Yahvé separa a Israel de las demás naciones. Explica Milgrom:

> La separación es el *leitmotif* de la historia de la creación de P (Gn 1.4,7,14,18). La separación de los elementos y las especies produce orden del caos y permite que la vida se multiplique y llene la tierra (Gn 1.22,28)...La separación de Israel de las naciones es la continuación (y culminación) del proceso cósmico de creación...Israel debe separarse de la naciones para crear orden en el mundo humano.[206]

En la concepción sacerdotal, la separación entre lo puro e impuro tiene el fin de mantener el orden establecido por Yahvé en la creación. Igualmente se debe mantener la diferencia entre una especie y otra, sea de animales o de semillas (Lv 19.19, Dt 22.9). La preocupación por las mezclas tiene que ver con el peligro que significa borrar o ignorar los límites entre una especie y otra, amenazando el orden cósmico.[207] Según lo anterior, la separación es un elemento que ofrece seguridad, identidad, claridad y orden. Las mujeres extranjeras en Esdras están fuera de lugar,

---

206 Jacob Milgrom. *Leviticus 17-22*, 1371.
207 C. Houtman. "Another Look at Forbidden Mixtures", *VT* XXXIV, 2 (1984), 227.

han violado el orden, son aquello impuro que debe ser separado de Israel.

La ubicación espacial con respecto al santuario es una clave para entender este orden.[208] El santuario es el lugar en el que reside Yahvé, el espacio de mayor santidad, el espacio que requiere mayor pureza. La amenaza de la impureza es graduada con referencia a la cercanía al santuario. Lv 15.31 especifica este principio: "Mantendréis alejados a los israelitas de sus impurezas para que no mueran por contaminar con ellas mi morada, que está en medio de ellos". El grado de pureza requerido para los levitas es mayor que para los israelitas, y para sacerdotes es aún mayor. Esto se relaciona con los espacios a los cuáles pueden acceder y bajo qué condiciones.

En el Código de Santidad, todo Israel, mientras se encuentre en estado de pureza o impureza ritual menor,[209] entra dentro del círculo de santidad, aunque existe una diferenciación entre los sacerdotes, quienes deben mantener un grado mayor de pureza y el resto de los israelitas. Los israelitas en estado de impureza ritual mayor son excluidos del campamento durante el tiempo de su impureza.[210] Las mujeres no pueden ubicarse en los espacios de mayor santidad, reservados para los sacerdotes (siempre hombres) y su frecuente impureza las excluye periódicamente de la cercanía al tabernáculo.

La ubicación de las mujeres y los extranjeros con respecto al ámbito de la santidad, refleja, en términos cúlticos, su nivel de impureza y la consecuente amenaza que representan para la santidad de Israel. En otras palabras, su presencia en medio de Israel es un asunto de "vida" o "muerte" para la comunidad.

---

208    Phillip Peter Jenson. *Graded Holiness*, 88; Milgrom *Leviticus 1-16*, 48; Joosten, *People and Land in the Holiness Code*, 128.

209    Impurezas menores provienen de: animales muertos, contacto con personas en estado de impureza mayor o relación sexual y parto. La impureza dura un día, con la excepción del parto que dura 33 días para un niño y 66 para una niña. Ver Jenson, *Graded Holiness*, Apéndice 2a.

210    La impureza mayor es producto del contacto con un cadáver, enfermedades de la piel, parto, menstruación y emisiones genitales. Ver Jenson, *Graded Holiness*, Apéndice 2b.

### iii) *La impureza de la mujer*

Esd 9.11, aunque evidentemente cita Lv 18.24, cambia uno de los términos que describe la impureza de los pueblos que residen en la tierra. Lv 18.24 usa la palabra טמא, mientras que Esd 9.11 la cambia por el término נדה.[211] Este cambio es significativo, ya que נדה es un término usado frecuentemente en Levítico para describir la contaminación producida por la menstruación. Esto sugiere que la lectura de Lv 18.24 que hace Esd 9.11 incorpora, intencionalmente, una referencia metafórica a la impureza de la mujer.

La impureza generada por la menstruación o por el contacto con una menstruante es impureza ritual, resultado de un proceso natural. La purificación se efectúa por medio de cuidados especiales, como la espera de un tiempo especificado y el ofrecimiento de sacrificios para expiar la impureza (cf. Lv 15.28-30).[212]

En el caso del hombre, el estado de impureza que generan las emisiones genitales y el semen es טמאה/טמא, de la raíz que comúnmente representa impureza de una diversidad de fuentes (cf. Lv 11.4-8; 13.11-15). Para la menstruación, Levítico usa el término נדה, muchas veces como sinónimo de la palabra menstruación (cf. Lv 12.2, 5).[213] Además de describir la impureza de la menstruación, la palabra נדה también significa inmundicia,

---

211    "La tierra en cuya posesión vais a entrar es una tierra impura (נדה) por la inmundicia (בְּנִדַּה) de las gentes de la tierra, por las abominaciones con que la han llenado de un extremo a otro con su impureza" (Esd 9.11).

212    Los procedimientos para la purificación en casos de emisiones genitales es similar tanto para el hombre como para la mujer (cf. Lv 15), pero existen dos diferencias significativas. La mujer es impura durante siete días luego de la conclusión de la menstruación o de la emisión anormal. El hombre, sin embargo, en caso de una emisión de semen, es impuro hasta la noche y sólo en caso de una emisión anormal (que no es semen) permanece impuro durante siete días. Otra diferencia está en el proceso de purificación. El hombre impuro por razón de un flujo anormal es instruido a traer su ofrenda "delante de Yahvé" (literalmente, ante la cara - פְּנֵ- de Yahvé) a la entrada de la Tienda del Encuentro, mientras que la mujer impura por flujo anormal trae su ofrenda "al sacerdote" que está en la entrada de la Tienda del Encuentro (Lv 15.14, cf. Lv 12.6). A diferencia del hombre, la mujer no puede venir "delante de Yahvé" para entregar su ofrenda.

213    Cada vez que טמאה y טמא se aplica a la mujer en las reglamentaciones sobre el parto y la menstruación, el término viene acompañado de la palabra נדה (Lv 12.2,5; 15.25,26,33).

basura, desecho, desperdicio y porquería.[214] El vocabulario usado refleja una actitud diferenciada hacia la impureza generada por la menstruación de la mujer. El flujo de la menstruación es designado con un término que implica no sólo impureza, sino inmundicia. Levítico 12 desarrolla la legislación relativa a la purificación de la parturienta. Una mujer que da a luz queda impura (טמא), "como durante su menstruación (נדה)". En el caso del nacimiento de una niña, la mujer permanece "impura en su sangre" durante 66 días, el doble de lo requerido en el caso del nacimiento de un varón. En este caso, el texto especifica que la mujer no puede tocar ninguna cosa santa ni ir al santuario durante este tiempo. Esto significa que una mujer, cuya principal función en la sociedad es proveer descendencia para su esposo, es, por esta misma función, declarada impura.

Los motivos por los cuáles la menstruación y el parto generan impureza, según la cosmovisión de P, han sido ampliamente discutidos en la bibliografía consultada.[215] Resumimos a continuación algunos aportes de Eilberg-Schwartz, quien interpreta el

---

214 Luis Alonso Schökel. *Diccionario bíblico hebreo-español.* Madrid: Trotta, 1994, 479.

215 Richard Whitekettle propone que la menstruación genera impureza porque representa un período en el que la gestación no es posible ya que el sistema reproductivo está funcionando en forma imperfecta. ("Leviticus 12 and the Israelite Woman: Ritual Process, Liminality and the Womb" *ZAW* 107, No 3 (1993), 406-407). Milgrom hace un estudio comparativo de diversas sociedades antiguas donde los flujos de sangre eran considerados peligrosos para las personas, ya que el flujo menstrual representaba un "repositorio de fuerzas demoníacas". (*Leviticus 1-16*, 766-767). Para Israel, sin embargo, afirma Milgrom, la sangre menstrual ya no representa una fuerza demoníaca, sino la pérdida de la fuerza de vida. Gerstenberger propone que la menstruación y el parto representaban un "poder" femenino que amenazaba la hegemonía de lo masculino en el orden de la sociedad (*Leviticus*, 152-153). La socióloga Mary Douglas describe la impureza de las emisiones genitales a partir de la experiencia de Israel como minoría amenazada. Los límites amenazados del cuerpo social están representados en la preocupación por la pureza y entereza del cuerpo físico. Un flujo de sangre representa una brecha en la entereza del cuerpo social. (*Pureza y peligro. Un análisis de los conceptos de contaminación y tabú.* Traducido del inglés. Pelican Books, 1970. Madrid: Siglo XXI de España, primera edición 1973, 1991, 56). Este análisis, frecuentemente citado en la literatura sobre la impureza en Israel, no explica por qué otras emisiones corporales no generan impureza. Tampoco explica las variaciones en la gravedad de las impurezas que encontramos en los textos, particularmente entre el hombre y la mujer.

simbolismo relacionado con el cuerpo en las leyes sacerdotales a partir de las relaciones internas de la sociedad israelita. Esta comprensión de la impureza generada por la menstruación y el parto, se ubica dentro de nuestra propuesta para entender el problema de las mujeres extranjeras como un reflejo de situaciones internas a la comunidad judía. El autor analiza la impureza de la menstruación desde tres perspectivas:

a)   En comparación con la sangre de la circuncisión.

La sangre de la mujer es contaminante, mientras que la sangre del hombre representa vida y alianza con Yahvé. La circuncisión separa al hijo recién nacido de la impureza de su madre, mientras que ella se mantiene impura "como en el tiempo de su menstruación".[216]

b)   La identificación de la menstruación como una amenaza a la integridad del linaje de Israel.

La palabra נדה es usada también para describir la abominación cometida cuando un hombre tiene relaciones con su cuñada. Esta ley se ubica en dos capítulos que enfocan prohibiciones sexuales como el adulterio, el incesto y la relación sexual con una menstruante (Lv 18.29; 20.18). En este contexto, la menstruación es identificada con acciones que amenazan la integridad del linaje de Israel. Además, la relación sexual con una menstruante no puede producir fruto, por lo cual se considera un desperdicio de la semilla.[217]

c)   Con relación a aspectos de control y estructura social.

La menstruación, a diferencia de la emisión de semen y la circuncisión, no es algo que la persona puede controlar.[218] El autor encuentra una relación directa entre la posibilidad de controlar el flujo genital y el poder que tiene para contaminar el

---

216  Eilberg-Schwartz, *The Savage in Judaism*, 180.
217  *Ibid.*, 183-184.
218  De igual manera, los flujos genitales masculinos que no se pueden controlar son más contaminantes que el semen.

cuerpo. A nivel social, el elemento de control define un contraste entre los sexos: los hombres están relacionados con el control y las mujeres con el desorden y la falta de control (caos).[219]

Sin dedicar más espacio a una exploración de la cosmovisión sacerdotal relacionada con la menstruación y el parto, resaltamos que estos actos fisiológicos, siendo propios de la mujer, estaban rodeados de una cierta aura de misterio. No eran funciones experimentadas por los hombres ni eran comprendidas a nivel biológico. En el misterio del parto, la mujer participaba con la divinidad en la tarea de la reproducción de la vida. La impureza asignada a estas funciones naturales era representativa del misterio que las rodea, la imposibilidad de controlarlas y de la consecuente necesidad de separarlas del ámbito de lo sagrado.

La elección del término נדה en Esd 9.11 para describir la impureza de los pueblos de la tierra, opone, a nivel simbólico, la impureza de la mujer (deshecho, basura, inmundicia) con la semilla santa masculina (זרע הקדש) de Esd 9.2. La impureza de los pueblos se deriva de lo que son, así como la impureza de la menstruación es propia de la biología de la mujer y no producto de acciones indebidas. En esta oposición simbólica entre lo santo y lo impuro, Israel (la *golah*), es identificado a partir de lo masculino y los pueblos de la tierra a partir de lo femenino.

## Conclusión

El contexto literario, histórico y teológico de Esd 9-10 ofrece un trasfondo para nuestra comprensión de este texto como representativo de los intereses y las percepciones de un grupo en el judaísmo postexílico que busca sustentar su versión de la naturaleza de la comunidad judía. Esta legitimación de la interpretación teológica de sucesos históricos rechaza la pertenencia a Israel de quienes no fueron exiliados, convirtiéndolos, esencialmente, en extranjeros. El rechazo de los pueblos residentes en Palestina es

---

219      Eilberg-Schwartz, *The Savage in Judaism*, 186-189. Esto con respecto a la impureza ritual que no depende de acciones ni implica una transgresión.

justificado con base en una lectura del retorno como un nuevo éxodo y una nueva conquista de la tierra de la promesa. Esta lectura del retorno, a su vez, responde a una comprensión del exilio como castigo (purificador), y al temor de volver a perder la tierra. La preocupación por la santidad y la pureza forma parte de esta interpretación teológica de la historia y de la autcomprensión de la *golah* como pueblo separado, elegido por Yahvé para la santidad. Esta argumentación está sustentada en la figura de Esdras (sacerdote y escriba) y en el apoyo del imperio Persa, instrumento por medio del cual actúa Yahvé para reestablecer su pueblo en la tierra. Las mujeres extranjeras son definidas como abominables e impuras en términos que aluden no solo a su condición de extranjeridad, sino también, en forma metafórica, a su género.

La división del libro de Esdras en dos momentos enfatiza no solo la oposición entre la *golah* y los pueblos de la tierra, sino también entre los primeros exiliados que regresaron (cap. 1-6) y el grupo de Esdras que viene con autoridad y recursos para efectuar cambio y establecer orden en la provincia. En el siguiente capítulo analizamos detenidamente los capítulos 9 y 10 de Esdras. Buscamos identificar la función de la figura de las mujeres extranjeras en el texto y la estrategia retórica utilizada para convertir estas mujeres en la personificación de los conflictos y las amenazas que enfrenta la *golah*.

# Capítulo 4
# Esdras 9-10: La *golah* y el peligro de las mujeres extranjeras

En el capítulo 3 estudiamos el contexto literario, teológico e histórico en el que se ubica el relato de la expulsión de las mujeres designadas como extranjeras en Esd 9-10. De esta manera hemos procurado comprender el mundo en el que el texto fue producido y la visión teológica que representa. Continuamos en este capítulo, con un análisis de Esd 9-10, enfocando la composición, estructura, personajes y la lógica interna del texto. Enfocamos particularmente la forma en que estos elementos contribuyen a nuestra comprensión de la función teológica de las mujeres extranjeras en el relato.

## 1. Composición y estructura del texto

Esd 9 introduce un momento nuevo dentro de la narración de la misión de Esdras que abarca los capítulos 7 a 10 del libro. El capítulo 8 concluye con la llegada del grupo que viene de Babilonia con Esdras. Delimitado por la frase "Concluido esto...", el capítulo 9 inicia con la presentación de un problema específico. La continuidad del capítulo 9 con los versículos anteriores no es clara y deja un espacio de cuatro meses sin contenido narrativo. Este espacio es evidencia de que el redactor no tuvo la intención ofrecer un anal de acontecimientos históricos, sino que elabora su relato a partir de temáticas y situaciones específicas que considera importantes.

## 1.1 Etapas redaccionales en Esd 9-10

Una primera lectura de estos capítulos parece indicar que la narración desarrolla un sólo problema desde su anuncio en 9.1 hasta su resolución en 10.44. Sin embargo, la presencia de diversos géneros literarios,[220] las repeticiones y los distintos estilos y enfoques que encontramos en estos dos capítulos sugieren que son producto de diversas fuentes y etapas de redacción.[221] Las diversas etapas de redacción están sugeridas por una serie de factores que observamos en el texto:

a) La repetición de diversos hechos a lo largo del relato: i) la iniciativa de los líderes de la comunidad en la identificación del problema (9.1;10.2; 10.7-9), ii) la asamblea de la *golah* (9.4; 10.1, 10.9) iii) el duelo de Esdras (9.3-5; 10.1; 10.6), iv) el compromiso de expulsar a las mujeres extranjeras (10.3; 10.12), v) el juramento presidido por Esdras (10.5; 10.10-11), vi) la expresión de la infidelidad de la *golah* (9.4; 10.2; 10.6; 10.10), vii) El contenido de 9.3-15 es resumido y repetido en 10.1.

b) El hecho de que poco después de haber jurado expulsar a las mujeres extranjeras (10.5), la comunidad convoca una asamblea para nuevamente hacer un juramento (10.7-12), sugiere que tenemos en el cap. 10 dos relatos basados en un mismo problema.

c) Las diferencias de terminología y tono entre los capítulos 9-10. Un ejemplo de ello es la emotividad del capítulo 9 y su énfasis en aspectos teológicos (p.ej., la reacción de Esdras en 9.3-5, la preocupación por el pecado de la comunidad y sus con-

---

220 Marco narrativo en primera persona (9.1-5), oración de confesión de pecados (9.6-15), narración en tercera persona (10.1-17), lista de nombres (10.18.44).

221 Blenkinsopp concluye que el redactor del texto trabajó con dos o más versiones de las memorias de Esdras o documentos similares. (*Ezra-Nehemiah*, 187). Yonina Dor propone tres etapas de redacción que reflejan cambios en la cosmovisión e intención de cada redactor. ("The Composition of the Episode of the Foreign Women in Ezra IX-X", VT Vol 53 No 1 Jan (2003) 26-47).

secuencias en la oración de 9.6-15), en comparación con los detalles prácticos y concretos que aporta el capítulo 10 (p.ej., el estado del clima en 10.13; la estrategia detallada para la expulsión de las mujeres en 10.14; la oposición de algunos miembros de la comunidad en 10.15 y la lista de nombres a partir de 10.18).

e) La oración del cap. 9 describe como transgresión el matrimonio tanto de mujeres y de hombres con personas extranjeras (9.12), mientras que la sección narrativa (9.1-5 y 10.1ss) se preocupa únicamente por el matrimonio de hombres de la *golah* con mujeres extranjeras (9.2; 10.2,3,10,11,17).

f) A partir de 10.7 el relato le da voz a la asamblea y sugiere la necesidad de ejercer presión sobre algunos miembros de la *golah*, algo que no vemos en el resto de la narración: i) amenaza a quienes no acuden a la asamblea (10.8), ii) describe la oposición de algunos miembros de la asamblea (10.15), iii) el proceso de identificación y expulsión de las mujeres extranjeras requiere extensa supervisión (10.1, 16-17), iv) incluye una lista de quienes se acogieron a la decisión de la asamblea (10.18ss).

g) Los cambios de persona entre el cap. 9 (primera persona) y el cap. 10 (tercera persona).[222]

El análisis detallado que hace Yonina Dor[223] de estos capítulos sistematiza algunas de nuestras observaciones, además de muchos otros detalles de estilo y composición que ella identifica como pistas para distinguir diferentes etapas redaccionales en el texto. La autora concluye que esta narración es producto de tres etapas de redacción, cada una de las cuáles tiene intenciones distintas. Resumimos a continuación las conclusiones de esta autora, ya que son importantes para orientar nuestra interpretación del texto:

---

222  Williamson sugiere que el relato original estaba en primera persona y las adiciones posteriores en tercera persona. (*Ezra, Nehemiah*, 145). Torrey rechaza cualquier propuesta de etapas redaccionales y considera intencional el cambio de persona. (*Ezra Studies*, 272). Eskenazi interpreta el cambio de personas como estrategia intencional del narrador para trasladar la atención de Esdras a la comunidad como actor fundamental en el texto. (*In an Age of Prose*, 62,135).

223  Dor, "The Composition of the Episode of the Foreign Women in Ezra IX-X", 26-47.

a) El relato más largo (10.7-44), preserva detalles de tradiciones más cercanas a los eventos "reales" sucedidos. Las descripciones detalladas, la evidencia de oposición, la lista de nombres de los "culpables", sugieren que esta etapa de redacción representa una disputa concreta en la comunidad postexílica expresada como un conflicto respecto a matrimonios con mujeres externas a las *golah*.[224]

b) El segundo relato (10.2-6), construido a partir de una fuente independiente que enfoca la actividad de Secanías, es agregado en un momento posterior para convertir "lo que sucedió" (o lo que se trató de hacer y no se logró),[225] en un relato idealizado de lo que "debió haber sucedido". El relato elimina toda sugerencia de conflicto en la comunidad y tiene una función más claramente didáctica.[226] Este relato resume en 4 versículos el problema (señalado por un miembro de la *golah*), del matrimonio con mujeres extranjeras, la decisión de despedir a las mujeres y el compromiso de la comunidad de actuar conforme al juramento.

c) El tercer relato (9.1-10.1), busca fundamentar teológicamente la separación de Israel de los demás pueblos como un ideal para el judaísmo en su relación con personas no judías. La oración establece principios generales, sin detenerse en situaciones concretas, y la sección narrativa (9.1-5; 10.1), une este relato con los otros dos por medio del vocabulario y los personajes utilizados. Es posible que el redactor, reconociendo que era poco práctico promover divorcios masivos, buscara establecer un criterio normativo más amplio. Su prohibición no se limita a las mujeres y establece un criterio, en términos preventivos, de separación entre los que se entienden a sí mismos como Israel y todos los demás pueblos.[227]

---

224  *Ibid.*, 44-46.
225  El final abrupto del libro de Esdras (y la misión de Esdras) con el último versículo (impreciso) del capítulo 10, sugieren que las cosas no sucedieron como se había querido.
226  Dor, "The Composition of the Episode of the Foreign Women", 44.
227  *Ibid.*, 46.

Nuestro estudio de este relato analiza el texto en su forma final, pero sin ignorar las implicaciones de las posibles etapas redaccionales del texto. Consideramos que el relato, en su última redacción, busca establecer una posición como normativa y evidenciar las consecuencias de ignorar las posturas establecidas por un grupo que cuenta con el respaldo del imperio Persa y de Yahvé.

## 1.2 Notas textuales

En el Texto Masorético de Esd 9-10 encontramos una serie de palabras y frases de difícil traducción y tres variantes que consideramos significativas para nuestro estudio del texto.

a) 9.8: חשׁכת למטה מעוננו, literalmente "por un momento pequeño". Es traducido como "repentinamente",[228] "por un breve momento",[229] "en un instante" (BJ³) y "por un tiempo corto" (Tanak). La frase es omitida por la LXX y 1 Esdras. De la traducción de esta frase depende el sentido del versículo. En su forma literal, implica que la misericordia de Yahvé se muestra por un corto tiempo y hay una expectativa de que esto pueda cambiar. Si entendemos la frase como descriptiva de la corta duración entre el cautiverio y la liberación actual, debemos suponer que el texto se refiere al primer grupo de repatriados bajo Ciro y no al grupo que acompañó a Esdras muchos años después (según el texto).

Entendemos esta frase como reveladora de la consciencia de precariedad que prevalece en la comunidad, a pesar de su regreso a Judá. Este sentido concuerda con el uso del mismo término מְעַט al final del versículo, indicando que la liberación implica un poco de sustento y apoyo en medio de la esclavitud y no una liberación total.

b) 9.13: הׁשׁכת למטׁה מעֲוֹנֵנוּ, literalmente "retuviste para abajo nuestras iniquidades". Es traducido: "has alivianado nuestras

---

228 Blenskinsopp, *Ezra-Nehemiah*, 180.
229 Williamson, *Ezra, Nehemiah*, 125.

iniquidades" (LXX), "has aliviado la carga de nuestros pecados" (1 Esdras) y "has disminuido nuestros crímenes" (BJ³). Esta frase interrumpe la secuencia entre v.13 y v.14, pero resalta la gracia de Yahvé quien no castigó al pueblo según lo merecían sus grandes pecados.

c) 10.44b: El texto hebreo es corrupto e ininteligible: "Todos estos se habían casado con mujeres extranjeras y entre ellos habían mujeres y ellos tuvieron hijos" (TM). El versículo es traducido como: "πάντες οὗτοι ἐλάβοσαν γυναῖκας ἀλλοτρίας καὶ εκαὶ ἐγέννησαν ἐξ αὐτῶν υἱούς" (todos estos habían tomado esposas extranjeras y tuvieron hijos de ellas) (LXX); "Todos estos se habían casado con mujeres extranjeras, entre las cuales habían algunas mujeres con hijos." (Tanak); "todos estos despidieron a las esposas extranjeras, y algunas tenían hijos, y regresaron a los hijos a sus madres" (Batten) y "πάντες οὗτοι συνῴκισαν γυναῖ κας ἀλλογενεῖς καὶ ἀπέλυσαν αὐτὰς σὺν τέκνοις" (Todos estos se habían casado con mujeres extranjeras, pero las despidieron con sus hijos.) (1 Esdras).

La versión de 1 Esdras es la más "cómoda", ya que ofrece un cierre para el relato de la expulsión de las mujeres. Sin embargo, la incertidumbre del TM es más sugerente. No sabemos qué sucedió. Es posible que el intento haya fracasado. Por otro lado, para el redactor final, es posible que la argumentación e intención expresada en el texto sea más importante que el hecho mismo de la expulsión.

### 1.3   Estructura de Esdras 9-10

La estructura que proponemos para Esd 9-10, sin dejar de tomar en cuenta las etapas redaccionales analizadas arriba, se basa en la composición final del texto, que inicia con el anuncio de un problema y concluye con la (supuesta) resolución del mismo.

9.1-2 Anuncio del problema: *hombres casados* con hijas de los pueblos de la tierra
   a  9.3 Duelo y angustia de Esdras
     b  9.4 Reunión de la comunidad alrededor de Esdras
       c  9.5-16 Oración de confesión: reflexión teológica sobre el problema
  a'  10.1a Llanto de Esdras
     b'  10.1b Reunión de la comunidad alrededor de Esdras
       c'  10.2-17 Compromiso/acción de la comunidad: propuesta práctica
10.18-44 Resolución del problema: *hombres expulsan* a mujeres extranjeras

Podemos ver cómo el redactor final ha logrado componer una narración coherente a partir de las diversas etapas de redacción: 9.1-2 anuncia el problema; 10.18-44 anuncia y describe la ejecución del plan que busca restituir la situación. De 9.3 a 10.1, el texto expresa el impacto emocional de la situación a través del personaje de Esdras, desarrollando así una retórica que busca sustentar la requerida separación de los pueblos de la tierra y las mujeres extranjeras. La oración de confesión (9.5-15) hace una lectura teológica del problema a partir de la situación histórica de Israel. A partir del 10.2, la comunidad responde con una propuesta para solucionar el problema. En la estructura, la oración de Esdras es correspondida por el compromiso de la comunidad y una estrategia de acción.

La estructura del texto destaca también la participación y el aparente consenso dentro de la comunidad en la solución del problema. La articulación entre el personaje de Esdras y la comunidad contribuye a esta sugerencia de cohesión y consenso interno:

> Líderes presentan el problema del matrimonio con mujeres extranjeras (9.1-2)
> **Esdras**: acciones de luto y humillación (9.3)
> b ***Pueblo***: se reúne alrededor de Esdras (9.4)
> **Esdras**: oración de confesión (9.5-15)
> b' ***Pueblo***: reunido alrededor de Esdras (10.1)
>
> ***Pueblo***: pide participación de Esdras (10.2-4)
> b **Esdras** : juramenta al pueblo y se retira (10.5-7)
> ***Pueblo***: convoca asamblea en Jerusalén (10.8-9)
> b' **Esdras**: exhorta al pueblo (10.10.11)
> ***Pueblo***: propone plan para implementar la solución (10.12-15)
> Informe de la ejecución del plan (10.16-44)

## 2. La "semilla santa" y los "pueblos de la tierra"

### 2.1 Israel como pueblo separado

El capítulo 9 inicia con una denuncia realizada por quienes son designados como jefes de la comunidad.[230] La narración de 9.1-5 está en primera persona, al igual que el capítulo anterior. Los primeros dos versículos describen la situación:

---

230 La palabra usada aquí para designar a los jefes, שָׂרִים, se encuentra en Esdras únicamente a partir del cap. 7, donde empieza el relato de la misión de Esdras. Es usado para designar, en términos generales, a los "principales hombres" del exilio que acompañaron a Esdras en su viaje a Judá (7.28), los jefes entre los sacerdotes entre los que regresaron con Esdras (8.24,29; 10.5), los jefes de las familias patriarcales (8.29) y a los que convocan a la asamblea de los exiliados y a los oficiales propuestos para inspeccionar los casos de hombres casados con mujeres extranjeras en 10.8,14.

1b *no se separaron*

　1c el pueblo de Israel y los sacerdotes y los levitas
　de los pueblos de las tierras
　1d (como las abominaciones de los cananeos, heteos,
　ferezeos, jebuseos, amonitas,moabitas, egipcios y
　amorreos)

> **2a *porque tomaron de sus hijas para ellos y para sus hijos***
> **2b *y han intercambiado compromisos (mezclado)***

　2c la semilla santa con los pueblos de las tierras,
　(2d los jefes y los consejeros han sido)
　*2e en esta infidelidad los principales.* [231]

"No se separó..." Con esta afirmación inicia la acusación
contra miembros de la *golah*. El énfasis del versículo está en el
hecho de no haber mantenido la separación requerida. La correspondencia entre el v.1b y el v.2e –el cierre de la acusación
identifica la no separación como una infidelidad. Esta infidelidad
es producto de la relación (v.2a) que mezcla (v.2b) a Israel (semilla santa, v.2c), con quienes son designados como "los pueblos
de las tierras". Tanto la separación como la mezcla son preocupaciones de la tradición sacerdotal, como señalamos en el capítulo
anterior. La "no separación" de Israel es producto de su unión
con hijas de los "pueblos de la tierra"[232] y es una infidelidad frente a Yahvé.

Esd 9.2b (cf. Neh 13.3; Sal 106.35) usa el término ערב para
describir la relación entre la semilla (raza) santa y los pueblos de
la tierra. Este verbo significa intercambiar o establecer un compromiso (hitpael: 2 Re 18.23; Is 36.8), dar una garantía o fianza
(qal: Gn 43.9, 44.32; Is 38.14; Sal 119.122; Pr 11.15; 20.16; Is

---

231　Traducción nuestra.
232　Dado que Esdras 9 y 10 utilizan tanto el plural como el singular, utilizaremos de
　　　aquí en adelante únicamente el singular: pueblos de la tierra.

38.14), tener comunión con, emparentarse o mezclarse (hitpael: Sal 106.35; Pro 14.10; 20.19; 24.21; Esd 9.2).[233] Es la misma raíz que describe los extranjeros de quienes la comunidad debe separarse en Neh 13.3 (עֵרֶב-sustantivo), donde significa una mezcla heterogénea de personas adjuntas a un pueblo.[234] Esta misma palabra describe también la "mezcla" de pueblos que acompañan a Israel en su salida de Egipto en Ex 12.38. La "mezcla" que da origen al pueblo de Israel es rechazada en Esd-Neh.

El tema de la separación (בדל) es recurrente en el libro de Esdras. En 6.21 se unen a la comunidad quienes se *separan* de la impureza de los pueblos de la tierra.[235] La sanción por no acudir a la asamblea para tratar el problema es también una *separación*, esta vez de la asamblea de la *golah* (10.8). La palabra es usada en imperativo en la exhortación de Esdras a la comunidad: "… *separaos* de los pueblos de la tierra y de las mujeres extranjeras" (10.11).

En Neh 9.2, la respuesta de los miembros de la comunidad a la lectura de la ley es *separarse* de los extranjeros (נכר) en Neh 10.29, quienes se han *separado* de los pueblos de la tierra renuevan una alianza frente a Yahvé para obedecer su ley y mandamientos. Neh 13.3, una vez más, describe la respuesta a la enseñanza de la ley como la "*separación* (hifil) de Israel de todo lo extranjero".

En Esd 9.1 el verbo בדל está en nifal:[236] el pueblo mismo debe realizar la acción de separarse de otros pueblos, de sus

---

233  Ver Brown, Francis, Samuel R. Driver y Charles A. Briggs. *Hebrew and English Lexicon*. Boston: Houghton, Mifflin and Company, 1906. Reimpresión de Massachusetts: Hendrickson Publishers, 2000, 786-787; Alonso Schökel, *Diccionario bíblico hebreo-español*, 586. Cf. Poner como garantía: Gn 44.32; 2 R 18.23 (hitpael); Gn 49.3 (qal); Neh 5.3 (qal); Jb 17.3 (qal); Sal 119.122 (qal); Is 36.8 (hitpael).

234  BDB, 786.

235  El libro utiliza גוֹי הָאָרֶץ únicamente en 6.21. El término usual en Esdras es עַם הָאָרֶץ.

236  Los únicos usos en nifal en el Antiguo Testamento son: Nu 16.21; 1 Cro 12.8, 23.13 y los textos de Esdras y Nehemías que hemos señalado. En Esd y Neh, solo Esd 8.24 y Neh 13.3 están en hifil, la forma que usualmente aparece en la tradición sacerdotal donde la separación es efectuada por otro (p.ej. Yahvé en la creación). En Esd 9, la separación es responsabilidad de la *golah*, lo que sugiere que la *golah* realiza una tarea creadora de la comunidad (en consonancia con la obra creadora de Yahvé) por medio de la separación y la imposición del orden. BDB, 95.

prácticas y de las mujeres extranjeras, con el fin de mantener orden en su mundo. La *golah* (como también Israel en el Antiguo Testamento en general), se comprende a sí misma como un pueblo diferente ante todos los demás, quienes conforman una masa indistinguible. La separación se basa en la santidad de la *golah*. De esta forma se mantiene el orden adecuado, evitando la contaminación de lo santo ("semilla santa", Esd 9.2) por el contacto con lo impuro (los "pueblos de la tierra").

En Lv 18.24-30 y 20.25-26, la separación de los demás pueblos tiene como fin evitar sus prácticas y normas. Israel debe seguir las leyes y normas de Yahvé únicamente. Como hemos señalado, en el Código de Santidad, el גֵר es asimilado (neutralizando la amenaza que podría representar para Israel), por medio de normas que aseguran que su participación en la comunidad no genere contaminación.[237] Aunque en Esd 6.21 surge la posibilidad de esta asimilación, no es así en el caso de las mujeres extranjeras. Las mujeres extranjeras son inseparables de la impureza.

## 2.2 "Pueblos de la tierra": pueblos abominables

En Esdras los "pueblos de la tierra" son temidos (3.3), desaniman la reconstrucción del templo (4.4) y, en los capítulos 9-10, definen la procedencia de las mujeres extranjeras. El término "pueblos de la tierra" abarca a todas las personas que residen alrededor o cerca de Judá, que no forman parte de la *golah*: judíos que permanecieron en Palestina, israelitas del norte y personas y grupos de otros pueblos cercanos. Este término general reduce la identidad de los demás pueblos en Judá a la forma en que son percibidos por la *golah*.

Señalamos anteriormente[238] que los capítulos 9-10 de Esdras utilizan dos formulaciones distintas de la designación "pueblos de la tierra". En el capítulo 9 (v.1,2,11), encontramos עַמֵּי הָאֲרָצוֹת (pue-

---

237 Ramírez, *Alterity and Identity in Israel*, 59.
238 Ver *Excursus 3*: "Los pueblos de la tierra".

blos de las tierras); mientras que el capítulo 10 (v.2,11), usa la frase עמי הארץ (pueblos de la tierra). El primer término, en el que ambas palabras están en plural, pareciera referirse no solo a habitantes de Judá, sino también pueblos de otras tierras, como vemos en el uso de esta frase en 2 Cr 13.9; 32.13; Dt 28.10 y Neh 9.30. El segundo término, donde solo "pueblos" está en plural, podría referirse a una diversidad de personas o pueblos residentes en una sola tierra: Canaán en Jc 4.24, Persia en Est 8.17, o Judá en Esd 10.2,11.[239]

Sugerimos que el alcance más limitado del término que encontramos en Esd 10.2,11, ("pueblos de la tierra), corresponde a la redacción temprana del texto, donde la preocupación específica tiene que ver con pueblos ubicados en Judá que residen – pertenecen – a la tierra en cuestión. En el capítulo 9, la ampliación del término para incluir una diversidad de pueblos en diversas tierras ("pueblos de las tierras"), refleja el contexto de la redacción posterior, donde la preocupación del texto ya no se reduce a la relación entre la *golah* y los pueblos residentes en Judá, sino que se extiende para abarcar la relación entre los judíos en general y todos los demás pueblos (en diferentes tierras) – quizá como reacción a la helenización que inicia al final del período persa y su impacto sobre el judaísmo tanto en Palestina como en la diáspora.

La oposición fundamental en el libro de Esdras, sin embargo, es siempre entre la *golah* y los que no pertenecen a ella. Este hecho, como también una ausencia de términos que identifiquen a los "pueblos de la tierra" con una nacionalidad específica,[240] nos remite a nuestra discusión sobre el contexto histórico y teológico del libro de Esdras en el capítulo 3 de esta investigación. Hemos planteado que las disputas entre exiliados y no exiliados que en-

---

239  La frase también aparece en textos donde se refiere, claramente, a todos los pueblos de la tierra (del mundo conocido) en forma general. Cf. 1 R 8.43,53,60; 1 Cr 5.25; Sof 3.1; Ez 31.12.
240  Con la posible excepción de los "samaritanos" en Esd 4. Estos "samaritanos", sin embargo, eran adoradores de Yahvé y descendientes de israelitas del reino del norte.

contramos en Jer 24 y Ez 11 y 33,[241] como también los intentos por describir el exilio Babilónico en términos de la deportación de "todo Judá", buscan identificar a los exiliados como el "verdadero Israel" y así, en esencia, convertir a quienes permanecieron en Judá en "extranjeros".

Varios autores sugieren que el término "pueblos de la tierra" se refiere, precisamente, a los sectores de Israel que no pasaron por el exilio y son, por ello, excluidos.[242] Según nuestra lectura, la disputa fundamental en Esd 9-10 no es entre "la *golah*" (Israel) y "los pueblos de la tierra" (extranjeros), sino entre diferentes grupos de la *golah*,[243] que difieren en su definición de quiénes son extranjeros y quiénes no lo son.

El grupo de Esdras (*golah* β) que busca imponer su perspectiva en el texto, designa como extranjeros a personas que viven en Judá, personas que permanecieron en Palestina durante el exilio. Desde la perspectiva de este grupo, estos pueblos deben ser expulsados para que el verdadero Israel (la *golah*) asuma posesión de la tierra de la promesa. En Esdras, los "pueblos de la tierra" son "conquistados" mediante la separación (Esd 9.1;10.11; Neh 9.10; 10.29), la expulsión (Esd 10.3; Neh 13.3) y la asimilación (Esd 6.21; Neh 10.29).

Esd 9.1 identifica los "pueblos de la tierra" con "las abominaciones de los cananeos....amorreos". Las naciones citadas son caracterizadas por sus abominaciones. La lista de naciones es similar a las listas de las naciones que representana la población que habitaba en Palestina cuando Israel se preparaba para entrar a la tierra después del éxodo.[244] Este tipo de lista representa, en

---

241   En Ezequiel, al igual que en Esd 9.1,11,12,14, quienes permanecieron en Judá son asociados en Ez 11.18 y 33.26 con las abominaciones (תועבה, Ez 11.18; 33.26) y con la impureza/ contaminación (טמא, Ez 33.26).

242   Smith-Christopher, "Between Ezra and Nehemiah", 123; Shemaryahu Talmon."The Emergence of Jewish Sectarianism in the Early Second Temple Period", 599-600; Ben Zvi. "Inclusion in and Exclusion from Israel", 96,139-141; Janzen. *Witch-hunts, Purity and Social Boundaries.*, 90-93.

243   Podríamos hablar, para efectos de claridad, de *golah* α (los primeros repatriados bajo Ciro: Esd 1-6) y *golah* β (el grupo que regresa a Judá con Esdras: Esd 7-10).

244   Las naciones específicas en la lista varían, pero se reconoce este tipo de lista como una fórmula que representa naciones enemigas tradicionales de Israel. Blenkin-

diversos textos, las naciones enemigas de Israel (cf. Gn 15.19-20, Ex 3.8,17;23.23;33.2;34.11; Dt 7.1, Jo 3.10; 9.1;11.3;12.8; Jc3.5; Jdt 5.16). La lista en Esd 9.1 combina algunas de las naciones de Dt 7.1-5 y las cuatro naciones citadas en Dt 23.4-8. El uso de esta lista indica hasta qué punto la *golah* se identifica se identifica con el Israel del éxodo.

Este primer versículo de Esd 9 parece indicar la "nacionalidad" de los pueblos de la tierra y de las mujeres. Aunque la mayoría de las "naciones" de la lista ya no existían en el período Persa,[245] es aparente que la lista busca identificar a los pueblos de la tierra de alguna manera con estas naciones. Una clave para la comprensión del versículo es la preposición "כְּ" en la palabra כְּתוֹעֲבֹתֵיהֶם. Esta preposición indica que el texto se refiere a abominaciones "como" o "parecidas a" las de los diversos pueblos citados.[246] No se refiere literalmente a la presencia de mujeres originarias de estos pueblos, sino que describe a las abominaciones de los "pueblos de la tierra" como aquellas que cometían las naciones citadas.

La identificación entre la *golah* y el Israel de la conquista de la tierra que hemos señalado, implica también una identificación entre los judíos que no habían sido exiliados y las naciones que habitaban Canaán cuando Israel entró a la tierra. La caracterización de los pueblos de la tierra con los nombres de los

---

sopp, Ezra-Nehemiah,175; Becking, "Continuity and Community in the Book of Ezra", 275; Zvi, "Inclusion in and Exclusion from Israel",96.

245   Aunque hay evidencia de que algunos pueblos se extendieron al territorio de Judá durante el exilio (p.ej. los amonitas). Albertz, *A History of Israelite Religion Vol. II*, 372.

246   Alonso Schökel, *Diccionario bíblico hebreo-español*, 345-346; BDB, 453. Williamson traduce la frase: "no se han mantenido separados de los pueblos de las tierras, pero han actuado según las abominaciones de los cananeos, hititas...". (*Ezra, Nehemiah*, 125). La traducción del Tanak es similar: "...no se han separado de los pueblos de las tierras cuyas prácticas abominables son como las de los cananeos..." La Biblia Cantera-Iglesias traduce: "...no se han apartado de las gentes del país, imitando en sus abominaciones a los cananeos...". Señalan Eskenazi y Judd: "La diferencia interpretativa viene de reconocer que la כ en כְּתוֹעֲבֹתֵיהֶם לִכְנַעֲנִי señala un símil que deja el trasfondo étnico real de las mujeres sin especificar". ("Marriage to a Stranger in Ezra 9-10, 268). . Contra la BJ³: "...no se han separado de las abominaciones de la gente del país – cananeos, hititas..."

pueblos tradicionalmente enemigos de Israel nos indica que para el grupo de Esdras, los judíos que no habían sido exiliados eran tan extranjeros como personas de otras nacionalidades.[247]

En Esd 9.1, las abominaciones (תוֹעֵבוֹת) que caracterizan a los pueblos de la tierra son comportamientos o acciones inaceptables para la *golah*. El pueblo de Israel debe separarse de ellas.[248] Al final del capítulo encontramos, sin embargo, un cambio de terminología llamativo. En Esd 9.14 ya no tenemos *abominaciones de los pueblos* (תוֹעֲבוֹת הַגּוֹיִם),[249] sino *pueblos de abominaciones* (עַמֵּי הַתֹּעֵבוֹת). Sugerimos que hay aquí una evolución en la compresión del carácter de los pueblos: no solo sus prácticas son abominables, sino que los pueblos mismos (las mujeres extranjeras) son abominables. Esta distinción es importante dado que el tex-

---

247  Aclaramos aquí que esto no significa que no hay una preocupación expresa en Esd 9 por la separación de Israel y los pueblos extranjeros. Lo que sospechamos es que, en el contexto del retorno a Judá, la *golah*, particularmente el grupo de Esdras, definen como extranjeros a los judíos que no fueron exiliados. El cierre del libro con la expulsión de mujeres extranjeras, impone como normativos los criterios de identidad del grupo que denominamos *golah* β. La definición del "otro" tiene que ver con la identidad propia, y vise versa. Si la experiencia que define la identidad de la *golah* es el exilio, como sugerimos en el capítulo 2, entonces, el "otro", independientemente de su raza o etnia, es definido a partir de dicho criterio. El conflicto entre la *golah* α y la *golah* β surge por una interpretación mucho más rígida y cerrada de la identidad, por parte del segundo grupo, que no puede concebir la posibilidad de que personas externas, bajo ciertas condiciones (como las que encontramos en Esd 6.21), se unan a la *golah*.

248  En Dt, la palabra תוֹעֵבוֹת hace referencia a diversas acciones que son repugnantes para Yahvé: idolatría, injusticia, el sacrificio de animales no adecuados y algunos comportamientos sexuales inaceptables. En Dt no hay una relación directa entre las abominaciones cometidas y la pureza de la tierra y sus habitantes. En Levítico, en cambio, donde el término se refiere casi exclusivamente a prácticas sexuales inaceptables que generan impureza, la consecuencia es la contaminación de la tierra y la expulsión o muerte de las personas que cometen el agravio (Lv 18.28-29). El sentido del término en Esdras es claramente sacerdotal: las abominaciones generan impureza y provocan la ira de Yahvé (cf. Esd 9.11,14). Ver Eyal Regev. "Priestly dynamic holiness and deuteronomic static holiness", VT LI, 2 (2001), 248-250.

249  Dt 18.9; 1 R 14.24;2 R 16.3;21.2;2 Cro 28.3;33.2;36.14 usan la palabra גּוֹיִם para referirse a las naciones/pueblos extranjeros, mientras que Esdras (con la excepción de 6.21) usa עַמֵּי הָאֲרָצוֹת. La formulación exacta (תוֹעֲבוֹת הַגּוֹיִם) no aparece en Esdras, aunque está implícita en Esd 9.1, donde pueblos de la tierra se asocian a las acciones abominables de las naciones citadas y en Esd 9.11 (las prácticas abominables de los pueblos de la tierra llenan la tierra de impureza).

to no considera la posibilidad de que las mujeres extranjeras se aparten de las impurezas. En el libro de Esdras, esta impureza inherente se aplica únicamente en el caso de las mujeres.

## 2.3 La *golah* como "semilla santa"

Esd 9.2 describe al pueblo de Israel, los sacerdotes y levitas, como la semilla santa (זֶרַע הַקֹּדֶשׁ). A diferencia de la tradición sacerdotal, que específica diferentes requisitos de pureza para sacerdotes, levitas y laicos, este versículo no distingue entre ellos en cuanto a su condición de santidad. No deja de ser sorprendente la participación de sacerdotes en los matrimonios con las mujeres denominadas extranjeras, particularmente en vista de la exhortación a los sacerdotes en Ez 44.22 (sumo sacerdotes en Lv 21.14): "No tomarán por esposa ni una viuda ni una mujer repudiada, sino una virgen de la raza de Israel..." De hecho, Esd 9.2 enfatiza el protagonismo de los "jefes y consejeros" en la infidelidad del matrimonio con extranjeras.

Este hecho concuerda con nuestra propuesta de que el texto refleja un desacuerdo fundamental entre el grupo de Esdras (golah β ) y otros miembros de la *golah* (*golah* α),[250] sobre la definición de quiénes eran extranjeros y su relación con ellos.[251] El texto refleja "un debate dentro de la comunidad respecto de su misma identidad en relación con otros en la tierra".[252] Smith-Christopher explora esta posibilidad a partir de la pregunta por los criterios que define el libro de Esdras para la pertenencia a Israel:

> Esdras define la crisis de los matrimonios en términos étnicos... y religiosos ("semilla santa"). En este caso, 'endogamia' significaría

250   Ver n.23, p.95; n.27, 97.
251   Shemaryahu Talmon identifica el problema en el libro de Esdras como "un asunto interno Israelita, es decir, la pregunta sobre si los repatriados deberían separarse completamente de los efraimitas (y judaítas) palestinenses que no habían pasado por la experiencia del exilio o si deberían integrarlos a la comunidad". ("The Emergence of Jewish Sectarianism", 600).
252   Smith, *The Religion of the Landless*, 257.

casarse dentro de un grupo definido por religión y etnia. Es claro que Esdras consideraba que este grupo consistía únicamente de los antiguos exiliados (9.4)...existe la posibilidad de que estos 'matrimonios-mixtos' eran considerados 'mixtos' solo por Esdras quienes lo apoyaban y no por las personas casadas mismas...[253]

...estos matrimonios-mixtos...probablemente no eran 'mixtos' en el sentido racial/étnico de la palabra y bien podrían representar matrimonios entre judíos que no formaban parte de los 'hijos de la golah' con los que si lo eran.[254]

Es claro en el libro de Esdras que la golah se considera a sí misma como Israel, a diferencia de los demás residentes de Palestina (2.70;3.1;4.3;6.16;9.1,15;10.2,5,7-9). Vemos la importancia de la experiencia del exilio para la identidad de la comunidad en el uso repetido del término גולה, para definirse a sí misma, incluso muchos años después del exilio.[255] La identidad de los culpables es confirmada en 9.4, donde el delito se describe como la rebeldía de la גולה.

El término "semilla santa", que define a la golah en Esd 9.2, aparece en el Antiguo Testamento únicamente en Isaías 6.13,[256] donde la semilla santa es el tronco que permanece después de la destrucción del árbol que es Israel (Judá). En otras palabras, es el remanente (cf. Esd 9.8,14,15). El término semilla es usado comúnmente en el Antiguo Testamento para designar una descendencia (cf. Gn 12.7: Yahvé promete la tierra a la semilla de Abraham), o sea, pertenencia a un grupo definido por su relación con uno o más progenitores comunes. Tanto en Is 6.13 como en

---

253  Smith-Christopher, "The Mixed Marriage Crisis in Ezra", 247.
254  Smith-Christopher, "Between Ezra and Isaiah: Exclusion, Transformation and Inclusion of the 'Foreigner', 123.
255  גולה, בני הגולה y להק הגולה (Esdras 1.11; 2.1; 4.1; 6.19,20,21; 8.35; 9.4; 10.6,7,8,16).
256  Es probable que el cap. 6 de Isaías sea producto del período exílico o postexílico, particularmente el v.13. La adición ofrece un rayo de esperanza frente a la destrucción anunciada. Ver Brevard S. Childs. *Isaiah.* OTL. Louisville: Westminster John Knox Press, 2001, 53-54; Luis Alonso Schökel y J.L. Sicre Diaz. *Profetas I: Isaías-Jeremías.* Madrid: Ediciones Cristiandad, 1980, 142.

Esd 9.2 el uso del término "semilla santa" sugiere una definición étnica (linaje/descendencia) y a la vez religiosa de quienes conforman el verdadero Israel después del exilio. Una semilla santa, entonces, es una descendencia apartada, separada para Yahvé. La santidad de esta semilla exige que se mantenga separada de todo aquello que pudiera contaminarla: lo impuro y las prácticas abominables.

Esd 9.2 describe el carácter, la naturaleza de la *golah* en términos de santidad. Igualmente en Dt el pueblo es santo, a raíz de su elección como pueblo de Yahvé:

> Porque tú *eres un pueblo santo* para Yahvé tu Dios; a ti te ha elegido para que seas, de entre todos los pueblos que hay sobre la faz de la tierra, el pueblo de su propiedad (Dt 7.6).

La separación que hace Yahvé de Israel para sí es una elección entre todos los pueblos - una "santidad teológico-histórica".[257] También en Lv 20.24-26, los conceptos de santidad y separación se relacionan claramente con la elección de Israel:[258]

> Yo soy Yahvé, vuestro Dios, que os ha separado (בדל) de esos pueblos. Habéis de distinguir (בדל) entre animales puros e impuros, y entre aves impuras y puras; para que no os contaminéis...de los que os he apartado (בדל) como cosas impuras. Sed santos (קדושים) para mí, porque yo Yahvé, soy santo (קדוש), y os he separado (בדל) de los demás pueblos, para que seáis míos (Lv 20.24-26).

Señalamos en el capítulo 3 que la santidad tiene que ver con el orden, el orden establecido por Yahvé en la creación y que se mantiene por medio de la separación. Yahvé separa a Israel

---

257    Regev. "Priestly dynamic holiness and deuteronomic static holiness", 247.
258    En el Código de Santidad, a diferencia de Dt, la santidad es un proceso, algo que el pueblo debe lograr. Es una práctica que busca imitar a Yahvé: "*Sed santos* para mí, porque yo, Yahvé, soy santo, y os separado de los demás pueblos, para que seáis míos" (Lv 20.26, cf. 11.44,45). Ver Regev. "Priestly dynamic holiness and deuteronomic static holiness", 243-161.

de los demás pueblos con el fin de que sea un pueblo santo. En Esdras, la santidad de la comunidad requiere una separación de todo lo que atenta contra su pureza. La tierra está contaminada porque en ella viven los pueblos de la tierra con sus acciones abominables (9.11), y la tierra no es territorio de Israel, está bajo dominio persa. La separación no busca "limpiar" un territorio de las influencias extranjeras, sino mantener a un grupo separado de ellas. Todos los pueblos extranjeros y los judíos que no vivieron la experiencia del exilio son excluidos.

La santidad en Esdras es exclusiva de un sector del pueblo, de una descendencia. Williamson señala que el uso del término semilla santa "pone el énfasis en la transmisión física de la santidad".[259] La semilla santa, con énfasis en linaje (de la *golah*), reemplaza al pueblo santo, elegido por Yahvé por gracia y amor (cf. Dt 7.7-8). "El concepto de elección divina es reformulado en categorías biológicas."[260]

El concepto de la santidad de Israel y la necesaria separación de otros pueblos está aún más desarrollada en la literatura posterior a Esdras, donde Israel adquiere un carácter distinto del resto de la humanidad (Jub 15.27).[261] En el libro de Jubileos, escrito judío del siglo 2 a.C., por ejemplo, Rebeca advierte a Jacob que no debe buscar una mujer entre las cananeas y usa el término "semilla santa" para describir la descendencia de Jacob.

> ...no tomes mujer de las hijas de Canaán, como tu hermano Esaú, que ha tomado dos mujeres cananeas que han amargado mi espíritu con sus actos impuros. Todas sus acciones son fornicación y lascivia, no hay entre los cananeos ninguna justicia, pues son malos...Así, pues, hijo mío, obedéceme y haz la voluntad de tu madre: no tomes mujeres de las hijas de esta tierra, sino de la casa de mi madre...y tus hijos serán generación justa y *santa semilla* (Jub 25.1-3).[262]

---

259  Williamson, *Ezra-Nehemiah*, 132.
260  Becking, *Continuity and Community*, 270.
261  Kugel. "The holiness of Israel and the land in Second Temple Times", 25-32.
262  Trad. de F. Corriente y Antonio Piñero en Alejandro Diez Macho, editor. *Apócrifos del Antiguo Testamento Tomo II*. Madrid. Ediciones Cristiandad, 1983, 141.

## 2.4 La ausencia de separación como forma de infidelidad

La palabra מעל – traición, infidelidad y rebeldía – describe el delito de la *golah*. En el libro de Esdras, este término sólo aparece en los capítulos 9-10 donde describe los matrimonios con mujeres extranjeras (9.2,4; 10.6). En la mayoría de los casos la forma verbal designa el rompimiento de una ley religiosa, es decir, una traición contra Yahvé. Describe también actos de infidelidad contra Yahvé o contra personas, como la rebeldía de Israel en el desierto (Nu 31.16; Dt 32.15) y el motivo del exilio (Ez 39.23).[263] Milgrom distingue entre dos categorías en su estudio de uso del término: sacrilegio o profanación del ámbito de lo santo, y violación de la alianza.[264]

La definición más común del término tiene que ver con el incumplimiento o la infidelidad ante un compromiso, un mandamiento, una alianza, a menudo con Yahvé.[265] Se relaciona con la culpa, la ofensa, el mal, la impureza, la rebelión, la injusticia y la falta.[266] El sentido de la palabra como profanación de lo santo forma parte, sugerimos, de este sentido más amplio de infidelidad. La violación de las normas establecidas para acercarse a lo santo es una forma de infidelidad a la alianza y la relación establecida entre Yahvé y su pueblo.

En Esd 9.2, el término מַעַל (sustantivo) se ubica en una argumentación que nos remite a la tradición sacerdotal.[267] El

---

263 Victor P. Hamilton. "מעל: ma'al" en *TWOT*, 520.
264 Milgrom, *Leviticus 1-16*, 344ss. El término como descripción de la profanación de lo santo se encuentra particularmente en 2 Crónicas donde quienes se acercan al Templo indebidamente son castigados (2 Cr 26.16-18, 28.19,22-25; 29.19). En 2 Cr 26.14 la contaminación del Templo que Yahvé había santificado en Jerusalén se describe como מעל y es el motivo del castigo de Judá. En otros textos, מעל describe el sacrilegio contra el חרם (Jos 7.1; 22.29) y la construcción de un altar no autorizado (Jos 22.16ss). Dt 32.51 relaciona el término מעל directamente con dejar de mantener la santidad de Yahvé.
265 R. Knierim. "מעל m'l Ser infiel" en *DTMAT*, 1252-1255.
266 *Ibid.*, 1253.
267 Hayes, *Gentile Impurities and Jewish Identities*, 30. Esta autora define el uso del término מעל en Esdras específicamente como profanación. Según su argumentación, los "extranjeros" son genealógicamente profanos. Consideramos que esta

problema es la no separación, las abominaciones características de los pueblos citados, la mezcla entre lo santo (la semilla santa) y lo que no es (los pueblos de la tierra). Aquí y en 9.4, la preocupación parece estar enfocada sobre aquello que se relaciona con el ámbito de la santidad. Los requisitos del matrimonio con una "virgen de Israel" (cf. Lv 21.13-15; Ez 44.22), aplicados en otros textos únicamente a los sacerdotes por su cercanía al ámbito de lo santo, se aplican aquí a todo el pueblo de Israel (e.d., la *golah*). El criterio biológico para la santidad cierra la puerta a todos aquellos que quisieran "separarse de las impurezas" para incorporarse a Israel. Los límites de la comunidad son, sugerimos, más permeables en la primera parte del libro de Esdras porque el criterio no se limita a lo genealógico, sino también a una adhesión religiosa (cf. Esd 6.21). Esd 9-10 no reconocen la posibilidad de adhesión religiosa a la *golah*. La santidad del pueblo se basa en su genealogía. Pero mantener la santidad implica la separación de todo aquello que profane o contamine – como es el caso de las mujeres extranjeras de los pueblos de la tierra.

En Esd 10.2, 6, 10 y 19 el uso del término מעל está enmarcado claramente dentro de la relación con Yahvé y el cumplimiento de los mandamientos: "Hemos sido rebeldes (מעל) a nuestro Dios..." (10.2)... "Hágase según la ley" (10.3). En 10.10, la infidelidad (אשמה) se relaciona con la culpa por delitos cometidos (אשמה), que puede referirse a delitos cultuales como también al rompimiento de la alianza por otros motivos, como la idolatría (cf. Am 8.14). Este versículo se asocia con Esd 10.19 donde el delito (אשם) del matrimonio con mujeres extranjeras, requiere una expiación por medio de un sacrificio de reparación (אשמה).

Concluimos entonces, que el término מעל asume distintos significados en Esd 9-10. En la argumentación del cap. 9, es importante el aspecto de profanación, dado que la argumenta-

---

limitación del término a la profanación no responde al contexto del relato, donde también se expresa la preocupación general por la infidelidad en el sentido del incumplimiento de los mandamientos, de responder a la gracia de Yahvé nuevamente con pecado. Nuestra comprensión del texto abarca ambos sentidos del término como explicamos aquí.

ción es sacerdotal. En el cap. 10, donde la preocupación es por el cumplimiento de la voluntad de Yahvé, el término adquiere el significado de infidelidad y delito frente a Yahvé.

## 3. La gravedad del delito: estrategia retórica de Esd 9.3-10.1

Identificamos esta sección como una unidad retórica que busca convencer a quienes leen el texto que la separación de las mujeres extranjeras (y de todos aquellos considerados extranjeros) es necesaria para la supervivencia de la comunidad (i.e. definida según los criterios del grupo detrás del texto- *golah* β). El narrador utiliza diversas estrategias literarias para involucrar y comprometer al lector o la lectora psicológica y emocionalmente. No solo comparte la angustia de Esdras al escuchar la noticia de los matrimonios, sino que también involucra a toda la comunidad en el problema, al recordar los motivos que los llevaron al exilio. Desarrolla una argumentación teológica, basada en una interpretación de textos legales, con el fin de sustentar una posición de separación de la *golah* (los judíos) de los demás pueblos como algo fundamental, crítico, para la supervivencia del judaísmo. La incorporación de esta sección del texto, que podría ser producto de la redacción más tardía, convierte un relato que enfoca un problema particular, en una norma general para el pueblo judío postexílico.

### 3.1 Estructura de la unidad[268]

9.3-5 Duelo de Esdras y agrupación de la multitud

6 **Confesión de culpa**: *"estoy avergonzado y humillado...ante ti"*

7 <u>Pasado:</u> cautiverio, pecado y culpa

---

268 Adaptamos la estructura de los vv. 6-15 de Harm van Grol. "Indeed, Servants We are': Ezra 9, Nememiah 9 and 2 Choronicles 12 Compared" en Becking y Korpel, *The Crisis of Israelite Religion*, 210. La ampliación de la unidad para abarcar desde 9.3 a 10.1 es nuestra, como también el análisis de la estructura.

8 Presente: gracia de Yahvé

9a Pasado y presente: esclavitud

9b Presente: Yahvé no abandona, favor de Persia

10-12 **Confesión de culpa**: *abandono de mandamientos*

13 Pasado reciente: Yahvé concedió liberación inmerecida

14 Actualidad: abandono de mandamientos: culpa

15 **Confesión de culpa**: *"no podemos resistir en tu presencia"*

10.1 Duelo de Esdras y agrupación de la multitud

La oración de confesión (9.6-15) está rodeada por descripciones de la reacción de Esdras ante la noticia de la infidelidad de la *golah*. La primera descripción está en primera persona (9.3-5). El personaje de Esdras describe su dolor, su proceso de duelo y sus acciones ante la noticia que ha recibido. La descripción es gráfica y conmovedora; nos involucra en el sentimiento del personaje:

- rasgué mis vestiduras y mi manto
- me arranqué los pelos de la cabeza y la barba
- me senté desolado (9.3)
- permanecí sentado, desolado hasta la oblación de la tarde[269]
- salí de mi postración, rasgué vestiduras y manto
- caí de rodillas
- extendí las manos hacia Yahvé mi Dios (9.5)

El personaje nos informa que un grupo se reunió alrededor suyo. Este grupo, identificado como "los temerosos de las palabras del Dios de Israel", parece ser un grupo de personas que se acercan a Esdras porque comparten su sentimiento.[270] Encontra-

---

269 El narrador describe la desolación de Esdras con la palabra שׁמם que es la misma que describe, por ejemplo, la destrucción y el abandono de Judá, Jerusalén y el santuario en Jeremías (19.8,33.10) y Ezequiel (25.3,36.4) y el estado de Tamar luego de su violación en 2 S 13.20. Tanto en los gestos como en el uso de la palabra desolación, hay un sentido de la pérdida de algo preciado y de profundo dolor.

270 La identidad de estos temerosos (Esd 10.3; literalmente "todos los que tiemblan") ha sido investigada por Blenkinsopp, quien encuentra aquí un grupo dentro de la *golah* y los identifica con los "temerosos" de Is 66.2,5. Este grupo alrededor de Esdras parece tener un papel influyente en la *golah*, ya que Secanías, en Esd 10.3,

mos el mismo término en Esd 10.3 donde "los temerosos de los mandamientos de nuestro Dios" aconsejan a la *golah* que deben despedir a todas las mujeres extranjeras.

La unidad concluye en 10.1 con una nueva descripción del duelo de Esdras, esta vez ubicándolo espacialmente frente al Templo. El versículo está en tercera persona y funciona para unir el cap. 9 con el cap. 10. El efecto final es el de enfatizar la angustia y el dolor de Esdras. Aquí también una multitud se reúne alrededor de Esdras, pero en el 10.1 no sólo observan, sino que "lloran copiosamente" con él. Este versículo confirma la eficacia de los gestos y la oración de Esdras. Ha convencido a la comunidad de la gravedad de la situación.

Entre la introducción y el cierre narrativo de esta unidad, encontramos la oración de Esdras. La composición de esta oración, sugerimos, está diseñada cuidadosamente alrededor de los temas de castigo/exilio y salvación/remanente, los cuales se relacionan íntimamente con la temática de culpa, pecado, y vergüenza.

### 3.2   Confesión del pecado de la comunidad

La oración de confesión de pecados (9.6-15), se distingue del resto del relato no sólo por su género literario,[271] sino también por su acercamiento al problema de los matrimonios con extranjeras. No sólo confiesa los pecados pasados de Israel y los de la *golah*, sino que desarrolla también una fundamentación teológica, a partir de la ley, para el rechazo de la relación con extranjeros.

---

propone que se actúe conforme a los consejos de estas personas. En Isaías este grupo se caracteriza por su convicción de que solo ellos disfrutarán de la parusía, pero parece tener poco status y poder. Joseph Blenkinsopp. "A Jewish Sect of the Persian Period", CBQ, Vol 52, No.1, enero (1990) 5-20 y Blenkinsopp, *Ezra-Nehemiah*, 178-179.

271   Otto Eissfeldt. *The Old Testament. An Introduction.* Traducido del alemán por Peter Ackroyd. New York: Harper & Row, 1965, 18. Gerhard von Rad describe el género de las oraciones de Esd 9, Neh 9 y Dan 9 como doxologías judiciales que tienen como objetivo reconocer la culpa y declarar la justicia del castigo de Yahvé. Busca exaltar el poder y la justicia de la divinidad. (*Teología del Antiguo Testamento Vol. I.* Traducido del alemán por Victoriano Martín Sánchez, edición de Luis Alonso Schökel. Salamanca: Ediciones Sígueme, 2000, 439).

La oración de confesión es frecuente en el Antiguo Testamento. Usualmente busca el perdón de la culpa y una salida para evitar el castigo (cf. Jc 10.15). En algunos casos incluye un agradecimiento y el compromiso de fidelidad a Yahvé (cf. 1 S 12.10). Las oraciones más largas, como las de Esdras, Nehemías, Daniel y Baruc, incluyen un repaso histórico enfocando la infidelidad de Israel y exaltando la fidelidad de Yahvé (Esd 9.6-15; Neh 9.6-37; Dn 9.4-19; Ba 2.13-35,4.1-8; Sal 78 y 106).[272] La oración en Esd 9.6-15 se distingue de otras del mismo género en diversos sentidos:

a) La oración de Esdras no empieza alabando a Yahvé, como las otras oraciones citadas arriba, sino que inicia directamente con una confesión de humillación y vergüenza ante Yahvé. No busca asegurar a los y las oyentes que Yahvé es capaz de perdonar o salvar, algo que su situación presente comprueba por sí misma, sino más bien afirmar la gravedad de la culpa de la comunidad por el crimen cometido. Esta introducción establece el tono de la oración. Resuenan palabras que expresan vergüenza, pecado, culpa, humillación (cf. 9.6: vergüenza, humillación, pecado, culpa; 9.7: culpables, pecados; 9.13: malas obras, nuestras culpas; 9.15: nuestra culpa). La oración concluye con el mismo sentimiento de vergüenza: "no podemos resistir en tu presencia" (9.15).[273]

---

272  Eissfeldt, *The Old Testament*, 18.

273  El vocabulario de humillación y vergüenza está presente en Esdras y Daniel, pero no en Nehemías. Esdras empieza su oración expresando su vergüenza (בּוֹשׁ) y humillación (כְּלִם) por los muchos pecados que "se han multiplicado hasta sobrepasar nuestra cabeza, y nuestro delito ha crecido hasta el cielo" (9.6). Daniel describe como vergüenza (בֹּשֶׁת) el sentimiento colectivo frente al pecado y el castigo recibido (vv.7,8). Estos términos, entre otros, son característicos del vocabulario de vergüenza que encontramos en el Antiguo Testamento y que se opone al honor. El honor aumenta el status de la persona o grupo, mientras que la vergüenza lo disminuye. Lyn Bechtel, "Shame as a sanction of social control in Biblical Israel: Judicial, political and social shaming", *JSOT* 49 (1991), 54-55. El uso de la vergüenza como medio de control social en el Antiguo Testamento es analizado por esta autora, quien describe el efecto de la vergüenza en una sociedad orientada alrededor de la colectividad y no el individuo y donde el honor juega un papel importante. Una de las funciones de la vergüenza es: "...una presión que preserva la cohesión social en la comunidad por medio del rechazo y la creación

b) A diferencia de Neh 9 y los Sal 78 y 106, que hacen un largo recuento del pasado de Israel, Esd 9 se detiene estratégicamente en el pasado, sólo para establecer la relación entre el pueblo de Israel castigado (espada, cautiverio, saqueo y oprobio, 9.7) por Yahvé por sus culpas y pecados, y el Israel que ahora es acusado de una nueva traición ante Yahvé. Su objetivo no es recordar toda la trayectoria de Israel con Yahvé, sino señalar puntualmente la relación entre pecado/infidelidad y castigo, entre la gracia de Yahvé y la salvación.

c) El término más frecuente usado para describir la culpa de la comunidad en la oración de Esdras es אשמה (9.6,7,13,15), palabra que no aparece en las oraciones de Dn y Neh, ni tampoco en los Salmos citados. Este término se distingue por representar no solo el delito, sino también la culpa que resulta del delito cometido. Implica estar obligado a cargar con la culpa y a buscar una rectificación o expiación. En Esd 10.19 representa la expiación misma por medio del sacrificio.[274] La oración de Esdras resalta la necesidad de rectificar la situación delante de Yahvé. No solo hay culpabilidad, sino que esta culpa impulsa a la acción. Es una obligación de la comunidad frente a Yahvé y requiere una respuesta (9.15): "es una situación en la que alguien está o estará obligado a expiar el reato y en la que debe dar algo".[275] De una forma u otra la comunidad debe responder. Si no lo hace, Yahvé actuará para rectificar la culpa y eso solo puede significar el exterminio (9.14).

d) La visión del presente en la oración de Esdras es más positiva que la que encontramos en Nehemías, Daniel y Baruc. Esto es coherente con el objetivo de la oración, que busca con-

---

de distancia social entre miembros desviados y el grupo" (53). La expresión de vergüenza es una forma de ejercer presión sobre un grupo para que se conforme a los parámetros establecidos por la comunidad o, en este caso, por un grupo dentro de la comunidad que busca imponer su perspectiva sobre los demás. Esta función de la vergüenza es coherente con el objetivo de la oración en Esdras, que busca establecer su posición como normativa.

274  R. Knierim. "אשם 'āsām Reato" en Jenni y Westermann, *DTMAT Vol I*, 375-383.

275  *Ibid.*, 377.

trastar la dura experiencia del pasado con el momento de gracia, favor, restauración y seguridad del presente. La estrategia de la oración depende de esta comparación. El pasado es un recuerdo cruel, el presente es esperanza de vida para un remanente privilegiado. El delito cometido, según la oración, amenaza con el regreso a la situación anterior, o algo peor, el exterminio del remanente.

El favor de Yahvé que enfatiza la oración de Esdras se ha hecho presente en acciones que aportan a la situación favorable actual de la *golah*: "nos ha concedido la gracia de dejarnos un resto y de darnos una liberación" (9.8), "ha iluminado nuestros ojos y nos ha reanimado en medio de nuestra esclavitud" (9.8b), "no nos ha abandonado, nos ha granjeado el favor de los reyes de Persia" (9.9), "nos ha dado ánimo" (9.9b), "ha disminuido nuestros crímenes y nos ha concedido liberación" (9.13), "es justo" (9.15). El problema no es Yahvé, el problema es el comportamiento de Israel. La angustia expresada en la oración es que, después de todo lo que Yahvé ha hecho: "¿hemos de volver a violar tus mandamientos, emparentándonos con esta gente abominable?" (9.14).

e) Las oraciones de Nehemías, Daniel y Baruc incluyen una petición de que Yahvé actúe en favor de su pueblo que está sufriendo. En la oración de Esdras, sin embargo, no hay una petición para Yahvé y tampoco se le pide perdón por el delito de la comunidad. En esto se distingue de estas y la mayoría de las oraciones de confesión en el Antiguo Testamento. Su confesión no busca una acción de parte de Yahvé sino de la comunidad. Esto lo confirmamos en el uso de preguntas "retóricas" que están diseñadas para suscitar una sola respuesta: "¿qué vamos a decir, si después de todo esto, hemos abandonado tus mandamientos?" (9.10)... "¿hemos de volver a violar tus mandamientos, emparentándonos con esta gente abominable? (9.14).[276]

---

276  La profundidad del sentimiento religioso de la oración de Esdras no nos permite limitar su redacción a una función literaria o retórica. La redacción tardía que hemos propuesto para el cap. 9 nos permite pensar que la oración surgió en un momento posterior a la época de Esdras, frente a circunstancias de gran impacto

La oración, entonces, se basa en la culpa y el temor generados por la experiencia del exilio. Identifica el delito actual, la mezcla con los pueblos de la tierra, con los pecados que llevaron a Israel al exilio. La oración no describe cómo rectificar la infidelidad cometida, sino sólo sus consecuencias. Su preocupación es prevenir, establecer una norma y un ideal frente a lo que considera inconcebible: el matrimonio de judíos con personas de pueblos definidos como extranjeros. El énfasis en la responsabilidad de la comunidad indica que el texto busca reglamentar una forma de vida.

### 3.3 La interpretación de la ley

Parte de la estrategia de la oración de Esdras 9 consiste en la interpretación y aplicación de textos legales de otros contextos literarios a la situación que preocupa al narrador. La legislación que cita Esd 9.11-12 se basa particularmente en Dt 7.3, Dt 23.7 y Lv 18.24.[277] La acusación de los jefes en Esd 9.1-2 incluye también elementos de estos mismos textos. El narrador sustenta su argumentación con base en estos textos que formaban parte de la Torá que adquirió su forma final en la época Persa.

En Esdras, sin embargo, la legislación de Deuteronomio y Levítico, releída en un nuevo contexto, se convierte en parámetro para la relación del "verdadero Israel" (aquí la *golah*) con los demás pueblos (incluidos entre ellos, según nuestra lectura del texto, a los judíos no exiliados). En el cuadro a continuación indicamos cómo Esd 9.11-12 adapta los textos que utiliza como fuente.[278]

---

para el narrador original. Aunque no podemos determinar el *Sitz im Leben* original de la oración, comparte el dolor, el celo y la convicción que encontramos, por ejemplo, en 1 Mac 3.46-59, donde la reacción ante la profanación del Lugar Santo en manos de los griegos, empieza con ayuno y humillación, y donde la decisión de luchar contra los "paganos" se basa en la ley de Yahvé.

277 Milgrom, *Leviticus 17-22*, 1586, describe la lectura que hace Esdras como un *midrash*.

278 Señalamos los paralelos entre Esd 9.11-12 y los textos fuente con itálica, subraya-

| Esdras 9.11-12 | Fuente |
|---|---|
| *La tierra en cuya posesión* (ירש) *vas a entrar* (בוא)... | Dt 7.1a Cuando Yahvé tu Dios te haya introducido en *la tierra en la que vas a entrar* (בוא) *para tomarla en posesión* (ירש)... (Cf. Lv 20.24 ...Tomaréis posesión (ירש) de su tierra, la que yo os daré en posesión (ירש)...) |
| ...es una <u>tierra</u> impura (נדה) por la impureza (נדה) de las gentes de la tierra, por las <u>abominaciones</u> (תועבה) con que la han llenado de un extremo a otro con su <u>inmundicia</u> (טמאה). | Lv18.27 Porque todas estas <u>abominaciones</u> (תועבה) han cometido los hombres que habitaron el país antes que vosotros, y por eso la <u>tierra</u> se ha <u>contaminado</u> (טמא). |
| v.12a Así pues, NO DEIS VUESTRAS HIJAS A SUS HIJOS, NI TOMÉIS SUS HIJAS PARA VUESTROS HIJOS;<br><br>(cf. 9.2a ...han tomado para sí y para sus hijos mujeres de entre las hijas de ellos...) | Dt 7.2b-4 No harás alianza con ellas, no les tendrás compasión, ni emparentarás con ellas: TU HIJA NO LA DARÁS A SU HIJO NI TOMARÁS UNA HIJA SUYA PARA TU HIJO, porque apartaría a tu hijo de mi seguimiento, y serviría a otros dioses; y la ira de Yahvé se encendería contra vosotros y se apresuraría a destruiros... |
| v.12b <u>no buscarás jamás su</u> paz <u>ni su bienestar</u> | Dt 23.7 <u>No buscarás jamás su</u> prosperidad <u>ni su bienestar</u> mientras vivas |

do, cambios de fuente y términos en hebreo.

| Esdras 9.11-12 | Fuente |
|---|---|
| v.12c *a fin de que podáis haceros fuertes,* | Dt 11.8 Guardaréis todos los manda-mientos que yo os prescribo hoy, *para que os hagáis fuertes* y lleguéis a poseer la tierra a la que vais a entrar para tomarla en posesión... |
| **comáis lo bueno de la tierra** | Is 1.19 Si aceptáis obedecer, **lo bueno de la tierra comeréis.** |
| y la dejéis en HERENCIA A VUESTROS HIJOS PARA SIEMPRE. | Jos 14.9 Te juro que la tierra que ha hollado tu pie SERÁ HEREDAD TUYA Y DE TUS HIJOS PARA SIEMPRE, porque has sido fiel a Yahvé mi Dios. |

## a)  Esdras 9.11

Esd 9.11 toma frases de Dt 7.1 y Lv 18.27. Es probable que tanto Dt como Lv, en su forma final, sean producto del exilio,[279] pero el contexto histórico que recrean es la preparación del pueblo de Israel para la entrada a la tierra de Canaán. Las leyes son entregadas al pueblo por Moisés para asegurar la vida y la permanencia en la tierra que recibían de Yahvé. La primera frase de Esd 9.11 que es de Dt 7.1a, señala la identificación de la *golah* con el Israel que se preparaba para tomar la tierra de Canaán. El personaje de Esdras, como dador de la ley, asume rasgos de un nuevo Moisés, quien establece las normas para esta nueva etapa de vida en la tierra de la promesa.

La segunda parte del v.11 describe la tierra que van a tomar en posesión, con base en Lv 18.27. Lv usa la palabra טמא

---

279  Ver Crüsemann, *The Torah*, 204,282-283; Knohl. *The Sanctuary of Silence*, 224. Contra Jacob Milgrom. *Leviticus 1-16*,12, 27 y Menahem Haram. "Behind the scenes of history: determining the date of the priestly source", *JBL* 100/3 (1981), 321-333. Estos autores proponen una redacción final preexílica de Levítico.

para referirse a la impureza de la tierra (y de las personas, v.24)[280] como producto de las abominaciones cometidas, mientras que Esdras, como señalamos en el capítulo 3, usa la palabra נִדָּה. El uso de נִדָּה en este versículo, agrega a la falta moral una connotación de la impureza generada por una mujer como producto de un proceso fisiológico natural. La mujer no puede evitar esta impureza, no es algo que hace, *es producto de lo que ella es*. En Levítico la impureza es producida por procesos fisiológicos o acciones abominables. Las costumbres de los pueblos que habitan la tierra de Canaán son descritas como abominables y deben ser evitadas por Israel (Lv 18.30). En el Código de Santidad, hay un énfasis en una forma de vida, una práctica que identifique el pueblo y lo distinga de las demás naciones como consagrado a Yahvé: "Cumplid mis normas, guardad mis preceptos" (Lv 18.4), "no hagáis como se hace en Egipto...ni hagáis como se hace en la tierra de Canaán..." (Lv 18.3).[281] La justificación para la nueva práctica es la relación entre Israel y Yahvé: "Yo soy Yahvé, vuestro Dios" (Lv 18.5).

### b)   Esdras 9.12

Esd 9.12a, citando a Dt 7.3, prohibe los matrimonios con extranjeros en general. Sin embargo, en el resto del relato de Esd 9-10, la preocupación se concentra en las mujeres extranjeras. Sin duda el matrimonio de hombres extranjeros con mujeres judías debía ser igualmente común en Judá, tanto en la *golah* como entre los judíos que permanecieron en Palestina. La preocupación por

---

280   El texto señala una diferencia entre la contaminación de la tierra y la contaminación de las naciones. En el primer caso el verbo es qal y en el segundo es hitpael. La tierra no se puede contaminar a sí misma, es contaminada por las acciones de las personas.

281   El énfasis en la diferencia entre Israel y las naciones de Egipto y Canaán es una indicación, como mencionamos anteriormente, de que en realidad las diferencias no eran tan aparentes. Greifenhagen estudia lo que él llama "leer contracorriente" para reconstruir aquello que el texto busca encubrir respecto a la "pluralidad de visiones étnicas detrás de la Biblia Hebrea". ("Ethnicity In, With, or Under the Pentateuch", pr. 17-19).

mantener a la comunidad separada de los pueblos que residían en Palestina es clara en todo el libro de Esdras. Es aquí donde vemos cómo, en la redacción actual del relato, las mujeres extranjeras se convierten en una figura que *representa o personifica* la amenaza de lo extranjero. Por un lado, la mujer es fuente de impureza por su condición de género y, como extranjera (נכריה), es identificada con las abominaciones prohibidas a Israel (Lv 18.24) y con el seguimiento de dioses ajenos (Dt 7.3-4). *Las mujeres en Esdras 9-10 son doblemente extranjeras.*[282]

En Esd 9.12b –"no buscarás jamás su paz ni su bienestar"– encontramos una alusión clara a Dt 23.7, que se ubica en el contexto de la prohibición del ingreso de moabitas y amonitas a la congregación de Yahvé. Ambos textos reflejan una mentalidad de rechazo y descalificación frente a otros pueblos. El resultado de esta actitud exclusivista, según Esd 9.12, es la fortaleza del pueblo, la productividad y la tierra como herencia permanente. El bienestar de la *golah*, según Esd 9.12, depende de su separación y de su negligencia activa frente a los demás pueblos. Según esta lógica, la exclusión de unos (los muchos) garantiza la existencia de otros (los pocos).

La lectura que hace el narrador, en Esd 9.11-12, de las leyes de Deuteronomio y Levítico, busca sustentar teológica y legalmente una postura de separación y oposición a toda persona extraña a la comunidad. En este caso las personas extrañas a la

---

282 Mal 2.10-16, escrito, según la mayoría de los autores, poco antes de la época de Esd y Neh (ver Andrew Hill. Malachi. AB. New York: Doubleday, 1998, 77-84), reúne en un sólo término (בת־אל נכר): "hija de un dios extranjero"), la identificación entre las mujeres extranjeras y los dioses extranjeros. La preocupación del texto por el divorcio de los hombres con sus esposas judías es la consecuencia social del matrimonio con mujeres extranjeras, mientras que la consecuencia religiosa se expresa en términos de la adoración del dios de la mujer extranjera. Ver Beth Glazier-McDonald. "Intermarriage, Divorce and the *bat-el nekar*: Insights into Mal 2.10-16". *JBL* 106/4 (1987), 603-611. Según esta autora: "La *bat-el nekar* no era ni mujer extranjera ni diosa; era ambas cosas a la vez. Aquellos que se casaban con ella eran inducidos a seguir su culto y sus dioses" (610). . Este texto, al igual que Esd, enfoca el problema desde la perspectiva sacerdotal, como abominación y profanación de lo santo. Cf. Hill, *Malachi*, 255-259.

comunidad eran los judíos que no habían pasado por la experiencia del exilio. Con base en el linaje exílico, los pueblos de la tierra son designados como "extranjeros", a pesar del parentesco étnico y religioso que los une con la *golah*. Esta restricción de la comunidad a quienes son de la "semilla santa" se personifica en las mujeres extranjeras. Ellas representan el "caso ejemplar" de impureza y profanación. Esta identificación de la mujer extranjera con la infidelidad y la impureza está presente en otros textos del Antiguo Testamento. La diferencia fundamental que encontramos en Esdras es que el texto redefine los límites de la identidad para convertir en extranjeros a quienes, según otros criterios, no lo son. La redefinición de los límites, como veremos a continuación, no es consenso de toda la *golah*. La discusión que gira alrededor de la presencia de las mujeres extranjeras busca, en realidad, generar un consenso en un grupo en el que había profunda desintegración.

## 4. Esdras 10: las luchas detrás de la expulsión de las mujeres

Esdras 10, como señalamos en nuestro estudio de la composición del texto, contiene muchos de los mismos elementos que el capítulo anterior: el luto de Esdras, la agrupación de personas alrededor de Esdras, un grupo de temerosos de los mandamientos de Dios, la preocupación por obedecer la ley, la terminología de pecado, infidelidad y delito, la amenaza de la ira de Yahvé y la necesidad de mantener la separación de los pueblos de la tierra. El énfasis de este capítulo está en la propuesta que surge para rectificar la infidelidad cometida como única "esperanza para Israel" (10.2). Aquí, por primera vez, las mujeres extranjeras son designadas como נשים נכריות - ya no "mujeres de los pueblos de la tierra" - y el protagonismo que el narrador le había asignado al personaje de Esdras da paso a la participación de otros miembros de la comunidad.

# Excursus 5
## La נכריה y la זרה en el Antiguo Testamento

La mayoría de las mujeres extranjeras que aparecen en el Antiguo Testamento son descritas en términos de su procedencia étnica.[283] Dos términos, sin embargo, describen en forma genérica a mujeres extranjeras en la literatura exílica y postexílica, particularmente en Esdras, Nehemías, 1 Reyes y Proverbios. Con la excepción del libro de Rut, donde esta personaje se describe a sí misma como una נכריה, en los demás casos las mujeres a las que se refiere el texto no tienen nombre ni actúan en el texto. Son figuras que representan aquello que lleva a los hombres por el camino errado. Encontramos el término נכריה (extranjera) en Rut 2.10 y en Proverbios. El plural, נשים נכריות (mujeres extranjeras) aparece en 1 R 11.1,8, Esdras y Nehemías. Proverbios, además, utiliza la palabra זרה (extranjera), muchas veces en forma paralela o hasta intercambiable con נכריה. Definimos a continuación ambos términos y el significado que adquieren en los textos.

### 1. La נכריה

En 1 R 11, Esd 9-10, Neh 13 y Rt 2.10, נכריה adquiere el sentido de una mujer que no es (o no es reconocida como) de Israel.[284] Todos los usos de este término están acompañados por una valoración negativa en el texto, con la excepción de Rt 2.10. En 1 R 11.1-11, las נכריות son las mujeres que desvían el corazón de Salomón tras otros dioses. Nehemías relaciona a las נכריות con la pérdida de identidad cultural y el pecado de Salomón. En Esdras la presencia de las mujeres es expresión de la rebeldía e infidelidad de la *golah*. Aunque el libro de Rut valora en forma positiva la presencia de Rut en Belén, el capítulo 2.10 de este libro deja entrever la enemistad existente entre israelitas y moabitas y lo inusual que era actuar en forma bondadosa hacia una mujer de esa

---

283 Por ejemplo: Agar, egipcia; Judit y Basmat, hititas y Majlat, ismaelita (esposas de Esaú); Asnat, egipcia (esposa de José); Súa, cananea (esposa de Judá); Séfora, madianita/cusita (esposa de Moisés); hijas de Moab (Nm 25.1); Cozbi, madianita; Rajab, cananea; Jael, quenita; hija de los filisteos (esposa de Samsón); Jezabel, hija del faraón (esposa de Salomón); Jezabel, sidonia, entre muchas otras.

284 Lo que esto significa en forma concreta depende de la definición de "Israel". En 1 R 11, Neh 13 y Rt 2.10 la procedencia de la mujer extranjera de otra nación es bastante clara. No es así en Esd 9-10.

nación: "¿Cómo he hallado gracia a tus ojos para que te fijes en mí, que no soy más que una extranjera (נכריה)?"

En el contexto de Proverbios, el significado de נכריה se amplía para designar a "'esa que no es reconocida' en el sentido jurídico de la palabra 'reconocer' o 'esa que no es la suya'".[285] Washington la describe como una "adversaria 'extranjera' de la comunidad judía".[286]

## 2. La זרה

Proverbios asocia a esta mujer con el abandono del pacto con Yahvé, la muerte, la seducción, el engaño, el adulterio, una extranjera, una mujer callejera que no permanece en el hogar, la insensatez. En Proverbios, afirma Snjiders, "zar siempre presupone un nexo primario respecto al cual el zar es el extraño, la tercera persona ".[287] Es decir, el זר sería una tercera persona en una relación ya establecida entre otras dos personas (o grupos). Igualmente Humbert concluye que la זרה de Proverbios es otra que no es la esposa, la mujer de otro.[288] Camp define la extranjeridad de la נכריה y la זרה en Proverbios como producto de su género. "En Proverbios, la extranjeridad, no de nacionalidad, sino de género, recibe su más plena expresión."[289] Lo cierto es que en Proverbios, la mujer extranjera representa claramente aquello que desvía al hombre del camino correcto, pero ya no en términos teológicos y religiosos, sino éticos y morales. Las descripciones de adulterio, extranjeridad, necedad y del mal asociadas a la mujer extranjera en Proverbios se contraponen a la figura femenina de la sabiduría.[290]

---

### 4.1 El consenso de la comunidad

Esd 10 resalta la participación comunitaria en la decisión de expulsar a las mujeres extranjeras.[291] En los vv.2-5, bajo la

---

285  Humbert. "Les adjectifs zar et nokri et la 'femme étrangère' des Proverbes bibliques"en P. Humbert, *Opuscules d'un Hebraisant.* Neuchatel, 1958, 118.
286  Washington, "The Strange Woman of Proverbs", 230.
287  *Ibid.*, 58.
288  Humbert, "Les adjectifs zar et nokri", 118.
289  Camp, *Wise Strange and Holy*, 61.
290  Ver Gale Yee. "'I Have Perfumed My Bed with Myrrh': The Foreign Woman in Proverbs 1-9", *JSOT* 43 (1989) 53-68.
291  La palabra יָשַׁב (hifil) que usa el narrador para describir la relación entre los hombres y las mujeres extranjeras, traducido aquí "casarse", usualmente significa

iniciativa de Secanías, hay un llamado a la confesión, un juramento y un compromiso de despedir a las mujeres. A partir del v.6 encontramos una descripción más detallada del proceso de participación de la comunidad:

- Los líderes convocan una asamblea de la *golah* para tratar el tema (10.7).
- La comunidad responde a la exhortación de Esdras (v.11) con una estrategia para la expulsión de las mujeres (10.12-15).
- Los cabezas de familia se reúnen para tratar los casos y las mujeres son expulsadas (10.16ss).

En 13 de los 17 versículos de Esd 10 (excluyendo la lista de nombres), el narrador coloca la iniciativa y acción en manos de la comunidad. El personaje de Esdras actúa solo en cinco versículos. Sugerimos que con esto el narrador busca afirmar que la medida tomada no fue impuesta por una sola persona recién llegada a la comunidad, sino que fue producto de una decisión comunitaria. Con el personaje de Esdras el texto legitima y autoriza la decisión, pero con la participación de los demás la presenta como algo propio de la comunidad que la une alrededor de un objetivo común.[292] El consenso (aparente) reflejado en Esd 10.2-6, es cuestionado, sin embargo, por el relato más largo (y quizá el más cercano a la época descrita en el libro de Esdras), donde encontramos pistas – minimizadas por el texto – que sugieren conflictos y luchas al interior de la *golah*.

### 4.2 El conflicto "detrás" del consenso

En Esd 10 encontramos evidencia de conflictos internos en la sección de 10.7-17: a) la amenaza de pérdida de propiedad

---

"hacer que more" o " dar un hogar a" (cf. Lv 23.43; 2 R 17.6; 2 Cr 8.2; Jer 32.37; Ez 26.20). Solo en Esd 10.2,10,14,17,18 y Neh 13.23,27 se usa en el sentido de una unión matrimonial. Ver *BDB*, 443. El uso de este término palabras sugerir que no se consideraban válidas las uniones de los hombres de la *golah* y las mujeres "extranjeras". Ver Williamson, *Ezra,Nehemiah*, 150.

292  Cf. Jansen, *Witch-hunts, Purity and Social Boundaries*, 14.

para quienes no acuden a la asamblea (10.8), b) la oposición de algunos miembros de la asamblea (10.15), c) la extensa supervisión del proceso de identificación y expulsión de las mujeres extranjeras (10.1, 16-17), d) la lista de quienes se acogieron a la decisión de la asamblea (10.18ss).

Además de esta evidencia que aporta el cap. 10, una lectura del libro de Esdras desde la perspectiva de las luchas internas de la *golah*, sugiere que los conflictos surgen de problemas mucho más amplios que el matrimonio de algunos hombres con mujeres consideradas (por algunos) como extranjeras. Una revisión de los elementos que el texto aporta para legitimar al grupo de Esdras, evidencia las luchas de poder internas a la *golah* que se ubican en el ámbito de lo político, económico y social. Para identificar estos conflictos en el texto, haremos un breve recorrido por los capítulos 7 y 8 de Esdras:

a) Esd 7.1 coloca la misión de Esdras en el reinado de Artajerjes (465 a.C.). Este dato y la autoridad que el texto le otorga a Esdras nos llevan a explorar lo que estaba sucediendo a nivel político y social en ese momento.[293] Hasta el reinado de Jerjes (486 a.C.), padre de Artajerjes, los reyes persas habían mantenido una política bastante abierta hacia las provincias conquistadas. Enfatizaron la descentralización y se preocuparon por mantener un control administrativo, en muchos casos a través de los templos locales, más que la dominación militar de los súbditos. Los pueblos conquistados, a su vez, debían aportar gran cantidad de recursos (plata y oro) en forma de impuestos y tributos. Esto requirió la producción de excedentes agrícolas, lo cual agudizó la estratificación social y la concentración de tierras en manos de pocas personas pudientes.

Jerjes cambió la estrategia de gobierno y, en vez de apoyar la construcción de los templos como centros administrativos para el reino, destruyó templos y se preocupó por eliminar cualquier señal de nacionalismo o rebelión a nivel de las provincias.

---

293 Para el repaso histórico que sigue, nos basamos en Berquist, *Judaism in Persia's Shadow*, 87-127.

Aumentó la supervisión de los personeros persas en la provincia, restándole autoridad a los líderes locales. A la vez, Jerjes, como los emperadores persas anteriores, se enfrentó a las constantes rebeliones de Egipto.[294]

Artajerjes, con el fin fortalecer las fronteras con Egipto y asegurar la lealtad de Judá ante las rebeliones de Egipto, busca estabilizar la situación en Judá. En este contexto podemos ubicar el envío de Esdras a Judá. La ley que lleva Esdras de Persia a Judá refleja también la práctica del Imperio Persa.

b) Esdras llega a Judá, según el texto, en 458 a.c., cuando los primeros exiliados que habían regresado bajo Ciro, en 538a.c., ya tenían ochenta años de haberse establecido, "en sus respectivas ciudades" (Esd 2.70). Según Esd 6, este primer grupo había organizado la vida religiosa de la comunidad alrededor del templo. Habían sacerdotes y levitas, cada uno ejerciendo sus funciones. A partir del cap. 7, sin embargo, la nueva autoridad sacerdotal es Esdras (linaje del sumo sacerdote Aarón, cf. Esd 7.1-5). Como sacerdote y como escriba, Esdras automáticamente adquiere autoridad a nivel religioso y social. Esdras viene acompañado de sacerdotes, levitas, cantores y otros funcionarios del templo y trae gran cantidad de tesoros para el templo.

Si tomamos en cuenta la probabilidad de que, con el retiro del apoyo del rey Jerjes, el templo haya pasado por situaciones económicas difíciles, la llegada de un grupo de sacerdotes y levitas con tanta riqueza podría significar que venían a reemplazar o a imponer su control sobre quienes en ese momento fungían en el templo. El texto es ambiguo, pero observamos que al llegar a Jerusalén, el tesoro fue entregado al sacerdote bajo la supervisión de Eleazar, hijo de Pinjás y hermano Guersón, el primer nombre en la lista de los hombres que regresaron con Esdras (8.2). No es difícil deducir de lo anterior, los conflictos y las luchas de poder que esta situación habría provocado entre los diversos grupos sacerdotales de la *golah*.

---

294 Podríamos, quizá, ubicar la oposición del gobernador de Samaria a la reconstrucción de Jeruslaén en este contexto (Esd 4.8-23).

c) Esdras viene dotado no sólo de riquezas, sino también de autoridad. Según el cap. 7, Esdras: i) tiene autoridad para imponer la ley, ii) tiene autoridad para nombrar (¡reemplazar!) funcionarios administrativos y iii) tiene autoridad para solicitar fondos de los tesoreros de la satrapía. Lo anterior relativiza la validez de cualquier estatuto o norma legal que rigiera en Judá hasta ese momento; cuestiona la lealtad y efectividad del liderazgo local; pone los recursos generados por el trabajo de los campesinos, los impuestos y tributos, en manos de un recién llegado representante del imperio. Toda la vida de la comunidad judía en Judá, incluyendo la *golah*, se ve desequilibrada y cuestionada por la llegada de Esdras y la autoridad que ejerce.

d) Los acusados de participar en la rebeldía de los matrimonios con mujeres extranjeras son sacerdotes, levitas y el pueblo de Israel. Según la lógica del texto que hemos analizado en esta sección, debemos identificar estos acusados con miembros de la *golah* que ya tenían tiempo de vivir en Judá,[295] y cuyo comportamiento requirió que fueran reemplazados, o por lo menos cuestionados, por el grupo de sacerdotes y levitas que vinieron con Esdras.

Hay en el texto, entonces, evidencia de un conflicto entre dos (o más) grupos de la *golah*. La venida de Esdras es la forma en la que el narrador busca rectificar aquello que considera inapropiado en la vida de la *golah* y los conflictos que surgen son evidencia del sectarismo que empieza a surgir en el judaísmo de esta época. Con la llegada de Esdras, su rígida interpretación de la ley y su idea de la exclusividad de la *golah*, se pone freno al "desorden" que, según algunos, existía en Judá. Los intereses políticos y económicos implicados con la llegada de un nuevo representante del Imperio Persa con poderes extensos, son descritos en términos teológicos como la preocupación por la fidelidad a Yahvé y sus mandamientos. La fidelidad es definida como la demanda de mantener una separación absoluta entre la *golah* ("semilla santa" y las mujeres de los pueblos de Judá ("pueblos abominables").

---

295   El grupo que hemos designado como *golah* α .

## 5. Las mujeres extranjeras en Esdras y Nehemías: un estudio comparativo

Señalamos en el capítulo 2 las relaciones literarias y de contexto histórico entre las obras de Esdras y Nehemías. Ambas obras se ubican en el postexilio y ambas expresan una gran preocupación por la separación de Israel de los pueblos extranjeros. En ambos libros hay un rechazo al matrimonio con mujeres extranjeras (Esd 9-10; Neh 13.23-31), designadas como נשים נכריות. La comparación de estos relatos aporta elementos que aclaran nuestra comprensión de la función de las mujeres extranjeras en Esd 9-10.

Neh 13.23 señala claramente la nacionalidad de las mujeres extranjeras -asdodeas, moabitas y amonitas. No hay duda de que estos grupos vivían alrededor de y en Judá, y dos de ellos son mencionados en otras partes del libro de Nehemías donde el narrador describe la oposición de "los árabes, los amonitas y los asdodeos" frente a la obra de reparación de la muralla de Jerusalén (4.1). Neh 13.24 también ofrece una razón concreta para oponerse a los matrimonios con mujeres de estos pueblos: los niños están perdiendo su idioma y su identidad cultural. En Neh 6 también encontramos evidencia de un problema de alianzas entre sacerdotes de Judá y líderes de Samaria, en contra de Nehemías (Neh 13.28 alude a este problema).

El cap. 13 de Nehemías empieza con el descubrimiento por parte de la comunidad de la ley que prohibe la participación de amonitas y moabitas en la asamblea de Yahvé, haciendo referencia a la traición de Balaam en Nm 22-24. Esto lleva a la comunidad a definir que es necesario separarse de todas aquellas personas de descendencia extranjera. El cap. 13 concluye con la purificación de los que se habían casado con mujeres extranjeras, de todo lo extranjero (13.30). El libro de Nehemías no usa la palabra *golah* para referirse a la comunidad que se separa o que es purificada de lo extranjero. Este grupo es – simplemente - Israel. Los involucrados en los matrimonios son "judíos" (10.23), la mayoría de ellos sacerdotes (13.28-29).

A diferencia del libro de Esdras, donde el relato de los matrimonios extranjeros no especifica la identidad concreta de las mujeres, en el libro de Nehemías el problema parece estar relacionado con alianzas políticas entre judíos y líderes de pueblos cercanos que se oponen al liderazgo de Nehemías. El ejemplo de Salomón que encontramos en Neh 13.24 igualmente sugiere un problema de alianzas políticas. Explica Smith-Christopher:

...la política de asociarse con descendientes de Amón y Moab es una referencia al liderazgo local, mientras que en Esdras las categorías étnicas son más peyorativas que informativas.[296]

En Esdras, el matrimonio con las mujeres extranjeras es, en sí mismo, una infidelidad, identificado con las abominaciones y la impureza. En Nehemías, hay una preocupación cultural y, en la referencia a Salomón, una afirmación concreta de que las mujeres instigan a los hombres al pecado (13.26).

En el cap. 13, Nehemías responde con vehemencia a los matrimonios de judíos con mujeres extranjeras, mientras que Esdras responde con angustia y dolor. Nehemías asume por sí mismo la purificación de la comunidad, mientras que en Esdras la decisión de expulsar a las mujeres es una acción de la comunidad. La función retórica en Nehemías es claramente mucho menor a la de Esdras. Neh 13 también cita Dt 7.3 y usa a Salomón como ejemplo, pero su reflexión sobre las implicaciones del delito es limitada,[297] en comparación con la extensa reflexión teológica de la oración de Esdras.

De lo anterior podemos concluir que, a diferencia de Neh 13, Esd 9-10 tiene fines didácticos de mayor alcance. El papel de las mujeres extranjeras en Esdras funciona para legitimar teológicamente la posición de un grupo dentro de la *golah* que se

---

296    Smith-Christopher, "The Mixed Marriage Crisis in Ezra", 259. .
297    El mismo capítulo 13 describe la expulsión de Tobías el amonita de su aposento en el templo, el restablecimiento de los diezmos para el templo y para mantener a los levitas y cantores, la profanación del sábado.

considera autorizada para imponer su visión política y religiosa para la comunidad judía postexílica.

## Conclusión

En este análisis de Esd 9-10 hemos procurado enfatizar elementos que consideramos claves para comprender la expulsión, o el intento de expulsión, de las mujeres "extranjeras" de la *golah*. El estudio de la composición del relato es importante para leer este texto desde su intencionalidad teológica, religiosa y política en el judaísmo postexílico. A la vez que busca establecer una normativa para las relaciones entre judíos y no judíos, el texto refleja una serie de conflictos y luchas de poder al interior de la comunidad de exiliados repatriados en Judá.

La oposición básica que describe el libro de Esdras entre la *golah* y los "pueblos de la tierra" es el punto alrededor del cual giran todos los conflictos en el libro. Los "pueblos de la tierra", y no el Imperio Persa, representan la gran amenaza para la *golah* en su retorno a Judá. La apertura parcial a los "pueblos de la tierra" que encontramos en Esd 6.21 es punto de discordia en los capítulos 9-10 donde un nuevo grupo de exiliados, bajo el liderazgo de Esdras, impone una separación absoluta de los pueblos que residen en Judá.

La figura de la mujer extranjera representa, en términos teológicos, el peligro de ignorar los límites y las normas que el grupo de Esdras considera necesarias para la supervivencia de la comunidad. El vocabulario sacerdotal de separación, santidad e impureza, se une a una lectura deuteronómica de la experiencia del exilio como consecuencia de los pecados de Israel. De esta manera el grupo de Esdras toca las sensibilidades de los judíos que habían pasado por la experiencia del exilio, recordando la culpa, generando temor. En el personaje de Esdras el narrador presenta, desde una perspectiva teológica y humana, la convicción de que la separación de la *golah* de todos aquellos considerados extranjeros es algo absolutamente necesario para la existencia de la comunidad

Hemos sugerido que los "pueblos de la tierra" en Esdras incluyen no solo extranjeros en términos étnicos, sino también, y quizá primordialmente, judíos no exiliados. El énfasis en el linaje exílico y la experiencia del exilio como fundante y legitimadora de la *golah*, convierte a quienes no pasaron por ella en extranjeros. Esto no significa que Esd 9-10 no está preocupado por la relación entre judíos y no judíos. Lo que proponemos es que en el libro de Esdras, judíos "hermanos" son convertidos en extranjeros. Son considerados, al igual que los pueblos que habitaban en Canaán, impuros y abominables. Por ello Israel, el verdadero Israel, debe mantenerse separado de ellos.

Los criterios de pertenencia a la *golah* en los primeros seis capítulos del libro parecen ser más variables, o permeables. La lista de los exiliados que regresan, incluye personas que, al no encontrar su nombre en el "registro genealógico", son excluidos de ejercer el sacerdocio. En Esd 6.21 los criterios de pertenencia no se definen en términos genealógicos sino religiosos. La adhesión a Yahvé y la separación de la impureza permite que personas externas a la *golah* se unan a ella. Pero a la vez, en Esd 4.1ss, adoradores de Yahvé son excluidos de la obra de reconstrucción del templo e incluso son identificados como "enemigos de Judá y de Benjamín". Cuando tomamos en cuenta la perspectiva teológica del libro de Esdras, lo sorprendente no es la exclusión de personas externas a la *golah*, sino la inclusión de algunos en Esd 6.21.

Observamos en el capítulo 2 de esta investigación, que las actitudes tan distintas hacia grupos considerados extranjeros en el libro de Esdras, reflejan dos momentos o etapas en el retorno y la reconstitución de la *golah* en Judá. El primero, en los capítulo 1-6, se caracteriza por mayor ambigüedad y permeabilidad en las relaciones con los "pueblos de la tierra". El segundo, a partir del capítulo 7, establece, por medio de la expulsión de las mujeres "extranjeras", una postura más rígida de separación absoluta.

La posibilidad de adhesión a Yahvé y a la *golah* que encontramos en Esd 6.21, desaparece a partir de Esd 7 con el inicio de la misión de Esdras. La identidad de Israel es definida según linaje y elección ("semilla santa"). Los rescatados del exilio no han optado por Yahvé, Yahvé ha optado por ellos, los ha separado como pueblo suyo (cf. Lv 20.26). Estos dos criterios establecen límites fijos e impermeables alrededor de la comunidad.

Este conflicto, elaborado en términos teológicos por medio de la figura de las mujeres extranjeras, es en esencia una lucha por la definición del poder religioso y político en Judá.

El grupo de Esdras viene con autoridad del Imperio Persa, con una ley y con respaldo económico y político para imponerla. El texto establece las credenciales de este grupo, no solo por el apoyo del imperio, sino también en la representación de Esdras como un nuevo Moisés y en la equivalencia que establece entre la ley de Yahvé y la ley del rey (7.26). El conflicto generado por los matrimonios con mujeres extranjeras interpreta en términos teológicos las luchas que surgen en el judaísmo postexílico a partir de diferentes percepciones de la naturaleza de la comunidad, su relación con el imperio persa, los criterios de pertenencia a la comunidad.

En el libro de Esdras, particularmente a partir del capítulo 7, no existe el גֵּר y no hay condiciones bajo las cuáles una נכריה podría integrarse a Israel. La definición de lo que es aceptable o no dentro de Israel es reducido a un criterio étnico/religioso. Pero la perspectiva que encontramos en Esdras es una de varias posibles. Los libros de Crónicas, compuestos alrededor de la misma época que Esdras, nos ofrecen una visión mucho más amplia de Israel. En ella el extranjero que se une a Israel no es problemático en sí mismo. De hecho, el linaje de Judá en 1 Crónicas es étnicamente diverso.[298] El libro de Rut confronta la enemistad entre moabitas e israelitas, la prohibición a la incorporación de moabitas a Israel y el rechazo de mujeres extranjeras, incorpo-

---

298    Ver *Excursus 2*: "Extranjeros en los libros de Crónicas".

rando a una moabita al seno de Israel, incluso como antepasada del rey David.

El requisito de separación de la impureza, de fidelidad a Yahvé que fundamenta la argumentación de Esd 9-10, no es diferente al que encontramos en otros textos exílicos y postexílicos. La diferencia radica en los criterios que se establecen para esta separación y fidelidad. El mismo Código de Santidad que Esd 9.11 cita, preocupado sobre todo por la preservación de la santidad del pueblo y la tierra, acepta la presencia inevitable de extranjeros en medio de Israel. Is 56.1-7 asegura la incorporación a Israel de extranjeros (נכרי) fieles a la alianza:

> ..adheridos a Yahvé para su ministerio, para amar el nombre de Yahvé, y para ser sus siervos, a todo aquel que guarda el sábado sin profanarlo y a los que se mantienen firmes en mi alianza... (Is 56.6).

Detrás del lenguaje teológico de Esd 9-10, hemos procurado identificar los intereses políticos y las luchas de poder, pero no primordialmente entre la *golah* y los "pueblos de la tierra", tema que resalta en Esd 4. El conflicto que percibimos detrás del texto, a partir de la misión de Esdras en el capítulo 7, es un conflicto entre grupos de la *golah*. El grupo de Esdras viene a imponer una visión mucho más restringida de los criterios de pertenencia a Israel y, sustentando su posición teológicamente y con el apoyo persa, busca asegurar para sí el control político en Judá. Pero la desintegración interna de la *golah* se convierte en una amenaza. El conflicto alrededor de las mujeres extranjeras funciona para unir a la comunidad. El conflicto interno es reenfocado sobre un "otro extranjero", convertido en enemigo/a común.

Proponemos una lectura del problema en Esd 9-10 a partir del conflicto típico entre (pueblos) hermanos que caracteriza el libro de Génesis. Sólo un hermano, un linaje, es el elegido, la "semilla santa". Al igual que las naciones de Canaán representan lo inaceptable, lo extranjero que forma parte de Israel, las mujeres extranjeras representan el Israel rechazado por el grupo de Esdras como impuro y abominable por su linaje no exílico. Su designación como "extranjeras" asume aquí un matiz valorativo que va más allá de una descripción denotativa de su identidad étnica o procedencia geográfica.

En Esdras, a las mujeres les es asignada una función representativa de la infidelidad, la impureza, el camino hacia la destrucción de la comunidad. Representan lo "extranjero" que llevó a Israel al abandono de Yahvé por lo que que fue castigado por el exilio y, más grave aún, representan la amenaza de que vuelva a suceder. Esta función teológica interpretativa de las mujeres extranjeras como representantes del "mal camino", está presente en otros relatos del Antiguo Testamento, como la historia de las mujeres de Salomón (1 R 11.1-13), la historia de Jezabel (1 y 2 R), la de Sansón (Jc 14-16) y el relato de las mujeres moabitas en Nm 25.

En el siguiente capítulo estudiaremos brevemente el papel de las mujeres extranjeras en dos textos de redacción final exílica o postexílica: la historia de Jezabel en 1 y 2 Reyes y el relato de las mujeres extranjeras de Salomón en 1 R 11.1-13, con el fin de ampliar nuestra comprensión de la función de las mujeres extranjeras en Esd 9-10. Aportamos luego algunas conclusiones sobre las similitudes y diferencias entre la representación de las mujeres en Esd y los otros textos estudiados. Finalizamos el capítulo 5 con una propuesta para entender la función de las mujeres extranjeras en los textos y las razones por las cuáles la mujer es elegida para representar aquello que amenaza a Israel.

# Capítulo 5
## La mujer extranjera y la infidelidad de Israel

En nuestro estudio del problema de los matrimonios con mujeres extranjeras en Esd 9-10, analizamos la función literaria y programática que le es asignada a la figura de la mujer extranjera en este texto. Detrás de la polémica contra las mujeres extranjeras, encontramos reflejados los temores y las inseguridades de los exiliados, surgidas de la dominación extranjera, el exilio de la tierra y la amenaza de perder la identidad como pueblo. Los exiliados, ahora repatriados en Judá, definen criterios restringidos de pertenencia a Israel, con base en su experiencia de vivir como minoría dominada en medio de extranjeros y a la pérdida de las referencias nacionales anteriormente definidas por la monarquía, las fronteras territoriales y el templo.

La presencia de las mujeres extranjeras en Esd 9-10 es descrita por el texto como asunto de vida o muerte para la *golah*. Lo extranjero, que representa desorden, ambigüedad y muerte para Israel, se personifica en la figura de las mujer que adquiere, según el texto, el potencial de llevar a la *golah* a su destrucción. No es un rey, un ejército o un imperio lo que supone la más grave amenaza para la comunidad judía que se establece en Judá, sino, simplemente, unas mujeres. Y esta amenaza pasa necesariamente por la relación que establecen los hombres con las mujeres.

En el relato de Esdras, a las mujeres extranjeras les es asignada una función representativa de la infidelidad y la impureza que busca *explicar* – en el sentido más amplio de la palabra - las luchas y conflictos internos del judaísmo postexílico. El grupo de Esdras, por medio de la expulsión de las mujeres que denomina "extranjeras", busca imponer su autoridad y legitimidad política sobre los demás grupos (incluyendo otros exiliados repatriados y los "pueblos de la tierra"). El conflicto entre estos judíos hermanos se resuelve trasladando a las mujeres extranjeras la acusación de amenaza para el bienestar y la vida de la comunidad judía postexílica.

Esta función teológica y sociológica asignada a la mujer extranjera en la interpretación de situaciones sociales y políticas críticas en la vida de Israel, surge también en otros textos del Antiguo Testamento. En este capítulo, ampliamos nuestro estudio para explorar esta tesis en los relatos de Jezabel y Salomón en 1 y 2 Reyes. Procuramos identificar, por medio de estos relatos, características comunes en la representación literaria y teológica de las mujeres extranjeras, como también aquellas que son particulares al texto de Esdras. Cerramos el capítulo con algunas reflexiones sobre la elección de las mujeres como figura "expiatoria" (chivo expiatorio, si se quiere) en los textos, y algunas consideraciones de las implicaciones sociales del papel teológico que son asignadas las mujeres en Esd 9-10.

1. **El papel asignado a las mujeres extranjeras en momentos críticos de la historia de Israel**

La exclusión de todas las personas designadas como extranjeras en el libro de Esdras, tiene como objetivo la protección de la comunidad y sus intereses. Para estos judíos repatriados en Judá, no existía la posibilidad de convivir con pueblos o personas diferentes. La expulsión de las mujeres extranjeras expresa en forma gráfica la separación entre Israel y lo "diferente", algo que el personaje de Esdras presenta apasionadamente en el cap. 9 como indispensable para la supervivencia de la *golah*.

Una lectura conjunta de los cap. 7-10, nos lleva a sospechar que detrás del conflicto teológico de los cap. 9-10, hay un conflicto socio-económico y político, que hemos identificado en los capítulos 7-10 de Esd: una lucha de poder entre un grupo de exiliados ya establecidos en Judá y el grupo de Esdras que llega con la autoridad y los recursos necesarios para desafiar la organización social, política y religiosa existente en la región.[299] A nivel teológico, el conflicto es desarrollado en el texto como una preocupación por la relación que han establecido los primeros exiliados con los "pueblos de la tierra", que refleja criterios de identidad permeables que el grupo de Esdras rechaza.

El rechazo de lo extranjero como estrategia de supervivencia es aparente en los relatos de conquista en el libro de Josué y en los textos legales que abogan por la exterminación de los pueblos originarios de Canaán. Adolphe Lods señala, sin embargo, que

> La exterminación sagrada de los antiguos habitantes de Palestina no es...más...que un "piadoso deseo" de esos feroces adversarios del paganismo y que da la medida de la fobia que les inspiraban las influencias paganas. Es, efectivamente, *la expresión de un pesar*: he aquí cómo se debió proceder para preservar a Israel de la contaminación.[300]

El rechazo de los "extranjeros" (naciones cananeas, etc.) expresa, con terminología religiosa, lo que podemos reconocer como un rechazo de lo "cananeo" que existía *en Israel*, no sólo a nivel religioso, sino también cultural, político y social. Los textos que abogan por el rechazo, e incluso la exterminación de los pueblos de Canaán, nos revelan la inseguridad de un pueblo carente de poder a nivel político, militar y económico, en un contexto donde los movimientos de los grandes imperios y las naciones

---

299   Una expresión, en realidad, de los conflictos socio-políticos diversos entre grupos judíos en la época postexílica temprana y con mayor fuerza en la época griega.

300   Adolphe Lods. *Israel. Desde los orígenes hasta mediados del siglo VIII (a. de C.)*. Tomo XLI de *La Evolución de la Humanidad Tomo XLI*, México: UTEHA, 1956, 273.

vecinas amenaza su permanencia e identidad nacional. Israel define su identidad, su particularidad, en *oposición* a lo que designa como extranjero. La situación que encontramos en Esdras es, claramente, muy similar. Esd 9-10, escrito mucho después de la situación que pretende representar, y en un contexto de gran pluralidad como lo es el mundo en el que surge el judaísmo postexílico, representa, también, "la expresión de un pesar".

Al igual que en Esd 9-10, encontramos evidencia en otros textos del Antiguo Testamento de que los conflictos interpretados en términos religiosos entre Israel y lo extranjero (mujeres extranjeras), son en realidad luchas internas a Israel. Lo inaceptable para Israel es definido como extranjero, e identificado con las mujeres extranjeras; ésta es la estrategia necesaria para terminar excluyéndolo de Israel.

### 1.1   Jezabel y la lucha contra Baal

### a)      Jezabel: instigadora del mal

1 R 16-22 relata el reinado de Ajab en Israel. El narrador atribuye a Ajab los pecados de Jeroboán y, además, el culto a un dios extranjero: "No le bastó seguir los pecados de Jeroboán... sino que además, tomó por mujer a Jezabel..." (1 R 16.31). La consecuencia inmediata del matrimonio de Ajab con Jezabel, según el texto, es que Ajab "se puso a servir a Baal, postrándose ante el" (1 R 16.31) y eleva un altar a Baal en Samaria (1 R 16.32). En un solo versículo el narrador nos indica que: i) el matrimonio de Ajab con Jezabel es juzgado como un mal del mismo nivel (o peor) que la idolatría de Jeroboán;[301] ii) Jezabel es

---

301   Jeroboán estableció santuarios en Betel y Dan, con el fin de independizar a Israel del culto en Jerusalén. Posiblemente los becerros/toros de oro ubicados allí buscaban representar la presencia de Yahvé, así como lo hacía el arca en el templo de Jerusalén. También es probable que estos santuarios reflejaran el carácter sincretista de la religiosidad popular que incluía la adoración de dioses cananeos autóctonos junto con Yahvé (también característico de Judá). El deuteronomista enjuicia a Jeroboán con base en la exigencia de centralización del culto, algo muy posterior a la época de Jeroboán. Ver Donner. *História de Israel e dos povos vizinhos*. *Vol. 1*, 281-285; John Gray. *I & II Kings*. OTL. London: SCM Press, 1964,

seguidora de Baal (como indica el nombre de su padre, Itobaal); iii) Jezabel es una mujer de recursos con un nivel social similar al de Ajab y iv) el culto a Baal es introducido en Israel gracias al matrimonio con Jezabel. Estas afirmaciones fundamentan la interpretación que hace el redactor de la participación de Jezabel en la maldad del reinado de Ajab.

El relato del reinado de Ajab une diversas tradiciones de conflicto religioso y político.[302] Los textos que enfocan asuntos religiosos y domésticos destacan la participación de Jezabel y su influencia sobre Ajab. Este rey es caracterizado por sus alianzas extranjeras: por un lado, entra en relación con Jezabel; por el otro, establece un pacto con el rey arameo (1 R 20.26-34). Ambas relaciones son condenadas por un profeta de Yahvé y, como consecuencia de ambas relaciones, Ajab es condenado a muerte (1 R 20.42; 21.1-22).

La amenaza de Jezabel se describe en términos de su persecución a los profetas de Yahvé (1 R 18.4), y de Elías en particular (1 R 19.2), así como de su apoyo a los profetas de Baal (1 R 18.19). Pero su influencia sobre Ajab resalta especialmente en el relato de la viña de Nabot, donde el redactor le atribuye a Jezabel un papel protagonista (1 R 21). El narrador presenta a Ajab, un guerrero recién salido de la batalla (1 R 20), como un hombre débil, que a pesar de su poder, no logra arrebatarle la viña a Nabot. Ajab se enfrenta con las tradiciones tribales israelitas sobre la tenencia de la tierra y se ve obligado a respetarlas. Jezabel, en cambio, como extranjera, no siente ninguna lealtad a dichas tradiciones. Su estrategia se aprovecha de la misma organización

---

315; James Montgomery. *Kings*. ICC. Edinburgh:T&T Clark,1967, 254-257; E. Theodore Mullen. "The Sins of Jeroboam: A Redactional Assessment", *CBQ* 49 (1987)217. Según William M. Schniedewind, el tema de los pecados de Jeroboán es de redacción preexílica, mientras que la preocupación por el culto a dioses extranjeros refleja los intereses característicos de una redacción exílica. ("History and Interpretation: The Religion of Ahab and Manasseh in the Book of Kings", CBQ 55 (1993) 649-661).

302    Donner distingue: extractos deuteronomistas de los anales de los reyes de Israel, una colección predeuteronomista de sagas sobre Elías, narrativas históricas sobre las guerras de Israel contra los arameos y una obra historiográfica sobre la revuelta de Jehú. (A *História de Israel*, 299).

social tribal para lograr la muerte de Nabot y pasar el terreno a manos del rey.

El capítulo concluye con el castigo pronunciado sobre ambos Ajab y Jezabel. El texto original de esta condenación concluye, probablemente, con el v.19 que acusa directamente a Ajab de asesinar y tomar posesión de la viña.[303] La acusación de Jezabel (v.23), es una adición posterior proveniente de otra tradición. Las adiciones extienden el juicio sobre Ajab y agregan el castigo de Jezabel. La inserción de una evaluación de los hechos en los vv.25-26 le adjudica a Jezabel la responsabilidad no sólo por el suceso de Nabot, sino por todas las maldades de Ajab:[304]

No hubo otro como Ajab que se vendiera para hacer
el mal a los ojos de Yahvé,
*instigado por su mujer Jezabel.*
Actuó del modo más abominable, siguiendo a los ídolos,
*procediendo en todo como los amorreos*
a los que Yahvé había expulsado frente a los israelitas (1 R
21.25-26).

La estructura de estos versículos identifica la instigación de Jezabel con la actuación de los amorreos. Esto destaca su condición de extranjera como el problema principal y alude a una posible solución al problema. El relación de Ajab con Jezabel se

---

303   Gray, *I & II Kings*, 435-436; Albertz, *The History of Israelite Religion Vol 1*, 152 n.38. No entramos aquí en las implicaciones socioeconómicas del texto. Algunos autores lo consideran un reflejo de los abusos del reinado de Ajab, otros lo entienden como una alegoría de la infidelidad religiosa de Ajab. Sin duda la política centralizante de Ajab tuvo repercusiones económicas en la población. Desde esta perspectiva, podríamos considerar este aspecto económico como otro efecto de la influencia de Jezabel.

304   En cambio, 2 R 9.25-26 culpabiliza sólo a Ajab por el asesinato de Nabot. El asesinato de Jezabel, pocos versículos después, la asocia con "prostituciones y hechicerías" (infidelidad religiosa) pero no con el asesinato de Nabot. Sobre la responsabilidad de Jezabel en el texto, Donner, afirma: "Tales juicios subestiman a Acab y sobreestiman a Jezabel, cuya influencia podría ser ponderable solo en casos aislados, pero quien difícilmente estaba en condiciones de contrariar los fundamentos de la política omrida." (*História de Israel Vol 1*, 313). . Sobre la participación de Jezabel en el incidente de Nabot, ver Gray, *I & II Kings*, 435.

relaciona aquí con la prohibición a establecer cualquier tipo de pacto o relación matrimonial con pueblos autóctonos de Israel (Dt 7.1-5). Aunque Jezabel es fenicia y no proviene de los pueblos citados en Dt 7.1, en estos dos versículos el deuteronomista identifica su influencia sobre Ajab con el peligro de los pueblos de Canaán. La lucha contra Jezabel y Baal en 1 y 2 Reyes no es distinta a las exhortaciones de Dt 7.5-23 que buscan la destrucción total de todo lo relacionado con la adoración de otros dioses.

El efecto de Jezabel sobre Ajab es el de seducir/instigar/incitar (1 R 21.25b). Esta palabra, סות (hifil), aparece en Dt 13.7-12 describiendo, precisamente, el peligro de que un familiar (incluyendo la esposa) o amigo instigue a un israelita a adorar a otros dioses. Según este texto, un familiar que actuara de esta manera debía ser ser apedreado hasta la muerte, como castigo y ejemplo para otros:

> Si tu hermano, hijo de tu padre o hijo de tu madre, tu hijo o tu hija, la esposa que reposa en tu seno, o tu amigo que es como tu propia alma, trata de seducirte en secreto diciéndote. "Vamos a servir a otros dioses", que ni tú ni tus padres habéis conocido, de entre los dioses de los pueblos próximos o lejanos que os rodean de un extremo a otro de la tierra, no accederás ni le escucharás, tu ojo no tendrá piedad de él, no le perdonarás ni le encubrirás, sino que *le harás morir*; tu mano caerá la primera sobre él para darle muerte y después la de todo el pueblo. *Lo apedrearás hasta que muera, porque ha tratado de apartarte de Yahvé tu Dios...*

Lo que resalta en 1 y 2 Reyes es que el peligro de seguir los dioses extranjeros (que según el texto fueron expulsados de Israel por Yahvé con los amorreos) se enfoca en la figura de una mujer. Según el narrador, la erradicación de este dios extranjero requiere la muerte de los profetas de Baal, pero ésta no es suficiente sin la muerte de Jezabel. Como símbolo de este dios que amenaza la primacía de Yahvé en Israel, Jezabel debe morir (2 R 9.22). La muerte de Jezabel debería dar paso a la expulsión del culto a

Baal del reino del norte. Pero el culto a Baal no desaparece con la muerte de Jezabel, como da testimonio 2 R 21.3 y la polémica que asumen los profetas escritores contra Baal.[305] Desde el momento en que Jezabel aparece en el texto como esposa de Ajab, ella es responsabilizada por la infidelidad de toda la casa de Ajab. En Jezabel, el narrador crea una figura que articula todo el temor al culto a Baal que estaba adquiriendo respaldo oficial en el reinado de Ajab. Todos los reyes relacionados de alguna manera con Jezabel son enjuiciados por el narrador: "hicieron el mal a los ojos de Yahvé".[306] Este mal se describe como el seguimiento de otros dioses, específicamente Baal.

La influencia de Jezabel se extiende no sólo sobre la familia real, sino también sobre el pueblo de Israel. Ella es responsable de que Israel haya sido arruinado "por abandonar los mandatos de Yahvé y seguir a los Baales" (1 R 18.18). Elías le exige al pueblo que escoja un dios, Yahvé o Baal (1 R 18.22). Jezabel persiguió activamente a los profetas y siervos de Yahvé (1 R 18.4; 2 R 9.7). Las "prostituciones (זְנוּנִים) y hechicerías" de Jezabel son señaladas por Jehú, pretendiente al trono de Israel, como causantes del conflicto interno en el reino (1 R 9.22). Jehú mata a toda la familia de Ajab y, por medio de la violencia y el engaño, "erradica a Baal de Israel" y asume el trono (1 R 10.28). Todo esto remonta, según 1 y 2 Reyes, a la presencia e influencia de Jezabel.

El sustantivo זְנוּנִים (prostituciones) aparece, fuera de los libros proféticos, sólo en este texto de 1 R 9.22, donde se refiere a Jezabel y en Gn 38.24 donde describe cómo Tamar engaña a

---

305   Ver, por ejemplo, Os 2;11.2; Sof 1.4; Jer 2.8; 7.9; 9.13;11.13,17; 12.16;19.5;23.13,27; 32.29,35.

306   *Ajab* "tomó por mujer a Jezabel y se puso a servir a Baal postrándose ante el" (1 R 16.31). *Ocozías*, hijo de Ajab y Jezabel: "Rindió culto a Baal, se postró ante él e irritó a Yahvé, Dios de Israel, exactamente como había hecho su padre" (1 R 22.54). *Jorán*, rey de Judá, "Siguió el camino de los reyes de Israel, como había hecho la casa de Ajab, porque se había casado con una mujer de la familia de Ajab, e hizo mal a los ojos de Yahvé" (2 R 8.18). *Ocozías*, rey de Judá, hizo el mal a los ojos de Yahvé, por estar emparentado con la familia de Ajab (su madre era Atalía, hija de Jezabel) (2 R 8.27).

Judá para tener un hijo. Es interesante que, a pesar del uso de este término, el relato de Jezabel no la acusa en ningún momento de infidelidad sexual. De hecho, ella aparece como una buena esposa, preocupada por los intereses de Ajab. Pero el narrador describe la asociación de Jezabel con la infidelidad religiosa de Ajab e Israel en términos de prostitución. En los libros proféticos esta palabra (זְנוּנִים) siempre describe la infidelidad de Israel y su abandono de Yahvé.[307] Es decir, la infidelidad de Israel es descrita con la misma terminología que caracteriza la acción que realiza una mujer infiel o prostituta.[308]

Jezabel, la mujer extranjera, es responsabilizada por seducir a Israel a seguir dioses ajenos. Ella es la figura adecuada para este papel porque, como mujer, se une a la familia de su marido, pero no se desliga de sus costumbres de origen. Ella es la puerta de entrada, el ingreso de *lo extraño* a la familia y al reino de Israel. Y aunque Jezabel en 1 y 2 Reyes es un esposa ejemplar,[309] su nombre se ha convertido, hasta el día de hoy, en sinónimo de infidelidad, depravación sexual, mal e irrespeto a las convenciones sociales.[310] Su crimen es, desde el punto de vista del texto, es religioso. Ella es recordada en la tradición cultural de occidente, como una prostituta.

---

307   Con la excepción de Nah 3.4 que se refiere a Nínive como prostituta.
308   Ez 23.11,29; Hos 1.2; 2.4,6; 4.12; 5.4. La forma verbal זָנָה, de la misma raíz, significa prostituirse, actuar como una prostituta. Además de describir las acciones de mujeres específicas (cf. Gn 38.24; Lv 19.29; 21.9; Dt 22.21), este verbo describe la infidelidad de Israel por su seguimiento de otros dioses (Ex 34.15; Lv 17.7; Dt 31.16; Jc 2.17; 8.27,33; 1 Cr 5.25; Jer 3.1,6,8; Ez 6.9; 16.15,16,17,26,28,34; 23.3,5,19,30,43; Os 1.2; 4.12; 5.3; 9.1), como también el seguimiento de otros dioses provocado por el matrimonio o la relación sexual con mujeres de las naciones originarias de Canaán (Ex 34.16; Nm 25.1): "No toméis a sus hijas para tus hijas, pues sus hijas se prostituirán (זָנָה) con sus dioses y prostituirán (זָנָה) a tus hijos con sus dioses" (Ex 34.16).
309   Podemos comparar su actuación en 1 R 21 con la mujer ideal de Pro 31.
310   Es interesante observar, por ejemplo, la forma en que el término "Jezabel" se utiliza, principalmente en inglés, para describir a una "bad woman, hell-cat wench, slut,adultress;a flaunting woman of bold spirit, but loose morals." C.O. Sylvester Mawson, ed. *Roget™s International Thesaurus of English Words and Phrases*. New York: Thomas Y. Crowell, 1922; Bartleby.com, 2000.www.bartleby.com/110.

## b)    El conflicto político personificado en la mujer extranjera

Como hemos señalado, empezando con el reinado de Ajab en 1 R 16.29, los libros de Reyes revelan una fuerte polémica entre el culto a Yahvé y el culto a Baal. En el libro de 1 Reyes, el culto a Baal surge en Israel con el matrimonio de Ajab y Jezabel, hija del rey de sidonio,[311] y "desaparece" con la muerte de su hija Atalía (2 R 11.20).[312] La presencia de Jezabel, la reina extranjera, introduce este culto extranjero que amenaza la fidelidad de Israel a Yahvé. Esta unión se ubica probablemente dentro de la política comercial establecida con los fenicios por Omri y continuada por Ajab.[313] El efecto de esta política es interpretada en 1 Reyes como la institucionalización del culto a Baal, un culto extranjero.

Donner señala, sin embargo, que "La religión israelita no fue infectada por Baal, sino, por decirlo así, estuvo *desde el inicio* saturada de Baal".[314] La casa de Omri no se opuso al yahvismo (los nombres de los hijos de Ajab, por ejemplo, evidencian esto), pero permitió el fortalecimiento del culto a Baal y el establecimiento de santuarios a Baal, como el de Carmelo. Esto, sugiere Albertz, indica que a nivel personal Ajab continuó practicando el culto a Yahvé, mientras que a nivel estatal, los intereses políticos y económicos lo llevaron a una posición dualista que otorgó status oficial al culto a Baal junto con el culto a Yahvé.[315] En este

---

311    El término "sidonios" era un nombre colectivo para los fenicios. Jezabel era de Tiro, ciudad fenicia. Ver Donner, *História de Israel Vol I*, 311; Montgomery, *Kings*, 286.

312    El culto a Baal aparece nuevamente en 2 R 21, pero no en Israel sino en Judá, donde la maldad de Manasés es comparada con la de Ajab.

313    Ver Albertz, *The History of Israelite Religion* Vol 1, 149-150. Según este autor, la política de descentralización desarrollada por Jeroboán y la geografía de Israel aislaron al reino del norte política y económicamente. El reinado de Omri inicia un proceso de fortalecimiento del estado central y la búsqueda de relaciones políticas y comerciales con países vecinos, incluyendo Judá.

314    Énfasis nuestro. Donner, *História de Israel Vol I*, 314. . Cf. Albertz, *The History of Israelite Religion Vol 1*, 149.

315    *Ibid.*, 150.

contexto podemos entender la protesta de Elías como un reclamo a la política de la casa de Omri. El texto, sin embargo, enfoca la polémica como una lucha entre los dioses: Baal versus Yahvé.

La confrontación entre Baal y Yahvé, representada en 1 Reyes por la pugna entre Jezabel/Ajab y Elías, en realidad es una protesta contra la postura dualista de los reyes que fortaleció la religión cananea (y por consiguiente los intereses de la población cananea que vivía en las ciudades), en detrimento del yahvismo. Pero el conflicto no se limita a lo religioso. Este aspecto es, en realidad, solamente una expresión externa de los conflictos sociales y políticos que surgen de las políticas de los reyes de Israel a partir de Omri, padre de Ajab. Las relaciones comerciales y políticas que establecen estos reyes con pueblos vecinos fortalece a las ciudades (cananeas) y debilita a la población rural. Reinhard Albertz explica:

> La multiplicidad del mundo de los dioses refleja la confrontación de diversos intereses y las complicadas condiciones sociales de las altas culturas del Oriente Cercano. Así como éstos encuentran un equilibrio en la jerarquía monárquica, también el panteón encuentra unidad en tensión solo en el monarca... (La) lucha profética por la exclusividad de la relación de Israel con Yahvé fue al mismo tiempo una lucha contra los desarrollos sociales y políticos de la monarquía media y tardía contra la desintegración de la sociedad israelita en competencia de clases y sus alianzas políticas y la infiltración de extranjera en la sociedad. Fue sólo en el contexto de esta controversia que se formularon las prohibiciones en contra de los dioses extranjeros.[316]

El texto refleja también luchas entre pretendientes al trono, que buscan eliminar la casa de Ajab. Pero toda esta efervescencia es hábilmente trasladada en el relato sobre la figura de Jezabel. Ella es responsabilizada por los problemas sufridos durante el reinado de Ajab. Según el narrador, los problemas del reino no son responsabilidad de sus gobernantes, sino de la presencia

---

316    Albertz, *The History of Israelite Religion Vol I*, 63-64. .

de una mujer extranjera. Recurriendo a ella, el narrador minimiza la responsabilidad de Israel en aquellas prácticas religiosas inaceptables y descarga la responsabilidad por este culto inaceptable en la figura de una mujer extranjera.[317]

Lo "extranjero", sin embargo, no es tan distinto de "lo israelita"; los seguidores de Baal no son tan diferentes de los seguidores de Yahvé. Tanto Jezabel como Elías son impulsados por un celo que los lleva a perseguir y matar a quienes se le oponen.[318] (De hecho, las matanzas que el texto describe con mayor detalle son efectuadas por Elías y Jehú contra los profetas de Baal.) Elías y Jezabel se amenazan mutuamente, defienden sus propios intereses. Elías ridiculiza a Baal en Monte Carmelo, Jezabel "juega" con las tradiciones israelitas para lograr la condena de Nabot. Pero mientras que uno es alabado en el texto, la otra es severamente condenada.

En la figura de Jezabel, lo que el relato interpreta teológicamente como una lucha entre Yahvé y Baal,[319] es en realidad un conflicto de intereses sociales, económicos y políticos. Jezabel es responsabilizada por la popularidad y el respaldo oficial del culto a Baal en Israel, pero en realidad, el culto a Baal formaba parte de la religiosidad popular de Israel.[320] *El narrador busca atribuir a la mujer extranjera aquello que, siendo propio de Israel, quiere excluir como inaceptable para Israel.* Dentro de esta estrategia el narrador busca asociar lo extranjero con Baal, unión que se concreta en la figura de una mujer.

---

317   1 Reyes no reconoce la presencia del baalismo en Israel previo al matrimonio de Ajab con Jezabel.

318   Phyllis Tribble. "Exegesis for Storytellers and Other Strangers", *JBL* 114/1 (1995) 3-19, compara y contrasta los papeles de Jezabel y Elías en 1 Reyes.

319   Notamos que el texto no cuestiona la existencia de otros dioses, pero busca establecer la prioridad de Yahvé como elemento central de la fe de Israel.

320   De hecho, Yahvé tiene su origen entre los dioses de la religión cananea. Explica Patrick Miller: "Yahvé probablemente apareció en escena como el nombre cúltico de El y se fue convirtiendo en deidad distintiva en el proceso de diferenciación de los cultos de Yahvé en el sur de Canaán...". (*The Religion of Ancient Israel*. Louisville: Westminster John Knox, 2000, 25). Cf. Frank Moore Cross. *Canaanite Myth and Hebrew Epic: Essays in the History of the Religion of Israel*. Cambridge: Harvard Univ., 1973, 3-75.

## 1.2 Las mujeres extranjeras y la división del reino

### a) Desviaron el corazón de Salomón

Los capítulos 9-10 de 1 Reyes relatan los grandes logros de Salomón (especialmente la construcción del templo y el palacio), la fama de su sabiduría confirmada por una reina (¡extranjera!) y sus grandes riquezas. El capítulo 11, a partir del versículo 14, empieza a describir el proceso que lleva a la división del reino de Israel y concluye con la muerte de Salomón. Algo sucede entre la gloria de los capítulos 9-10 y la derrota del capítulo 11. Ese algo son las mujeres extranjeras que arrastran a Salomón tras dioses ajenos. La infidelidad de Salomón, motivada por estas mujeres, es la razón que da el narrador para explicar el triste desenlace de su reinado. Es indudable que los grandes excesos de la monarquía, descritos claramente en 1 R 9-10, generaron estragos en la población. Pero el narrador no explica la división del reino en términos de los problemas sociales, económicos y políticos, sino en términos religiosos (la infidelidad a Yahvé). Esta infidelidad es promovida por las mujeres extranjeras.

Las mujeres de Salomón proceden, según el texto, de naciones tradicionalmente enemigas de Israel, algunas de ellas citadas en Dt 7.3 (habitantes de Canaán) y otras en Dt 23.4 (vecinos excluidos de la asamblea de Yahvé). El redactor acusa a estas mujeres de desviar [321] el corazón de Salomón:

- ...*arrastraran* (חטה) vuestro *corazón* tras sus dioses (1 R 11.2)
- ...sus mujeres *inclinaron* (הטו) *su corazón* (1 R 11.3)[322]

---

321  חטה (hifil): desviar, apartar, retirar, conducir, inclinar, trasladar, torcer (Schökel, *Diccionario Bíblico Hebreo-Español*, 491); también: influenciar el corazón, llevar a la apostasía (*BDB*, 639). Con esta misma palabra Pro 2.2 exhorta al hijo buscar la sabiduría y describe la seducción de la mujer vestida de prostituta en 7.21 En Jos 24.23, inclinar el corazón hacia Yahvé implica eliminar los dioses extranjeros: "Entonces, quitad de en medio los dioses del extranjero e inclinad vuestro corazón hacia Yahvé, Dios de Israel" (Jos 23.23).

322  Esta frase no aparece en el texto griego.

- ...*desviaron* (חטה) *su corazón* tras otros dioses, y su corazón no fue entero     de Yahvé (1 R 11.4)
- ...por haber *desviado* (חטה) *su corazón* de Yahvé... (1 R 11.9).

Un sinónimo de נטה, סור (apartar, separar), describe, en Dt 7.5, el seguimiento de otros dioses como resultado del matrimonio con personas de naciones extranjeras. Este es el mismo término usado para describir el peligro que corre un rey que tiene demasiadas mujeres en Dt 17.17: "Que no multiplique sus mujeres, para que no *se aparte* (סור) *su corazón*".[323] Notamos que este texto no menciona a mujeres extranjeras en particular.

**b)    El peligro de apegarse a las mujeres**

Es probable que uno de los motivos de los muchos matrimonios de Salomón haya sido la necesidad de establecer alianzas políticas y económicas con otras naciones. Lo que el narrador nos dice, sin embargo, es que Salomón las amó y este *amor* arrastró el *corazón* de Salomón tras los dioses ajenos.[324] El verbo דבק (apegarse, unirse) describe la unión de Salomón con las mujeres extranjeras, motivada por el amor. Este mismo verbo describe, en Gn 34.3, el amor de Siquem por Dina, hija de Jacob y en Jos 23.12 describe el peligro de unirse (דבק) a las naciones que habitaban Canaán.

- A ellas se *apegó* (דבק) Salomón por amor... 1 R 11.2

---

323    Aunque Dt 17.14-20 también advierte que el rey no debe multiplicar sus caballos, ni su plata y oro, en 1 R 10, que describe las riquezas de Salomón (incluyendo caballos y oro), el narrador no critica la riqueza de Salomón, únicamente sus muchas mujeres (extranjeras).

324    Josefo describe la atracción de Salomón por las mujeres extranjeras y su poder sobre el: "Se volvió loco en su amor de las mujeres, y no se restringió en su lujuria... También empezó a adorar sus dioses, para gratificar a sus esposas y por su afecto por ellas...Salomón cayó de cabeza en placeres inapropiados...". Notamos que en la versión de Josefo, las mujeres no desvían ni arrastran a Salomón. El énfasis está en la falta de control de Salomón y su deseo desenfrenado por las mujeres; "Antiquities of the Jews" en *The Complete Works of Flavius Josephus*, 209.

- Su alma se *apegó* (דבק) a Dina, hija de Jacob, y amó a la muchacha...Gn 34.3
- Pero si os desviáis y os unís (דבק) a ese resto de naciones que quedan todavía entre vosotros, emparentáis con ellas... Jos 23.12.

En los tres casos, hay una referencia al matrimonio, implícita o explícita. En los tres casos, las consecuencias son negativas.

La reconstrucción de las etapas en la evolución de este texto revela que la participación de las mujeres en el descarrío de Salomón no formaba parte de la tradición original:[325]

| Primera redacción | Adiciones |
|---|---|
| v.1 El rey Salomón amó a muchas mujeres[326] | *Extranjeras... moabitas, amonitas, edomitas, sidonias e hittas,* |
| | *v.2 de los pueblos que había dicho Yahvé a los israelitas: No os unáis a ellas y ellas a vosotros, pues seguro que arrastrarán vuestro corazón tras sus dioses.* |
| v.3b El tuvo setecientas princesas y trescientas concubinas.[327] | *v.3a Pero Salomón se unió a ellas por amor.* |
| | *v.4 Al tiempo de su ancianidad, las mujeres de Salomón desviaron su corazón tras otros dioses y su corazón no fue por entero de Yahvé, su Dios, como el corazón de David su padre.* |

---

325   La reconstrucción del texto se basa en E. Würthwein. *Das Alte Testament Deutsch. Neues Göttinger Bibelwerk. Die Bücher der Könige. 1. Könige 1-16.* Göttingen, 1977, 130-135, citado en Ramírez, "Toda mujer es Dalila", 112 ; Montgomery, *Kings*, 232 y la *LXX*.
326   Según *LXX*. Ver también J.E. Ramírez. "Toda mujer es Dalila", 112
327   *Ibid.*, 112.

| | *v.5 Salomón marchaba tras Astarté, diosa de los sidonios, y tras Milcón, abominaión de los amonitas.* |
|---|---|
| v.6 Salomón hizo lo malo a los ojos de Yahavé, y no se mantuvo del todo al lado de Yahvé, como David su padre.[328] | |
| v.7 Por entonces Salomón edificó un altar a Camós, abominación de Moab, y a Milcón, abominación de los amonitas.[329] | |
| | *v.8 Lo mismo hizo con todas sus mujeres extranjeras que quemaban incienso y sacrificaban a sus dioses.* |

En un primer momento en la evolución de este texto, las mujeres no aparecían como causantes de la apostasía de Salomón.[330] De hecho, el texto favorece a Salomón, ya que la virilidad del líder era un indicador de que el pueblo tendría bienestar[331] y el reconocimiento de los dioses de naciones vecinos era algo usual en el ámbito de la diplomacia.[332] Por otro lado, los dioses mencionados, Astarté, Milcón y Camós, no eran extraños en Israel. La diosa Astarté era conocida como una diosa cananea, consorte de Baal. Las advertencias contra el culto a Milcón (Moloc) y Camós son muchas, especialmente en la historia deuteronomista y Jeremías. Según Gray: "...cuando Salomón construyó altares para Camós y Milcón, estaba estableciendo variedades locales de un culto ya practicado en Jerusalén".[333]

---

328  Según la reconstrucción de Montgomery, *Kings*, 232.
329  *Ibid.*, 232; Ramírez, "Toda mujer es Dalila", 112
330  Montegomery, *Kings*, 231-235.
331  Gray. *I & II Kings.*,274.
332  Montgomery, *Kings*, 233.
333  Gray, *I & II Kings*, 277. Contra Albertz quien afirma: "Probablemente deberíamos asumir que solo oficiales diplomáticos y reales participaron en ellos (*los cultos extranjeros*); la población más amplia no tenía nada que ver con ellos." (*The History of Israelite Religion* Vol 1, 149).

Las adiciones al texto[334] describen a las נשים נכריות como instigadoras de la infidelidad de Salomón. El desvío del corazón de Salomón desemboca en los conflictos internos de su reinado (cf. 11.14-25) y la división del reino de Israel (cf. 11.11-13,31-39). Es evidente que las mujeres son incluidas en un contexto en el que existía una preocupación por los matrimonios con mujeres extranjeras.[335] Como extranjeras, representantes de cultos extranjeros, se les asigna a ellas la responsabilidad por las acciones inaceptables de Salomón. De la misma manera en que Jezabel es responsabilizada por algo que ya existía en Israel, las mujeres de Salomón explican la presencia en Israel de cultos a otros dioses. Al identificar estos dioses como extranjeros y asociarlos con mujeres extranjeras, los cultos son doblemente sancionados: representan infidelidad a Yahvé y son producto de la influencia (seducción) de una – o varias – mujeres.

c) El reino de Israel en manos de las mujeres extranjeras

Pero cuando revisamos el relato del reinado de Salomón, nos damos cuenta de que el texto describe situaciones que producen la insatisfacción y rebelión de diversos sectores contra las políticas de Salomón. Encontramos evidencia de que el reinado de Salomón significó una carga fuerte para gran parte del pueblo de Israel.[336] En 1 R 4, la centralización de la monarquía durante el reinado de Salomón desarticuló las estructuras y la influencia de los clanes (basados en la sociedad tribal),[337] la solidaridad interna y la producción agrícola de subsistencia, obligando al pueblo a

---

334 Preexílicos: Gray, *I & II Kings*, 231; exílicos: Pfeiffer, quien considera que 11.1,3,7a,8 como texto original y 11.2,3-5, 7b, 9-10 como producto de revisión posterior (*Introduction to the Old Testament*, 389); postexílicos: Camp, *Wise, Strange and Holy*, 154.

335 Esto se agudiza a partir del postexilio, según vemos reflejado en Esdras y Nehemías.

336 1 Reyes 4 nos da una idea de la carga económica que significan las obras de Salomón y su estilo de vida para el pueblo. Dividió el reino en doce distritos y cada uno tenía que abastecer el palacio durante un mes al año. Aunque Salomón no hizo trabajar a los israelitas como esclavos, implementó una leva y mandó a 30.000 al Líbano a extraer piedra para el templo (1 R 5.27ss). Ver Donner, *História de Israel e dos povos vizinhos. Vol. 1*, 254ss.

337 Albertz, *The History of Israelite Religion*, Vol 1, 113.

producir un excedente para pagar los impuestos necesarios para mantener el estilo de vida de la monarquía, las edificaciones constantes, las guerras y la protección de las fronteras del reino (cf. 1 R 4; 5.27ss).[338] Los adversarios de Salomón (1 R 11.14ss), la secesión de las tribus del norte y la división del reino bajo el liderazgo de Jeroboán explicadas en 1 R 12.1ss, tienen que ver directamente con las políticas de esta rey y la carga que había puesto sobre el pueblo (1 R 12.4).

Al ubicar a las mujeres extranjeras entre la descripción del reino de Salomón como reino ideal (1 R 5.1-10.29) y un relato que reúne todos los problemas y conflictos generados por este reinado (1 R 11.14-12.33), el narrador responsabiliza a las mujeres extranjeras por los problemas de este "reino ideal". El papel asignado a las mujeres es el de aportar la explicación teológica para la división del reino. Como en los relatos de Esdras y de Jezabel, las mujeres extranjeras funcionan para justificar o explicar las amenazas, conflictos y problemas de la sociedad.[339]

## 2. La función teológica asignada a las mujeres extranjeras en los relatos

### 2.1 Las luchas de poder y las mujeres extranjeras

En los textos que hemos estudiado, identificamos diversas luchas de poder detrás de la inculpación de las mujeres extranjeras:

---

338 Ver Donner, *História de Israel e dos povos vizinhos*. Vol. 1, 254ss.

339 Adele Reinhartz explica: "...las consortes reales son obligadas a llevar una carga pesada como el motivo del proceso de que resulta en la división del reino y la eventual destrucción tanto de Israel como de Judá. La ausencia narrativa de sus nombres e hijos...sugiere el deseo del narrador de que estas mujeres mismas hubiesen estado ausentes de la vida de Salomón". ("Anonymous Women and the Collapse of the Monarchy: A Study in Narrative Technique" en Athalya Brenner, editora. *A Feminist Companion to Samuel and Kings*, FCB, Sheffield: Sheffield Academic Press, 1994, 48). . Nosotros consideramos, sin embargo, que la presencia de las mujeres es fundamental para el narrador. No tienen nombre ni historia porque no son sujetos, sino figuras que justifican teológicamente los hechos políticos del reinado de Salomón. Sin ellas, toda la responsabilidad por la división del reino caería sobre Salomón. El narrador "exculpa" a Salomón con la presencia de estas mujeres extranjeras.

a) *En el relato de Jezabel*, la lucha por la hegemonía del yahvismo representa la oposición a las políticas de la casa de los omridas. Encontramos una alusión a la política centralizadora de Ajab en el relato de la viña de Nabot y la defensa del derecho tradicional de pertenencia de la tierra.

b) *En el relato de Salomón*, la división del reino es atribuida, en términos teológicos, a la influencia de las mujeres extranjeras sobre el rey. El texto mismo nos informa de las luchas internas contra las políticas de Salomón y su hijo Roboán que llevaron a la división del reino (cf. 11.26-12.33).

c) *En Esd 9-10*, los conflictos internos de la *golah* y la lucha por el poder religioso y político en Judá enfocan la relación con las mujeres extranjeras como amenaza que podría llevar al exterminio de toda la comunidad.

En cada uno de estos momentos de la historia de Israel, está en juego una lucha entre grupos internos a Israel por el control de la definición de la identidad política y religiosa del pueblo. En cada caso, las mujeres extranjeras representan y "explican", en términos religiosos, la opción por el camino erróneo y la postura equivocada.

## 2.2 Induciendo a los hombres a servir a otros dioses

En los textos analizados, podemos percibir un desarrollo en la representación de la figura de la mujer extranjera. En algunos, como el relato de Jezabel, la mujer extranjera asume un papel como sujeto en el texto: participa en los diálogos, actúa bajo iniciativa propia, entra en conflicto directo con otros personajes. Ella es condenada tanto por lo que hace, como por inducir a Ajab a hacer el mal. En el relato de Salomón, en cambio, las mujeres no realizan acción alguna, no tienen nombre ni palabra, pero se les atribuye la capacidad de desviar el corazón de Salomón. En 1 R 11 las mujeres extranjeras son figuras que explican las acciones de Salomón. Vemos en este texto la caracterización del problema de las mujeres extranjeras como instigadoras o seductoras. Las consecuencias de esta influencia de las mujeres extranjeras son descritas en términos teológicos:

| 1 R 25.26 | 1 R 11.4 |
|---|---|
| <u>instigado por Jezabel</u>, Ajab "hizo el mal a los ojos de Yahvé ...actuó del modo más abominable, siguiendo a los ídolos" | <u>desviado por sus mujeres</u>, Salomón marchó tras los dioses de los pueblos extranjeros y "su corazón no fue por entero de Yahvé su Dios". |

Nm 25.1-5 es otro texto en donde las mujeres extranjeras son responsabilizadas por desviar a Israel. Allí descubrimos que el resultado de una relación entre los hombres de Israel y las mujeres de Moab ("Israel se puso a fornicar con las hijas de Moab", Nm 25.1), es que Israel (los hombres) se postran ante los dioses de Moab. Las mujeres invitan, los hombres aceptan, se postran ante los dioses de las mujeres y se adhieren al Baal de Peor (Nm 25.2-3). Aunque los hombres son castigados, el texto claramente identifica a las mujeres como responsables de la iniciativa: "Precisamente ellas condujeron a los israelitas a prevaricar contra Yahvé ..." (Nm 31.16).[340]

Neh 13.26 utiliza el ejemplo de Salomón para enfatizar el peligro de las mujeres extranjeras. Aquí también son ellas "las que hicieron pecar" a Salomón. Aunque la preocupación de los textos es por el pecado y la infidelidad de los hombres, las mujeres extranjeras explican la decisión que induce a los hombres a optar por el mal camino.

El peligro de las naciones extranjeras que desvían a Israel tras el seguimiento de sus dioses, es representado en términos de la seducción de una mujer – la mujer extranjera. Lo incomprensible del continuo abandono de Yahvé por parte de Israel es explicable, según esta imagen, por la presencia de lo extranjero

---

340 Este texto señala que las mujeres actuaron bajo instrucciones de Baalán. Sin embargo, no fue Baalán quien "condujo" a los Israelitas, sino las mujeres extranjeras.

en la relación entre el hombre y la mujer. Ex 34.15-16 identifica con claridad la relación entre mujeres extranjeras y dioses extranjeros. La relación con la primera lleva, inevitablemente, a lo segundo. El problema se establece aquí como un problema de seducción.[341]

## 2.3 Su presencia representa infidelidad e impureza

En Esd 9-10, y otros textos que señalamos a continuación, la caracterización de las mujeres se encuentra aún más desarrollada a nivel teológico. Las mujeres no necesitan "hacer" algo para provocar la infidelidad de Israel. No son sujetos en el texto, su sola presencia es signo de infidelidad – descrita en términos de impureza y abominación. El narrador repetidamente identifica la infidelidad de la *golah* como producto de la relación con las mujeres extranjeras. El problema es la ausencia de separación (בדל), la mezcla (עבד, 9.2), el matrimonio (התן, 9.13) y la convivencia (יֹשַׁר: hacer morar/permanecer, 10.2,10) con mujeres extranjeras.

Aunque el término נכריה nos remite a otros textos donde las mujeres son caracterizadas como seductoras, instigadoras y desviadoras, esta terminología no aparece en Esd 9-10. Ellas son identificadas con abominaciones como las de los pueblos enemigos de Israel (9.1), con la impureza (9.11) y como una amenaza para el bienestar de la *golah* (9.12,14; 10.2,10), pero no por algo que hacen, sino por su presencia medio de la "raza santa,"[342] su convivencia con los hombres de la *golah*. De esta manera, el texto define en forma absoluta los límites entre la *golah* y los pueblos de la tierra. Las mujeres extranjeras no tienen la posibilidad de "adherirse... para buscar a Yahvé" (cf. Esd 6.21), para formar parte de la comunidad. Un cambio de comportamiento y de lealtad no es condición suficiente para que ellas sean aceptadas en la

---

341 El texto refleja también la concepción de que las mujeres son más propensas a dejarse seducir por el mal y que, por medio de ellas, entonces, el hombre se deja seducir (cf. Gn 3).

342 Zlotnick-Sivan, H. "The Silent Women of Yehud: Notes on Ezra 9-10", JJS, Vol LI, No 1 (2000) 10.

comunidad.[343] Esd 9-10 define, por medio de estas mujeres, un límite infranqueable entre la *golah* y el resto de la población de Judá y sus alrededores.

### a)    Nm 25.6-18

En Nm 25.6-18, encontramos otra mujer extranjera a quien le es atribuido el peligro de traer impureza a Israel. Se trata una mujer madianita, Cozbí, quien es acercada (קרב) a la Tienda del Encuentro por un hombre israelita, Zimrí. Este acercamiento a la entrada de la Tienda del Encuentro ubica a Cozbí en un espacio reservado, según Nm 3.38, únicamente para el sacerdocio de la casa de Moisés y Aarón: "Cualquier laico (זר) que se acercara (קרב) sería muerto".[344] En este relato, a diferencia de los relatos de Jezabel y Salomón, la mujer extranjera no es caracterizada como seductora, ni su comportamiento es descrito en términos de prostitución (ni siquiera metafórica). El problema con Cozbí es su presencia en un espacio reservado para Israel para ciertos grupos de hombres dentro de Israel. La mujer extranjera se ha acercado (קרב) a un espacio prohibido para el זר, y el castigo es la muerte (cf. Nm 3.38). Cozbí amenaza lo santo porque ella es זרה en todos los sentidos del término: es extranjera por su etnia, por su religión y por su género. Su presencia es un peligro para Israel.

---

343   A diferencia del libro de Rut que expresa una alternativa al exclusivismo extremo propuesto por Esdras. Ver Tikva Frymer-Kensky. *Reading the Women of the Bible. A New Interpretation of Their Stories.* New York: Schocken, 2002, 255-256; Berquist, *Judaism in Persia's Shadow*, 222-225; Martha J. Reineke. *Sacrificed Lives. Kristeva on Women and Violence.* Bloomington: Indiana Univ., 1997, 188-189.

344   Lv y Nm son ambiguos respecto al punto hasta dónde podía llegar un laico en el espacio del Tabernáculo. Algunos textos señalan la presencia de laicos dentro de la entrada de la Tienda del Encuentro (Nm 10.3; Lv 8.4), mientras que otros prohiben acercarse a la entrada (Nm 3.28). El ingreso de un extranjero, en cambio, era absolutamente prohibido. Una nota en la BJ³, con referencia a Ez 44.9 (que prohibe el ingreso de cualquier incircunciso/extranjero al santuario), es indicación de la seriedad con que se respondía a este delito: "Todavía en tiempos de Jesucristo se leía en el templo de Herodes esta inscripción...:'Ningún extranjero penetre en el interior de la balaustrada y del recinto que rodean el santuario. El que sea sorprendido, a nadie deberá acusar más que a sí mismo de la muerte que será su castigo'".

En textos como Jubileos y el Testamento de Leví, que reflejan la lucha del judaísmo frente a la "invasión" del helenismo, la preocupación por la "mezcla" de judíos con gentiles es descrita en términos de inmoralidad e impureza sexual. La unión de un judío con una mujer considerada no-judía es, *en sí misma*, un pecado que amenaza a toda la comunidad.

## b) Tobías

El libro de Tobías es una obra apócrifa judía escrita alrededor del año 200 a.C. en la diáspora oriental. El libro expresa la preocupación del judaísmo por mantener su identidad en un ambiente extranjero.[345] La familia es el contexto en el cual se transmite la herencia cultural del judaísmo, con énfasis en la importancia de obedecer la ley, actuar con caridad hacia el propio pueblo y mantener el matrimonio dentro del linaje del padre.[346] Tobit, encontrándose próximo a la muerte, aconseja a su hijo Tobías. Entre sus consejos encontramos la siguiente advertencia respecto al matrimonio:

> Guárdate, hijo, de todo tipo de *inmoralidad sexual* (πορνεία); en primer lugar, toma mujer del linaje de tus padres. *No tomes a una mujer extranjera que no pertenezca a la tribu de tu padre*, porque somos descendientes de profetas. Recuerda, hijo, que desde siempre nuestros padres, Noé, Abrahán, Isaac y Jacob tomaron mujeres de entre sus hermanas y fueron bendecidos en sus hijos, de modo que su estirpe poseerá la tierra en herencia (Tob 4.12).

Aquí encontramos, como ejemplo de la inmoralidad sexual, el matrimonio con una mujer extranjera. Al igual que en Esd 9, este tipo de matrimonio es rechazado con base en la exclusividad de la raza. En Esd 9.2 el pueblo es "semilla/raza santa"; en Tob 4.12 el término usado es "descendencia de profetas".

---

345 José Vílchez Líndez. *Narraciones III. Tobías y Judit*. Verbo Divino: Estella, 2000, 39.
346 Biblia Cantera Iglesias, 886.

Ambas expresiones manifiestan una consciencia de ser apartados y diferenciados de las demás descendencias y razas. [347]

c)   Testamento de Leví

El Testamento de Leví forma parte de una obra judía llamada *Testamento de los Doce Patriarcas*, compuesta durante el período macabeo (ca 150 a.c.). [348] El libro relata las últimas palabras de cada uno de los hijos de Jacob, enfatizando la devoción a la ley y la piedad. Característico de los *Testamentos* es el énfasis en ideales morales y éticos basados en la moderación y la templanza, apelando a la consciencia. [349] El peligro de las mujeres, por su maldad y su capacidad de seducir al hombre, resalta particularmente en el Testamento de Rubén (3.9-4.11; 5.1-7) y el Testamento de Judá (15.5-6). La advertencia contra las mujeres extranjeras (cananeas y gentiles) aparece diversas veces en el Testamento de Leví (9.9-10; 14.6) y en el Testamento de Judá (11.1-5; 13.1-8; 14.6).

En el Testamento de Leví 9.9, Leví recuerda la exhortación de Isaac, quien preveía que su hijo sería sacerdote (TestLev 9.3).

Guárdate, hijo, del *espíritu de fornicación*, pues es perseverante y va a *profanar* el santuario por medio de tu descendencia. Toma mujer en tu juventud, irreprochable y sin mancilla, y que no proceda de estirpes extranjeras. [350]

Aquí el matrimonio con una mujer extranjera es designado como fornicación o prostitución. Este narrador agrega el elemento de impureza que no encontramos en Tobías. El matri-

---

347   Al igual que Esd 9.12, este texto también identifica la obediencia a este precepto con la tierra como posesión y herencia para los hijos.

348   James H. Charlesworth, editor. *The Old Testament Pseudepigrapha Vol 2*. New York: Doubleday, 1985, 778; Alejandro Diez Macho. *Introducción General a los Apócrifos del Antiguo Testamento*. Cristiandad: Madrid, 1984, 266.

349   Charlesworth, *The Old Testament Pseudepigrapha Vol. 2*, 779-780.

350   Trad. de Antonio Piñero en Alejandro Diez Macho, editor. *Apócrifos del Antiguo Testamento, Tomo V*. Madrid: Cristiandad: 1987, 53.

monio con la mujer extranjera, definido como un pecado sexual, profana el santuario *por medio de la descendencia* del matrimonio. Nuevamente aparece la descendencia (la raza), como elemento importante en el problema del matrimonio con extranjeras (Esd 9.12, Tob 4.12). Esto nos indica que el matrimonio con la mujer extranjera, que es en sí un pecado que genera impureza moral, también convierte en impura a la descendencia.

### d) Jubileos

El libro de Jubileos, una de las obras judías extrabíblicas más importantes, se basa en Gn 1 a Ex 12 para replantear la historia de Israel desde la perspectiva de su predestinación como pueblo apartado y elegido por Yahvé.[351] Charlesworth ubica este libro en el contexto de la reacción judía a las políticas de Antíoco Epifano IV, como un intento de un grupo de piadosos (*hasidim*) por repensar la historia de Israel en el contexto de las luchas religiosas, políticas y culturales de la época.[352]

Algunos de los temas que atraviesan el libro de Jubileos son: la observancia de la ley, el origen del mal, el pecado, la escatología y, principalmente, la elección de Israel y su separación de los demás pueblos.[353] Empezando en Jub 2, donde la elección de Israel forma parte de la obra de la creación, resalta la particularidad de Israel a través de todo el libro. La necesaria separación entre Israel y las naciones aparece particularmente en las prohibiciones al matrimonio entre Israel y los pueblos gentiles (Jub 20.3-4; 22.16-22; 25.1-10; 27.8-10; 30.5-26). En Jub 20.3-4, Abraham hace algunas recomendaciones a sus descendientes sobre la esposa que deben elegir y en Jub 25.7-9, Jacob le promete a su madre no tomar esposa del linaje de Canaán:

---

351 Diez Macho. *Introducción General a los Apócrifos del Antiguo Testamento*, 181-182.

352 Charlesworth, *The Old Testament Pseudepigrapha Vol 2*, 37-46.

353 Diez Macho, *Introducción general*, 182-186.

Que os guardéis de toda *fornicación* e *impureza* del mismo modo que dejamos entre nosotros toda *impureza* y *fornicación*. Si comete fornicación una mujer o hija vuestra, quemadla al fuego; así no fornicarán siguiendo sus ojos y sus corazones. Y les ordenó que <u>no tomasen mujer de las hijas de Canaán</u>, pues su descendencia sería desarraigada de la tierra (Jub 20.3-4).[354]

...mi padre, Abrahán, me dio muchos mandamientos acerca de la *lascivia* y *la fornicación*...Te juro, madre, <u>no tomar en todos los días de mi vida mujer del linaje de Canaán</u>, ni obrar mal como ha hecho mi hermano (Jub 25.7-9).[355]

En ambos textos encontramos una identificación clara entre la fornicación y el matrimonio con mujeres de Canaán. En Jub 20.3, el matrimonio con las mujeres cananeas es "fornicación e impureza" y en Jub 25.7-9, Jacob evita la "lacivia y la fornicación" al no casarse con mujeres cananeas. El matrimonio con estas mujeres amenaza la permanencia de la descendencia en la tierra (Jub 20.4), mientras que mantenerse lejos de ellas asegura que "tus hijos serán generación justa y santa semilla" (Jub 25.3).[356]

Encontramos este mismo razonamiento en Esd 9, donde la necesaria separación entre la *golah* y los "pueblos de la tierra", basada en la experiencia del exilio, define a los demás residentes

---

354 Trad. de F. Corriente y Antonio Piñero en A. Diez Macho, *Apócrifos del Antiguo Testamento Tomo II*, 129.
355 *Ibid.*, 141.
356 Estos textos se basan en la premisa de que Israel es diferente de las demás naciones no solo por sus acciones, sino en su misma esencia. Esto lo vemos reflejado en otro texto de Jubileos donde Sara da a luz a Isaac y a Abraham se le promete que será el padre de otros hijos. Abraham es padre de naciones, pero solo una de ellas es bendecida con "nombre y descendencia": "Toda la descendencia de sus hijos serían naciones, contadas como tales, *pero de los hijos de Isaac habría uno que sería descendencia santa y no sería contado entre las naciones*. Suya sería la suerte del Altísimo, habiéndole correspondido estar entre los poseídos por Dios, para que toda su descendencia sea del Señor, pueblo heredero entre todos los pueblos, reino sacerdotal y pueblo santo" (Jub 16.16-18, A. Diez Macho, *Apócrifos Tomo II*, 122). Hay aquí una distinción fundamental entre Israel y las demás naciones. Israel es separado, llamado para ser pueblo santo, descendencia santa. Las demás naciones se oponen a este pueblo que ha sido apartado para la santidad. Los pueblos son hermanos, todos son hijos de Abraham, pero solo uno es elegido.

de Judá como impuros y abominables. Como la *golah* es santa, cualquier contacto con lo profano ("pueblos de la tierra), puede generar impureza y amenazar a la comunidad. Aunque Esdras no llega al punto de designar el matrimonio con extranjeros como una infidelidad sexual, su argumentación une los términos *infidelidad* y *traición* (מַעַל) con la amenaza de la *impureza* (נדה) de las naciones. Esta impureza está asociada tanto con las prácticas abominables de las naciones, como, en términos metafóricos, con la impureza de la mujer.

Sugerimos que el vocabulario que utiliza Esd 9-10, que asocia a las mujeres (y los pueblos de la tierra) con las abominaciones de naciones enemigas, alude a la impureza y la adoración de otros dioses característica de esas naciones, y designa a las mujeres como נשים נכריות, tiene como objetivo convertir en extranjeros a quienes no se consideran como tal. Señalamos en el capítulo 4 que esta negación de los demás judíos, probablemente fue foco de conflicto entre los primeros grupos de exiliados (*golah* α), y el grupo de Esdras (*golah* β), quienes vinieron a "limpiar" a la *golah*.

Lo anterior no significa que el texto no contempla la separación entre judíos y gentiles. Lo que sucede en el texto, según nuestra lectura, es que los judíos que permanecieron en Judá son "convertidos" en extranjeros (gentiles, por decirlo así), por medio de una redefinición de los límites de la identidad del judaísmo.[357] La particularidad de Esd 9-10 es que busca redefinir quién es judío y quién no.

Esta nueva definición de la pertenencia a Israel afecta directamente a la mujer. La categoría de género se convierte en representativa de las diferencias ("extranjeridades") descritas en términos étnicos y religiosos.[358] Esta "extranjerización" de la mujer

---

357  de Vaux, *Instituciones del Antiguo Testamento*, 117.
358  Según Gale Yee. *Poor Banished Children of Eve. Woman as Evil in the Hebrew Bible*. Minneapolis: Fortress, 2003, 164, "el tropo de género ofrece la oportunidad para que el autor bíblico articule temas de poder y su asimetría en las relaciones coloniales y de clase, porque replica las disparidades materiales e ideológicas que existían en las relaciones entre hombre y mujer en el antiguo Israel".

refuerza y sustenta la identificación de la mujer con el mal, que se desarrolla con fuerza en textos posteriores a Esdras. Según explica Camp, la mujer se convierte en:

> ...una figura que opera en un nivel simbólico menos histórico, consolidando una variedad de imágenes del mal identificados con la mujer en un arquetipo de desorden en todos los niveles de la existencia...el problema de la teodicea es enfocado sobre la Mujer Extranjera. De esta manera, Yahvé es liberado de la responsabilidad por el mal, que se explica por medio de la mujer extranjera.[359]

Lo extranjero asume forma de mujer.

## 3. La mujer como extranjera en Israel

La misma oposición entre Israel y las naciones extranjeras se establece respecto a Israel y las mujeres extranjeras. Ambos son amenazantes para Israel y ambos funcionan como figuras que interpretan teológicamente las luchas internas en Israel. Prácticas definidas como inaceptables por un grupo – el grupo representado en el texto – son caracterizadas como propias de las naciones extranjeras. Los hombres son inducidos a estas prácticas por su relación con las mujeres extranjeras. El gran peligro de las mujeres extranjeras, es que por medio del matrimonio con ellas, lo extranjero ingresa a lo más íntimo de Israel.

Con la retórica del rechazo de lo extranjero, los textos definen como "extranjeras" aquellas tendencias, prácticas e intereses al interior de Israel que consideran inapropiados. Estos conflictos internos son trasladados a la mujer extranjera como figura representativa de la desviación y la impureza. Como señala Claudia Camp:

> ...es más fácil unificar las fuerzas contenciosas contra una construcción retórica de la "otredad" absoluta, que negociar esa línea difusa que nos divide de nuestros hermanos.[360]

---

359   Camp, *Wise, Strange and Holy*, 43.
360   *Ibid.*, 337.

Pero la "otredad absoluta", atribuida a la mujer, refleja preocupaciones concretas que se desprenden del papel de la mujer en la sociedad postexílica. Podemos encontrar pistas para entender estas preocupaciones en el mundo simbólico asociado al papel de la mujer en la sociedad que encontramos en el Antiguo Testamento.

### 3.1 Desde el mundo simbólico de los textos

La función asignada a las mujeres extranjeras en los textos que hemos analizado, está necesariamente ligada a la percepción que éstos reflejan de la mujer. Este mundo simbólico es un mundo masculino; por ello, la representación de la mujer siempre será un reflejo de aquello que *no es el hombre*. La mujer, al igual que lo extranjero, se ubica fuera del orden simbólico de la sociedad, lo que la convierte en una amenaza para la identidad definida desde los hombres. La protección de la comunidad, entendida a partir de los hombres, es lo prioritario. El sacrificio de las mujeres – esposas y sus hijos – es justificable, según esta lógica. La elección que hace Esd 9-10 de la mujer como representación de la infidelidad y el abandono de Yahvé, refleja actitudes hacia la mujer que están presentes en la cosmovisión de quienes produjeron estos textos.

### a)    La mujer indispensable

Desde la perspectiva que encontramos en el Antiguo Testamento, la posición de las mujeres en la sociedad israelita era marginal. Sin embargo, ellas están identificadas en muchos de los textos con aspectos cruciales para la vida y la muerte de la comunidad. De ellas depende la descendencia; su esterilidad representa el fin del linaje. En el Antiguo Testamento la fertilidad es una bendición de Yahvé. La promesa de descendencia hecha a Abraham requiere necesariamente de una mujer para su cumplimiento.

Pero este papel fundamental de la mujer en la sociedad, que transmite la bendición de Yahvé, la convierte también es amenazante por los procesos misteriosos relacionados con la fertilidad y la procreación. Ella está, por decirlo así, en un ámbito que se considera reservado para lo divino, la creación de la vida. Esta capacidad reproductiva de la mujer, indispensable para la permanencia de la familia y la comunidad, y efectuada por medio de procesos biológicos incomprensibles, la convierten en fuente de misterio y temor.[361]

En este contexto no es sorprendente que la preocupación por el orden que encontramos en Esd 9-10 aspire al control religioso y social de la mujer. Esta lógica relega a las mujeres al margen de la sociedad. Se marcan así, los límites entre el orden y el caos. Martha Reineke explica:

La religión frecuentemente distingue el orden del desorden, el pecado de la santidad, apelando a los cuerpos de las mujeres. Sus cuerpos, espacios de procesos que los hombres históricamente han percibido como misteriosos y potencialmente peligrosos, ofrecen un simbolismo gráfico de temas de preocupación última. Las mujeres cargan en sí el potencial para el orden y el significado, para el desorden y el caos en sus propios cuerpos... Dado que los cuerpos de las mujeres están más cercanamente asociados con los procesos de vida y muerte, autoridad ejercida sobre sus cuerpos es poder ejercida sobre las fuerzas mismas de las creación.[362]

### b) La mujer irresistible

Las mujeres también son representadas en términos de su atracción para los hombres. Esta atracción es presentada como

---

361 "...el miedo que la mujer inspira al otro sexo se basa, sobre todo, en ese misterio, fuente de tantos tabúes, de terrores y de ritos, que la une, mucho más estrechamente que a su compañero, a la gran obra de la naturaleza y hace de ella 'el santuario de lo extraño."(Jean Delumeau. *El miedo en Occidente*. Trad. del francés. *Le peur en Occident*. Paris: Arthème Fayard, 1978. Madrid: Taurus,1989, 473).

362 Martha J. Reineke, *Sacrificed Lives*, 108.

la capacidad de las mujeres para engañar y desviar a los hombres. En algunos casos, la seducción de la mujer ayuda a derrotar a los *enemigos de Israel*, en otros, desvía a *Israel mismo*. Pero en todos los casos, resalta la capacidad seductora de la mujer como amenaza para el hombre.

- Judit "realizó su hermosura cuanto pudo, con ánimo de seducir a todos los hombres que la viesen" (Jud 10.4) con el fin de matar a Holofernes y salvar a su pueblo del ejército Asirio.

- Dalila logra que Samsón le cuente el secreto de su fuerza física: "Cómo puedes decir: te amo, si tu corazón no está conmigo" (Jc 16.15).

- En Nm 25.1-2 los hombres de Israel no pueden rechazar la invitación de las mujeres de Moab de adorar sus dioses.

- Las adiciones griegas al libro de Ester enfatizan la belleza de esta judía como factor decisivo en su posibilidad de convencer al rey de salvar a los judíos: "Recobrada su espléndida belleza, invocó a Dios...Iba resplandeciente en el apogeo de su belleza, con su rostro alegre como de enamorada, aunque su corazón estaba oprimido por la angustia" (Est 5.1a-b).

- Los primeros nueve capítulos de Proverbios enfatizan repetidamente el peligro de dejarse llevar por la belleza de la mujer extraña. Un padre aconseja a su hijo: "No te dejes seducir por su hermosura, no te dejes cautivar por sus miradas" (Pro 6.25).[363]

La seducción representa, igualmente, lo que podríamos llamar una capacidad innata de la mujer que la convierte en amenazante para los hombres. Es lo que Gale Yee llama, el "arma

---

363 Según Jospeh Blenkinsopp. *Sage, Priest, Prophet. Religious and Intellectual Leadership in Ancient Israel*. Louisville: Westminster John Knox, 1995, 43-44, la mujer extranjera en Pro 1-9 representa los cultos extranjeros (en particular cultos a diosas como Aserá) y la relación entre los dioses extranjeros y la seducción sexual. La mujer sabiduría, según este autor, representa la imagen inversa de la mujer extranjera: una lleva a la muerte, mientras que la otra trae vida.

de las débiles".[364] El control social del hombre sobre la mujer es desafiado por la facilidad con la que éste puede quedar "atrapado" en las redes de la mujer. El TestRub 5.4 articula claramente este temor: "Una mujer no puede vencer por la fuerza a un hombre, sino que lo engaña con artes de meretriz".[365]

### c) La mujer independiente

El control de la sexualidad de la mujer, las leyes que regulan su vida social y religiosa, y la identificación de la mujer con la infidelidad, el mal y el ingreso de lo extranjero a Israel, reflejan una preocupación por el fortalecimiento de los espacios de influencia de la mujer en la sociedad durante el período postexílico. No podemos desligar las luchas de poder que hemos identificado en los textos, de las relaciones de género que representan y refuerzan, y de las condiciones materiales que se encuentran detrás de ellas.[366]

Observamos en el capítulo 1 que durante la monarquía se produjo un deterioro en el poder social de la mujer como resultado de las políticas de centralización. El ámbito de influencia de la mujer se redujo del clan a la familia nuclear, cuya importancia económica perdió fuerza. Durante y después del exilio, sin embargo, en ausencia de un poder político local centralizado, la familia y las relaciones de parentesco extendidas empezaron a adquirir mayor importancia en la organización de la sociedad. Según Eskenazi:

---

364 Yee, *Poor Banished Children of Eve*, 48.
365 Trad. de Antonio Piñero, en A. Diez Macho, *Apócrifos del Antiguo Testamento Vol V*, 34. La traducción de H.C. Kee, en Charlesworth, *Old Testament Pseudepigrapha Vol 1*, 784, resulta todavía más clara: "For a woman is not able to coerce a man overtly, but by a harlot's manor she accomplishes her villainy. Ver también, Sir 9.2: "No te entregues del todo a una mujer, no sea que te llegue a dominar. No te acerques a una prostituta, no sea que caigas en sus redes..."
366 En su análisis de la simbolización de la mujer como malvada en el Antiguo Testamento, Gale Yee, *Poor Banished Children of Eve*, 25, señala: "Este análisis necesariamente requiere determinar las condiciones materiales que afectan relaciones de género reales y las resultantes contradicciones y conflictos, que juntos animan a la producción de esta ideología". .

Si el énfasis en la familia durante el Israel premonárquico significó una distribución más equitativa del poder para las mujeres, entonces el resurgimiento de la familia como unidad socioeconómica significativa en el postexilio implica que hubo mayor poder para mujeres de lo que tenían durante la monarquía.[367]

Esta autora propone, con base en sus estudios de la comunidad judía en Elefantina, que durante la época postexílica las mujeres realizaron funciones que delatan mayor libertad de actuación independiente en la sociedad: las hijas heredaban (incluso cuando habían hijos varones), las mujeres se divorciaban de sus esposos, compraban y vendían propiedades.[368] También encontramos pistas de la participación activa de mujeres en el libro de Nehemías, donde mujeres colaboran en la construcción de los muros de Jerusalén (Neh 3.12), se oponen a la labor de Nehemías (Neh 6.14), y en Crónicas, donde mujeres (incluso extranjeras) figuran en la genealogía de Israel y donde a una mujer se le atribuye la construcción de ciudades (1 Cr 7.24).

Algunas autoras proponen que la existencia de una religiosidad enfocada sobre lo femenino, representó igualmente una amenaza para la religión normativa "masculina" propuesta por el deuteronomista y los profetas.[369] Esta religiosidad femenina se asocia particularmente con los cultos a las diosas.[370] En Jer 7.16-20 y 44.15-19, el profeta exhorta a las mujeres que adoran a una diosa llamada "la reina de los cielos". El texto describe la actividad cúltica de estas mujeres: amasan tortas (7.18), queman incienso, hacen libaciones y ofrecen pasteles (44.17-19). Excavaciones arqueológicas han revelado un gran número de figuras

---

367  Eskenazi, "Out from the Shadows", 32-33.
368  Ibid., 25-31. Esto no significa necesariamente que lo mismo sucedía en Judá, pero sugiere, según Eskenazi, una nueva perspectiva del papel de la mujer en el judaísmo postexílico.
369  Ver Phyllis Bird. Missing Persons and Mistaken Identities. Women and Gender in Ancient Israel. Minneapolis: Fortress, 1997, 81-102.
370  Miller, The Religion of Ancient Israel, 38; Susan Ackerman. "The Worship of the Queen of Heaven" en Peggy Day, editora, Gender and Difference in Ancient Israel, 109-124.

de diosas; un indicador de la popularidad de las diosas en los lugares cúlticos y en las familias.[371]

Lo anterior sugiere un contexto en el que las relaciones de género tradicionales eran desafiadas por una participación más amplia de la mujer en la sociedad. La necesidad de proteger los intereses de los hombres y su papel social dominante, se ve amenazada no sólo por las funciones biológicas de la mujer y su capacidad de seducir a los hombres, sino también por los nuevos espacios sociales en los que éstas emergen.

La elección de la figura de la mujer para representar la infidelidad, la impureza, el mal y el rechazo a lo extranjero, es un reflejo de los temores y las inseguridades generadas a nivel de las relaciones de género. Pero la valoración de la mujer implícita en esta función que le es asignada, no sólo refleja las concepciones ya existentes respecto a la mujer en Israel, sino que también las refuerza y las perpetúa.

### 3.2 Implicaciones sociales de una función teológica

En el libro de Esdras, nos encontramos con un grupo de personas que vienen de una experiencia de desarraigo, dominación y cautiverio. No podemos dejar de reconocer que su supervivencia en estas condiciones es testimonio de la resistencia, esperanza y creatividad de este pueblo. Estas características, y la creciente y necesaria convicción de ser *el pueblo elegido* por Yahvé, les permiten reformular su identidad religiosa y cultural para fortalecerla, evitando así la asimilación. La teología que interpreta el exilio como castigo por la culpa de Israel, desemboca, en algunos sectores, en una identificación de lo extranjero como fuente de la infidelidad de Israel.

Ante las diversas amenazas que encuentra la *golah* en su restablecimiento en Judá, en medio de diversas poblaciones – tanto judías como otras-, el grupo de Esdras encuentra en la expulsión de las mujeres un medio para unir a la comunidad frente

---

371   Miller, *The Religion of Ancient Israel*, 37; Lods, *Israel*, 109-113.

a un peligro común, fortaleciéndose así frente a la amenaza de desintegración.

Señalamos a continuación algunas de las implicaciones, a nivel social, de esta conceptualización religiosa de la mujer extranjera como infidelidad e impureza:

a) Enfocar a las mujeres como el *problema* de la *golah* traslada las divisiones políticas internas entre los hombres, a las relaciones de género. Este espacio se convierte en el lugar de las luchas sociales y políticas. La mujer cargará con la responsabilidad, con el fin de salvaguardar la integridad de una comunidad – conformada y definida exclusivamente a partir de los hombres. El conflicto entre hombres se resuelve por medio de la exclusión de las mujeres.

b) El narrador legitima una posición por medio de la muerte/expulsión/victimización de una figura expiatoria. El bienestar de los fieles (según se definen a sí mismos), justifica el sacrificio de los demás.

c) El celo por la ley asume una importancia fundamental para la colectividad, y considera justificadas las implicaciones humanas, cualesquiera que éstas sean para el grupo afectado. El cumplimiento de la ley se impone por encima de lo humano y toda acción considerada necesaria para salvaguardar la ley – por más violenta que sea –, es justificable.[372]

d) El texto sustenta un paradigma de relaciones sociales basadas en la exclusión, no solo a nivel político, sino también a nivel de la comunidad y familia.

e) La inculpación de las mujeres refuerza y reproduce los estereotipos que asocian a las mujeres con el peligro, lo que in-

---

372 Ver, por ejemplo, cómo son felicitados quienes matan por su **celo por la ley**. Nm 25.10-13: "Pinjás, hijo de Eleazar, hijo del sacerdote Aarón, ha aplicado mi furor contra los israelitas *(asesinando a Zimrí y Cozbí)*, porque él ha sido, de entre vosotros, el que ha sentido **celo por mí**...Le concedo a él mi alianza de paz, será para él y para su descendencia una alianza de sacerdocio perpetuo". 1 Mac 2.24-25: "... Matatías se inflamó en celo y se estremecieron sus entrañas. Encendido en justa cólera, corrió y lo degolló sobre el altar...Emuló en su **celo por la ley** la gesta de Pinjás...".

fluye en el espacio social, la legislación y la valoración de las mujeres en la cotidianidad.

f) La representación de lo femenino como infidelidad e impureza identifica a Yahvé, por oposición, con lo masculino. La mujer extranjera, Israel como esposa infiel, Babilonia como la gran prostituta: todas estas figuras femeninas se oponen al hombre fiel, constante, cuya acción castigadora se justifica por la rebeldía de la figura femenina. Esta lógica sustenta el papel dominante del hombre en la sociedad y su derecho a controlar, castigar e incluso rechazar a la mujer.

g) El sistema religioso legitima, en la exclusión de las mujeres extranjeras, la pretensión de homogeneidad y exclusivismo de raza, etnia, género y expresión religiosa, a partir de criterios definidos por el sector dominante.

h) La imposibilidad de hablar, de expresar su punto de vista, de ofrecer perspectivas distintas, disminuye a las mujeres extranjeras en su calidad de seres humanos. De esta manera el sacrificio de lo "infra-humano" se justifica por el bien de lo "plenamente humano".

i) La "extranjeridad" de un grupo, definida por otro, es una forma de ejercer poder simbólico y real sobre quienes no se ubican dentro de los criterios definidos para la identidad propia del grupo en el poder. Se rechaza lo extranjero, lo otro, porque cuestiona la homogeneidad e integridad (pretendidas) de lo que se establece como legítimo.

j) Es a partir del poder, sustentado en la religión, que se define lo que es normativo.

## Conclusión

Hemos analizado en este capítulo cómo las mujeres extranjeras son responsabilizadas por el peligro y la amenaza que confronta a Israel en momentos críticos de su historia. Aquello que desafía la hegemonía del grupo representado en el texto es descrito en términos de la seducción o presencia de mujeres extranjeras.

Esta interrelación entre lo extranjero y la mujer que encontramos en los textos señalados, nos llevó a reflexionar sobre la valoración de la mujer que la convierte en apta para personificar este papel. Descubrimos que tanto la mujer como lo extranjero representan peligro para Israel y explican la infidelidad del pueblo. La mujer extranjera, como conjugación de estos dos temores, es la personificación de lo extranjero que logra, por su condición de mujer y esposa, ingresar a lo más íntimo de Israel. La lucha contra lo que es extraño a Israel se traslada del ámbito político al ámbito del hogar, del matrimonio y de la sexualidad.

De esta manera el judaísmo postexílico representado en Esd 9-10, desplaza los conflictos internos sobre una figura que es, indiscutiblemente, extranjera, tanto por su condición de género como por la definición de pertenencia a Israel que desarrolla el texto. En la expulsión de las mujeres, el texto simboliza la recuperación del orden en el mundo de la *golah*, la definición de límites claros, la prioridad del mundo de los hombres (la colectividad desde lo masculino), sobre la familia y el mundo de las mujeres. Habiendo analizado el carácter teológico del texto, que identifica a Yahvé con lo masculino y lo extranjero/impureza con lo femenino, reconocemos que estas oposiciones reflejan y legitiman relaciones de poder – particularmente aquellas de género - existentes en la sociedad.

# Conclusión final

## El camino recorrido...

Iniciamos esta investigación con una serie de preguntas que surgieron de las primeras lecturas de Esd 9-10. Nos preguntamos, en primer lugar, por los condicionamientos históricos, sociales y teológicos que se conjugaron en la preocupación que refleja el texto por la *mujer extranjera* como factor crítico que amenaza la supervivencia de la comunidad judía postexílica. Cuestionamos el hecho de que, a pesar de coincidir con muchos otros textos del Antiguo Testamento en su rechazo de los pueblos autóctonos y enemigos de Israel (Esd 9.1), el capítulo 10 de Esdras define como rebeldía y delito únicamente el matrimonio de hombres de la *golah* con mujeres "extranjeras". El rechazo generalizado de todo lo que no es Israel, se encarna en la expulsión de las mujeres. Esto nos llevó a investigar la relación causal que sugiere el texto entre la presencia de las mujeres extranjeras, la impureza y la infidelidad de Israel.

Al profundizar en el estudio del texto, sospechamos que detrás del lenguaje teológico que justifica la expulsión de las mujeres y la separación de todo lo extranjero, existen intereses políticos y luchas de poder más amplios. El énfasis en la legitimación persa de la *golah*, la identificación de la ley del rey con la ley de Yahvé, y el poder otorgado al personaje de Esdras, refuerzan esta sospecha; como también la definición de criterios rígidos para pertenencia a la *golah* a partir de la llegada del grupo de Esdras en el capítulo 7. Una comparación de Esd 9-10 con otros textos donde la presencia de la mujer extranjera es problemática, nos aportó elementos para fortalecer esta sospecha. A partir de lo anterior planteamos, como acercamiento particular de esta investigación, el estudio de la función literaria, retórica y teológica de la mujer extranjera en Esd 9-10. Proponemos que en esta función literaria y teológica, le es asignada a la mujer extranjera un papel que representa los peligros que amenazan a Israel en momentos históricos críticos.

Descubrimos en Esd 9-10, que más allá de los conflictos materiales ocasionados por la presencia de mujeres extranjeras en la *golah* en un momento particular,[373] este texto desarrolla, por medio de la figura de la mujer extranjera, una normativa para el judaísmo posterior. La preocupación por la identidad del judaísmo en el contexto del pluralismo teológico y étnico postexílico, y la concepción de la mujer como "otro absoluto" frente al judaísmo concebido desde lo masculino, se conjuga en una formulación en la que la mujer llega a representar todo lo que es "extranjero" para Israel.

Aunada a esta representación de lo extranjero en la figura de la mujer, descubrimos, tanto en Esdras como otros textos, que *lo que es designado como "extranjero" en realidad no es extraño para Israel*. Sugerimos que en el libro de Esdras, los así llamados "pueblos de la tierra", son en realidad judíos que permanecieron en Judá durante el exilio. La discusión en Esd 9-10 se basa, entonces, en la imposición de criterios de identidad que separan a quienes, en realidad, son hermanos y los convierte en extranjeros. Esta distinción que procura establecer el grupo de Esdras, y que genera un conflicto al interior de la *golah*, se encarna en la expulsión de las mujeres extranjeras. De esta manera el conflicto entre hermanos se "resuelve" trasladándolo a una figura que representa aquello que es, indiscutiblemente, "otro".

---

373    Acercamiento valioso que caracteriza muchas de las investigaciones actuales. Ver cap.1.

En nuestra investigación priorizamos una metodología exegética para el estudio de Esd 9-10, como también de otros textos que contribuyen a nuestra tesis. Este análisis exegético nos aportó las bases para explorar la estrategia retórica del texto, alimentada por una comprensión de la teología, perspectiva histórica, contexto social y percepciones de género reflejados en los textos.

Desarrollamos nuestro estudio en cuatro capítulos. En el *Capítulo 1*, empezamos identificando nuestra propuesta de estudio. Seguidamente, resumimos los acercamientos al estudio de Esd 9-10 que encontramos en la bibliografía consultada; esto con dos objetivos: a) distinguir nuestro aporte particular al estudio de Esd 9-10, y b) valorar los aportes de esta literatura y desarrollar aquellos que consideramos importantes para nuestro estudio del texto. Concluimos el primer capítulo con la valoración general de la mujer, tanto a nivel social como teológico, que encontramos en el Antiguo Testamento. De esta manera ubicamos el texto de Esd 9-10 dentro del mundo conceptual de la mujer que encontramos en el Antiguo Testamento, como también en la literatura apócrifa y pseudoepígrafa.

En el *Capítulo 2*, enfocamos el contexto literario del libro de Esdras. Consideramos fundamental aportar una visión global del libro de Esdras, ya que encontramos en los capítulos 9-10 elementos de continuidad como también de discontinuidad con el resto del libro. La estructura del libro contribuye a una comprensión del grupo (o grupos) detrás del texto, su perspectiva teológica, sus temores, conflictos y esperanzas. En el *Capítulo 3* analizamos, con base en las tradiciones deuteronómica y sacerdotal, las perspectivas teológicas desarrolladas a partir del exilio babilónico. En particular, nos preocupamos por aquellos elementos teológicos que encontramos reflejados en Esd 9-10: la autocomprensión de los exiliados como "remanente" elegido por Yahvé, los criterios de identidad definidos a partir del exilio, la relación con los extranjeros (en particular los habitantes de Canaán/Judá), la infidelidad religiosa expresada en el seguimiento de otros dioses y en la impureza, y la impureza de la mujer.

Lo anterior nos preparó para el análisis de Esd 9-10 y el papel de las mujeres extranjeras en este texto, tema del *Capítulo 4*. El interés por entender la estrategia literaria y retórica del texto nos llevó a un análisis detallado de la composición, estructura, vocabulario e imágenes que encontramos en el texto. Enfocamos particularmente las implicaciones de Esd 9 en su intención normativa, enfatizando la terminología sacerdotal de separación, mezcla, santidad e impureza; como también la teología deuteronomista que interpreta el castigo del exilio como resultado de la desobediencia de la ley y la infidelidad de Israel. Resaltamos la culpa y el temor como elementos claves que generan un rechazo a lo diferente – encarnado en la figura de las mujeres extranjeras. En Esd 10 encontramos claves para sospechar del aparente consenso que presenta el texto alrededor de la expulsión de las mujeres, lo que nos llevó a explorar los conflictos políticos, religiosos detrás del texto, según las pistas que nos aporta el libro de Esdras.

Concluimos esta investigación, en el *Capítulo 5*, con una lectura de los relatos de Jezabel y Salomón en 1 y 2 Reyes, a partir de nuestra comprensión del papel que le es asignado a las mujeres extranjeras en Esd 9-10. Las diferencias entre estos relatos sugieren que existe un desarrollo teológico y literario en la representación de la mujer extranjera en el Antiguo Testamento. Resaltamos, particularmente, la caracterización de la mujer extranjera en 1 y 2 Reyes como seductora e instigadora, mientras que en Esdras las mujeres extranjeras generan polémica por el sólo hecho de estar presentes en medio de Israel. Esto nos llevó a priorizar la impureza de la mujer (extranjera) como elemento teológico importante en la representación de las mujeres en Esdras, algo que encontramos desarrollado con mayor precisión en textos posteriores a Esdras.

Seguidamente sugerimos algunos de los factores que contribuyen a explicar por qué a la mujer le es asignado el papel representativo del peligro, la amenaza, la infidelidad e impureza en muchos textos del Antiguo Testamento. Enfocamos el mundo simbólico que define a la mujer en los textos, como también el papel de la mujer en la sociedad postexílica. Aunque nuestro acercamiento al estudio del texto nos ha llevado a enfatizar la función teológica y literaria de la figura de la mujer extranjera en Esdras, no ignoramos las implicaciones sociales y humanas del texto para las mujeres durante y después del período persa. Cerramos el capítulo 4, entonces, con algunas reflexiones sobre las implicaciones, a nivel social, de la función teológica/representativa asignada a la mujer en Esd 9-10.

**El camino por recorrer...**

Lo cierto es que el impacto y las implicaciones de Esd 9-10 no se reducen al mundo en el que surge el texto. ¿Cómo leemos hoy un texto que, a partir de una postura religiosa, legitima la violencia hacia lo que es diferente, sin considerar las implicaciones humanas? ¿Qué impacto tiene este texto en los círculos donde prevalece una lectura literalista de la Biblia? ¿Qué significa, para aquellos definidos como "diferentes" por la sociedad dominante – mujeres, indígenas, afrodescendientes, sectores empobrecidos, inmigrantes –, un texto que sustenta el privilegio de unos con base en el sacrificio y la exclusión de otros?

Las implicaciones humanas, teológicas y pastorales de Esdras 9-10 para nuestro contexto latinoamericano y mundial hoy merecen un trabajo independiente. Nos limitamos a compartir a continuación algunas breves reflexiones sobre los problemas que surgen del texto y algunas propuestas sobre cómo leer el libro de Esdras frente a la realidad actual.

*Frente al espejo de Esdras 9-10*

Cuando leemos el relato de la expulsión de las mujeres extranjeras como la búsqueda de un grupo por redefinir las bases de su identidad, no podemos pretender encontrar en el texto normas absolutas para la vida. Lo que podemos encontrar es, más bien, un reflejo de vivencias, inseguridades y diálogos que se repiten a lo largo de la historia, y que se hacen presentes en nuestro contexto hoy. El libro de Esdras se convierte, por así decirlo, en un espejo en el que podemos ver reflejadas nuestras propias incertidumbres y nuestras ansias, como también los peligros inherentes a nuestra visión religiosa y teológica. No podemos leer el texto sin participar en él, sin cuestionar y dialogar con el texto, contribuyendo – desde diferentes voces y experiencias - a la conversación ya presente en sus letras. Como señala Phyllis A. Bird:

> (La Biblia) nos presenta con el diálogo de una comunidad en el transcurrir del tiempo, un diálogo acerca de la fuente y el significado de su vida, su destino y su vocación. Es un diálogo que adopta un nuevo lenguaje para nuevas situaciones, una conversación llena de conflicto y argumentación apasionada de las diferentes voces que presentan sus visiones y sus pretensiones a la verdad. Requiere que participemos en el diálogo para probar esas pretensiones. No podemos mantenernos en el margen, no podemos responder únicamente por medio de la apreciación estética. Estas voces pretenden decir la verdad acerca de la naturaleza de nuestra existencia, nuestro destino, nuestro mundo.[374]

En el libro de Esdras, como en todo el Antiguo Testamento, las expresiones religiosas son manifestaciones de las condiciones materiales (políticas, sociales, socioeconómicas) de la sociedad. Como tal, la religión se evidencia de manera particular la dinámica social. El mismo fenómeno se evidencia en nuestros contextos hoy. Con el fin de dialogar con Esd 9-10, a partir de nuestra realidad, señalamos a continuación algunos de los desafíos que descubrimos al vernos reflejados en ese espejo que es el texto.

1. La religión que legitima, como orden establecido por Dios, el privilegio de unos y la exclusión de otros es un tema evidente en el libro de Esdras: una interpretación de la Biblia como

---

374    Phyllis A. Bird, *Missing Persons and Mistaken Identities*, 262. .

normativa, una lectura de la historia como absoluta, una raza como elegida, un sexo como representativo de la humanidad.

La presencia de lo diferente – y la comprensión de que no es tan diferente – amenaza la pretensiones de exclusividad construidas sobre bases precarias, por lo que su presencia debe ser rechazada. No hay que ir muy lejos para encontrar evidencia de este peligro en nuestro contexto, desde las relaciones institucionales, hasta las interacciones humanas.

2. La imposición de la ley por encima del bienestar humano, en un contexto que busca seguridad y respuestas absolutas a las ambigüedades de la vida.

3. La alianza entre el poder político y el poder religioso implica la exclusión de otros, el rechazo de la diversidad y la imposibilidad de dejarse cuestionar por las voces de quienes está fuera de ese ámbito de poder.

4. El peligro de que la liberación de la opresión se convierta en un mecanismo para oprimir a otros. Para el grupo de Esdras, la experiencia de castigo, exclusión y desarraigo, en vez de generar un pensamiento más amplio, más tolerante e inclusivo, tuvo su desenlace en un exclusivismo más riguroso, en la búsqueda de aislamiento y la pretensión de ser pueblo único y particular para Yahvé. La resistencia de un grupo pequeño e impotente frente a los imperios es significativa, pero corre el peligro, como vemos en Esdras, de reafirmar su existencia por medio de la exclusión de otros y otras.

5. La deshumanización de las víctimas. En Esdras las mujeres no hablan, no tienen nombre, no sabemos nada de ellas. Al negarles el derecho a estar presentes como seres humanos, y al identificarlas con todo aquello que representa peligro y maldad, el texto nos prepara para aceptar, incluso apoyar, su expulsión. La negación de la humanidad del otro ha sido característica de las luchas entre naciones y religiones.

6. ¿Quién es mi prójimo? En Esdras, la definición del prójimo es reducida a un pequeño grupo que es privilegiado y protegido por el poder político y la interpretación de la ley de Yahvé. El

amor al prójimo, en este contexto, se convierte en la protección de quienes yo acepto como prójimo, y no un desafío para romper barreras y vivir la solidaridad y el amor como base de toda relación humana. Es más cómodo restringir nuestro "prójimo" a quiénes son como nosotros, quienes no nos cuestionan ni desafían nuestra visión del mundo y de Dios. Nuestra definición del prójimo refleja los prejuicios y temores que hemos interiorizado y, si no los cuestionamos, se convierten en la base de nuestras relaciones eclesiales, comunales, personales e institucionales. El rechazo del otro, el temor a lo diferente, refleja nuestra propia inseguridad y la ambigüedad en la que vivimos. Rechazar al otro o a la otra es rechazar aquello que forma parte de nosotros, pero que no queremos reconocer como propio.

7. La inculpación del otro. En Esdras, las mujeres son responsabilizadas por problemas que, en realidad, eran propios del mundo de los hombres. El lenguaje religioso y teológico esconde las luchas de poder en la comunidad postexílica. Este texto, como muchos otros en el Antiguo Testamento, convierte al "otro" - naciones extranjeras, mujeres extranjeras – en la explicación o la excusa de la infidelidad de Israel. La infidelidad representa, para quienes redactan los textos, las acciones o actitudes contrarias a las que el grupo dominante considera apropiadas para Israel. En vez de reconocer los problemas como internos a Israel, los textos inculpan a otros.

Los anteriores problemas que surgen de nuestro diálogo con el texto a partir de nuestras realidad hoy, evidencian la interrelación entre lo religioso y lo social, tanto en el Antiguo Testamento (donde en realidad no podemos hablar de una distinción entre ambos), como en el mundo de hoy. De la mano con los poderes políticos y económicos, lo religioso puede legitimar y sustentar la deshumanización de nuestros pueblos; mientras que asumiendo un papel profético puede hacer presente la voz de los y las que han sido silenciadas.

*Abrazando lo humano…*

Una lectura de Esd 9-10 desde las mujeres y etnias exclui-das, nos sugiere algunos de los desafíos para el desarrollo de una visión teológica y religiosa desde lo humano y afectivo. 1. *Resignificar nuestro mundo simbólico a partir de las voces y la experiencia tanto de las mujeres como de los hombres, tanto de lo propio como lo extranjero.* Esto requiere desafiar el universalismo que se define a partir del hombre, a partir de una raza o una na-cionalidad. El ser humano no equivale al hombre, ni a la persona de piel blanca, ni a la cultura del nordatlántico. Exige una reva-lorización de la función social de la mujer, de los valores cultura-les y religiosos de los pueblos originarios, y una relativización de aquello que definimos como absoluto, abriendo espacio para la pluralidad y diversidad en todos los ámbitos de la vida. 2. *Rechazar una concepción de la vida cristiana como cumpli-miento de normas y leyes absolutas.* Esto implica entender los tex-tos como reflejo de un momento histórico, de una experiencia teológica y religiosa particular, buscar el contexto al que respon-den, valorando las imágenes que surgen de otras voces y perspec-tivas que encontramos en la Biblia. En el Evangelio de Mateo, por ejemplo, encontramos un desafío a la exigencia legalista del cumplimiento de la ley que ignora el espíritu detrás de la ley (cf. Mt 5.17-48). Jesús propone un cumplimiento de la ley que se basa en el amor a Dios y al prójimo, colocando la integridad y la justicia por encima del cumplimiento de los preceptos. 3. *Desafiar la interiorización del papel subordinado, sacrificial de la mujer en la sociedad y en el cristianismo como función natural establecida por Dios.* Las mujeres asumen y aceptan como nece-sario renunciar a sus propios sueños, a su propia voz y expresión, con el fin de asegurar el bienestar de otros (generalmente los hombres). La mujer debe esforzarse por ser esposa, madre, aman-te bella y ama de casa. El rechazo del sufrimiento y sacrificio como propios del papel social y religioso de la mujer requiere el reconocimiento, por parte de hombres y mujeres, de la plena humanidad de la mujer, la revalorización de su cotidianidad y de su derecho a realización como "ser para sí" y ya no "ser para otros", con el fin de conformar relaciones de apoyo mutuo en comunidades de hombres y mujeres.

**4.** *Confrontar los mecanismos que crean "chivos expiatorios" sobre los cuáles trasladamos la responsabilidad por problemas sociales, políticos y religiosos.* Los chivos expiatorios de la sociedad y la iglesia frecuentemente son extranjeros. En ausencia de quienes pueden ser definidos como extranjeros, según René Girard, la comunidad convierte en extranjeros a "aquellas personas que, por alguna razón u otra no se ajustan bien al estilo de vida de la comunidad...".[375] Reconocer que "lo extranjero" forma parte de todos y todas nosotras; restaurar los "chivos expiatorios" condenados por el sistema social y religioso, desde la preocupación por las víctimas como seres humanos.

**5.** *Superar la exigencia del sacrificio como base para la relación entre Dios y los seres humanos.* Enfocar como *objeto* del ministerio de Jesús, no el sacrificio y el sufrimiento, sino "las obras de justicia, la instauración de relaciones de misericordia y de solidaridad entre las personas".[376]

**6.** *Desarticular la representación simbólica de la mujer como maldad y peligro para los hombres y la fe.* Esta tarea requiere despersonalizar el temor y el fracaso y desobjetivizar a las mujeres, reconociendo la responsabilidad de cada cuál por sus acciones y actitudes.

**7.** *Abrazar la diversidad de género, etnia, raza y religión como elementos que enriquecen nuestra experiencia como seres humanos y nuestra comprensión de Dios.* Para esto es fundamental establecer relaciones abiertas de mutualidad con quienes consideramos diferentes, respetar su derecho a ser diferentes y desarticular nuestra concepción de lo normativo para incluir la pluralidad que representa el mundo en el que vivimos.

---

375  René Girard. *Literatura, mímesis y antropología.* Traducido del inglés por Alberto L. Bixio. Baltimore. Johns Hopkins Univ., 1978. Barcelona: Gedisa, 1997,198.

376  Ivone Gebara. *Rompendo o Silêncio. Uma fenomenologia feminista do mal.* Petrópolis: Editora Vozes, 2000, 134.

8. *Reconocer las implicaciones sociales de nuestras teologías*. Dejarnos cuestionar por quienes son afectados por nuestra interpretación de la Biblia y del papel de la iglesia en la sociedad.
9. *Afirmar la humanidad y dignidad de todo ser humano*, incluyendo aquellos que son ignorados y excluidos por el sistema político, económico y religioso.
10. *Asumir el compromiso de la fe expresado en relaciones dignificantes y plenamente humanas*. Vivir una experiencia de "celo por Yahvé" que no desemboca en la nulificación (simbólica y material) de los "diferentes", sino en el abrazo solidario, en el cariño, el acompañamiento y la lucha frente a todo aquello que atenta contra el derecho de los más débiles.

**Escuchando las voces de las mujeres...**

En la película "En el nombre de Dios",[377] mujeres – jovencitas - son enclaustradas y esclavizadas en un convento en Irlanda por ser, en esencia, demasiado bonitas.[378] Son entregadas por sus propias familias por el crimen de ser atractivas para los hombres. Estas mujeres son consideradas una amenaza para la sociedad porque su presencia hace tropezar a los hombres. Interesantemente, la película admite que el problema es la debilidad de los hombres.Pero las que son responsabilizadas por las consecuencias de esa "debilidad" son las mujeres. Los hombres siguen su vida, mientras que ellas lavan ropa y viven en un encierro perpetuo. Esta película nos muestra algo que *no* encontramos en Esdras, la perspectiva de las mujeres – su dolor, sus luchas, sus sensibilidades. Nos encontramos con ellas como seres humanos y rechazamos enfáticamente las "mentes cerradas" que las condenaron.

El narrador del libro de Esdras no quiere que escuchemos la historia de las mujeres extranjeras. Está preocupado por lo que considera más importante – los problemas entre los hombres.

---

377  Peter Mullan, escritor y director. *The Magdalene Sisters*. Producido por Scottish Screen Film Council y el Irish Film Board, 2002.
378  Situación verídica que siguió en práctica hasta finales del siglo XX.

No podemos dejar de preguntarnos, sin embargo, qué estarían pensando estas mujeres. No sabemos si protestaron, si aceptaron humildemente su destino, si lloraron o se rebelaron. Pero lo que no sabemos de las mujeres de Esdras, lo podemos descubrir en la vida de las mujeres de nuestro país, nuestro barrio, nuestra comunidad eclesial. En ellas podemos ver reflejadas las consecuencias de los valores sociales y religiosos del mundo en el que vivimos. Deshilvanando las redes de prejuicios y temores que las mantienen atrapadas – tanto en los textos como en la sociedad - podemos descubrirlas, conocer sus nombres y escuchar sus voces.

La experiencia de las mujeres en Esdras nos dice algo del mundo del judaísmo postexílico, pero también de la actualidad. Nos desafía a descubrir al "otro" y a la "otra" que es silenciada por los "textos" de nuestro mundo hoy, y nos desafía a entender los mecanismos religiosos que refuerzan su silencio y su exclusión.

# Apéndice

## Judá bajo el Imperio Persa

El libro de Esdras ubica los eventos que narra durante los reinados de varios de los reyes persas, empezando con Ciro (Esd 1.1) y terminando con Artajerjes (Esd 7.1). Su interés es narrar, desde una perspectiva particular, los eventos significativos del establecimiento de los judíos exiliados en su regreso a Judá. Esta historia relaciona los sucesos del Imperio Persa con la vida de la comunidad en Palestina.

La importancia de esta región geográfica para el Imperio Persa radicaba en su ubicación en las fronteras del imperio, su cercanía a Egipto y las vías de comunicación terrestre que atravesaban Palestina conectando a Asia Menor y Mesopotamia con Egipto. Las luchas del imperio persa por dominar a Egipto fueron de las más difíciles y Palestina jugó un papel importante en la estrategia militar y económica del imperio en aquella región. Un repaso de las política del Imperio Persa en Judá y las regiones vecinas aporta elementos para la comprensión del libro de Esdras.

### a) El Imperio Persa y su política hacia Judá

Ciro el Grande, fundador del Imperio Persa, gobernó a los persas de 559 a.C. a 530 a.C, luego de conquistar a los medos en 559 a.C. y a Babilonia en 549 a.c. [379] El "Cilindro de Ciro" registra la conquista de Babilonia y proclama la benevolencia de Ciro. Según este cilindro, el nuevo rey permitió el regreso de los dioses locales a sus lugares de origen, como también de los pueblos deportados por Babilonia. Podemos ubicar el inicio del regreso de judíos exiliados a Palestina, relatado en Esd 1 y 2, en este contexto.[380] El apoyo oficial para la reconstrucción del templo forma parte de la política de fortalecimiento de las fronteras del imperio. Señala John Berquist:

> Ya que los templos estaban involucrados en la recolección de tributos e impuestos, como también en la fundamentación ideológica de la sociedad, la periferia (del imperio) recibió cierto apoyo para la reconstrucción de sus instituciones religiosas. La intención de Ciro era que su apoyo a Jerusalén y otras áreas similares contribuiría a sus políticas de expansión imperial.[381]

Esd 4.5 señala que la reconstrucción del templo se detuvo durante el reinado de Ciro y no se retomó hasta el reinado de Darío, entre los cuales ubica los reinados de Jerjes y Artajerjes. Aunque la cronología de los reyes está fuera de orden (Jerjes y Artajerjes reinaron después de Darío), el apoyo de Ciro y Darío para la reconstrucción de templos en el imperio es constatada por los historiadores. La motivación más inmediata para reconstrucción, sin embargo, según Esd 5.14-16, fueron las palabras de los profetas Ageo y Zacarías.[382] Estos libros proféticos nos ofrecen una perspectiva bastante distinta a la de Esdras de la situación

---

379   Según la "Crónica de Nabonidus", el pueblo de Babilonia, insatisfecho con su rey, se entregó sin resistencia bélica y cuando Ciro entró a Babilonia: "ramas verdes se extendieron delante de él: el estado de Paz se impuso en la ciudad". Ciro fue recibido no como conquistador, sino como liberador. James Pritchard, editor. *ANET*. Princeton: Princeton University Press, 1955, 306-307.

380   Según Donner, *História de Israel Vol 2*, 465, hay evidencia de que el regreso de los exiliados en realidad no empezó hasta el reinado de Cambises, en las últimas dos décadas del siglo VI a.C.

381   Berquist, *Judaism in Persia's Shadow*, 26.

382   La miseria económica es interpretada por Ageo 1.5-11, como consecuencia del atraso en la reconstrucción del templo.

socio económica de la población en Judá y los motivos por los cuáles se había postergado la construcción del templo.

Darío, el rey persa que tomó el poder después de Cambises, enfatizó la descentralización administrativa de las provincias, para la cual requería el apoyo de centros administrativos fuertes (los templos) y la codificación de leyes.[383] Bajo Ciro ya existían satrapías, una de las cuales incluía a Palestina y Babilonia, pero Darío reorganizó las satrapías, separó a Babilonia de la región palestinense (*Abar Nahar*) e instaló sátrapas y gobernadores locales.[384] Con esto logró una eficaz administración del imperio sin tener que recurrir a la fuerza militar.

Aunque el Imperio Persa ha sido caracterizado como más benevolente que los imperios anteriores que dominaron a Israel, mantuvo un estricto control de las provincias, por medio de los funcionarios administrativos, gobernadores locales leales al imperio y la recaudación de tributos e impuestos.

Según Berquist, Zorobabel, gobernador de Judá durante el reinado de Darío, era un leal funcionario persa y su labor era gobernar para el beneficio del imperio.[385] Esto no significa,

---

383 Con Darío inició el interés de los persas por la codificación de leyes locales en las satrapías y el apoyo de las prácticas locales. Ver Yamauchi, *Persia and the Bible*, 257; A. T. Olmstead. *A History of the Persian Empire*. Chicago: University of Chicago, 1948, 119-134; Berquist, *Judaism in Persia's Shadow*, 55.

384 Ephraim Stern. "The Persian Empire and the Political and Social History of Palestine in the Persian Period" en Davies y Finkelstein, *The Cambridge History of Judaism. Vol 1. The Persian Period*, 78, aclara que no hay seguridad en cuanto a la fecha de la división, sólo que para el reinado de Artajerjes, la satrapía de Abar Nahar era independiente de Babilonia. Según Sean McEvenue. "The Political Structure in Judah from Cyrus to Nehemiah", *CBQ* 43 (1981) 356, el gobierno persa empleaba dos líneas de autoridad, una que pasaba del emperador al sátrapa y al gobernador, y otra que consistía de un grupo de oficiales que informaban directamente al emperador para asegurar la lealtad de los sátrapas y gobernadores. Es discutida la independencia de Judá y Samaria. Algunos autores consideran que Judá permaneció bajo la administración de Samaria (ver McEvenue, "Political Structure in Judah", 354-358), mientras que otros sugieren que Judá era administrativamente independiente de Samaria (o lo fue en diversos momentos del período persa (ver Stern, 83; Morton Smith, *Palestinian Parties and Politics*, 196).

385 Si es así, Ageo y Zacarías, quienes apoyan a Zorobabel, estarían buscando favorecer los intereses del imperio persa. Otra lectura del texto supone que Zorobabel se rebeló contra el imperio y que por eso desaparece repentinamente del libro de Esdras y de la historia del judaísmo postexílico. Cf. Sacchi, *The History of the Second Temple Period*, 61.

sin embargo, que la situación económica de Judá fuera favorable para la población. Los impuestos del imperio eran onerosos y la presencia de militares y comerciantes persas y judíos exiliados desembocó en una estratificación social que afectó negativamente a la población. Según Stern,[386] durante el reinado de Darío empezó a incrementar el número de exiliados judíos que regresaban a Judá. Esto quizá como resultado de las continuas revueltas en Babilonia y la crisis económicas que éstas provocaban.

Bajo Jerjes, hijo de Darío, Egipto se rebeló en 486 a.C. contra el Imperio Persa. Esta rebelión, y la preocupación por asegurar la dominación persa sobre la región estratégica de Judá, podría explicar la oposición a la reconstrucción de la ciudad en Esdras 4.6ss.[387] Este rey dejó de apoyar a los templos locales y buscó centralizar el imperio por medio de la fuerza militar.[388]

Jerjes, asesinado en 465 a.C., fue sucedido por su hijo Artajerjes, bajo cuyo reinado se ubican ambos Esdras y Nehemías, según sus respectivos libros. Al parecer, durante el reinado de Artajerjes la estabilidad del imperio se vio amenazada por revueltas constantes, particularmente en Egipto y Babilonia. La presencia de líderes fuertes sugiere, según algunos autores, la necesidad de estabilizar la situación en Judá para lograr control de Egipto y mantener las rutas comerciales.[389] Poco más de un siglo después, en 330 a.C., Darío III, último rey de la dinastía aquemenida fue derrotado por Alejandro Magno e inició el período de dominación griega.

---

386  Stern, "The Persian Empire and the Political and Social History of Palestine Period", 72.
387  Ibid., 72-73.
388  Berquist, Judaism Under Persia's Shadow, 89.
389  Ver Albertz, The History of Israelite Religion, Vol II, 446.

# Bibliografía

## 1. Biblias

*Biblia de América.* Dirección y revisión de la traducción de Santiago Guijarro y Miguel Salvador. Madrid: La Casa de la Biblia, 1992.

*Biblia de Jerusalén.* 3a edición. Dirección de José Angel Ubieta López. Bilbao: Desclée de Brouwer, 1998.

*Hebrew-English Tanakh.* Philadelphia: Jewish Publication Society, 1999.

*Biblia Hebraíca Stuttgartensia.* Editado por Rudolf Kittel. Stuttgart: Deutsche Bibelgesellschaft, 1997.

*The Harper Collins Study Bible. New Revised Standard Version.* Editado por Wayne A. Meeks. New York: Harper Collins, 1993.

*Sagrada Biblia. Versión Crítica sobre los textos hebreo, arameo y griego.* Traducción de Francisco Cantera Burgos y Manuel Iglesias González. Madrid: Editorial Católica, 1975.

*Septuaginta.* Editado por Alfred Rahlfs. Stuttgart: Deutsche Bibelgesellschaft, 1935, 1979.

## 2. Literatura extrabíblica

Charlesworth, James H., ed. *The Old Testament Pseudepigrapha 2 vols.* New York: Doubleday, 1985.

Diez Macho, Alejandro, ed. *Introducción General a los Apócrifos del Antiguo Testamento*. Cristiandad: Madrid, 1984.

_____. *Apócrifos del Antiguo Testamento. Tomo II*. Madrid: Cristiandad, 1983.

_____. *Apócrifos del Antiguo Testamento. Tomo IV*. Madrid: Cristiandad, 1984.

_____. *Apócrifos del Antiguo Testamento, Tomo V*. Madrid: Cristiandad, 1987.

García Martínez, Florentino, trad. y ed. *Textos de Qumrán*. Madrid: Trotta, 1992.

_____. y Eibert J.C. Tigchelaar, trad. y ed. *The Dead Sea Scrolls. Study Edition. Vol 1*. New York: Brill, 1997.

Josephus, Flavius. *The Complete Works of Flavius Josephus*. Traducido por William Whiston. Chicago: Geo. M. Hill Co., s.f.

Philo. *The Works of Philo*. Traducido por C.D. Yonge. Massachusetts: Hendrickson, 1993.

## 3. Obras de referencia

Alonso Schökel, Luis. *Diccionario bíblico hebreo-español*. Madrid: Trotta, 1994.

Botterweck, Johannes y Helmer Ringgren, eds. *Theological Dictionary of the Old Testament, 12 vol*. Traducido del alemán por David E. Green, Stuttgart: Verlag W. Kohlammer GmbH, 1977. Grand Rapids: Eerdmans Press, 1980.

Brown, Francis, Samuel R. Driver y Charles A. Briggs. *Hebrew and English Lexicon*. Boston: Houghton, Mifflin and Company, 1906. Reimpresión Massachusetts: Hendrickson Publishers, 2000.

de Vaux, Roland. *Instituciones del Antiguo Testamento*. Traducido del francés por A. Ros. Barcelona: Herder, 1964.

Harris, Laird R., Gleason L. Archer, Jr. y Bruce K. Waltke. *Theological Wordbook of the Old Testament. 2 Vols*. Chicago: Moody Press, 1980.

Jenni, Ernst y Claus Westermann, eds. *Diccionario Teológico Manual del Antiguo Testamento*, 2 tomos. Traducido del alemán por Rufino Gooy, Munich: Chr. Kaiser Verlag, 1971. Madrid: Cristianidad, 1985.

Kittel, Gerhard y Gerhard Friedrich. *Theological Dictionary of the New Testament*. *10 vols*. Traducido del alemán por Geoffrey W. Bromiley. Grand Rapids: Eerdamans,1964-1976.

Lisowsky, Gerhard. *Konkordanza Zum Hebräischen Alten Testament*. Stuttgart: Deutsche Bibelgesellschaft, (2 edición) 1981.

Mawson, C.O. Sylvester, ed. *Roget™s International Thesaurus of English Words and Phrases*. New York: Thomas Y. Crowell, 1922; Bartleby.com,2000. En www. Bartleby.com/110.

## 4. Comentarios bíblicos

Alonso Schökel, Luis y J.L. Sicre Diaz. *Profetas I: Isaías-Jeremías*. Madrid: Ediciones Cristiandad, 1980.

Batten, Loring W. *Ezra and Nehemiah*. *The International Critical Commentary*, Driver, S.R., A. Plummer, y C.A. Briggs, eds. Edinburgh: T&T Clark, 1972 segunda edición.

Blenkinsopp, Joseph. *Ezra-Nehemiah*. *Old Testament Library*. Philadelphia: Westminster Press, 1988.

Braun, Roddy. *1 Chronicles*. *Word Biblical Commentary*. Waco: Word Books, 1986.

Brown, Raymond E., Joseph Fitzmyer y Roland Murphy. *Comentario Bíblico "San Jeronimo" V Tomos*. Traducción del inglés de Alfonso de la Fuente Adanez y Jesús Valiente Malla. Madrid: Cristiandad, 1971.

Budd. Philip J. *Numbers*. *Word Biblical Commentary*. Waco: Word Books, 1984.

Childs, Brevard S. *Exodus*. *Old Testament Library*. Philadelphia: Westminster, 1974.

_____. *Isaiah*. *Old Testament Library*. Louisville: Westminster John Knox Press, 2001.

Clines, David J. *Ezra, Nehemiah, Esther. The New Century Bible Commentary*. Grand Rapids: Eerdmans, 1984.

Curtis, Edward L. *Chronicles. The International Critical Commentary*. Edinburgh: T & T Clark, 1910.

Farmer, William R., ed. *Comentario Bíblico Internacional. Comentario Católico y Ecuménico para el Siglo XXI*. Estella: Verbo Divino, 1999.

Fensham, Charles F. *The Books of Ezra and Nehemiah. New International Commentary on the Old Testament*. Grand Rapids: Eerdmans, 1982.

Gerstenberger, Erhard S. *Leviticus: A Commentary*. Louisville: Westminster John Knox Press, 1996.

Gray, George Buchanan. *Numbers. International Critical Commentary*. Edinburgh: T & T Clark, 1956.

Gray, John. *I & II Kings. Old Testament Library*. London: SCM Press, 1964.

Hill, Andrew. *Malachi. The Anchor Bible*. New York: Doubleday, 1998.

Keil, C.F. y F. Delitzsch. *The Books of Ezra, Nehemiah and Esther. Biblical Commentary on the Old Testament*. Traducido del alemán por Sophia Taylor. Grand Rapids: Eerdmans, 1966.

Levine, Baruch. *Numbers 1-20. The Anchor Bible*. New York: Doubleday, 1993.

_____. *Numbers 21-36. The Anchor Bible*. New York: Doubleday, 2000.

McKane, William. *Proverbs. The Old Testament Library*. London: SCM Press, 1970.

Milgrom, Jacob. *Leviticus 1-16. The Anchor Bible*. New York: Doubleday, 1990.

_____. *Leviticus 17-22. The Anchor Bible*. New York: Doubleday, 2000.

Montegomery, James A.. *The Books of Kings. International Critical Commentary*. Edinburgh: T & T Clark, 1967.

Myers, Jacob M. *1 Chronicles. The Anchor Bible*. New York: Doubleday, 1965

_____. *I & II Esdras. The Anchor Bible*. New York: Doubleday, 1974.

_____. *Ezra-Nehemiah. The Anchor Bible*. New York: Doubleday, 1965.

Nelson, Richard. *Deuteronomy. The Old Testament Library*. Louisville: Westminster John Knox, 2002.

Vílchez Líndez, José. *Narraciones III. Tobías y Judit*. Verbo Divino: Estella, 2000

von Rad, Gerhard. *Deuteronomy. The Old Testament Library*. Philadelphia: Westminster, 1966.

Westermann, Claus. *Isaiah 56-66. The Old Testament Library*. Philadelphia: Westminster Press, 1969.

Williamson, H.G.M. *Ezra-Nehemiah. Word Biblical Commentary*. Nashville: Thomas Nelson Publishers, 1985.

## 5. Libros

Abadie, Philippe. *El libro de Esdras y de Nehemías. Cuadernos Bíblios 95*. Estella: Verbo Divino, 2001.

Ackroyd, Peter R. *Exile and Restoration. A Study of Hebrew Thought of the Sixth Century B.C.* Philadelphia: Westminster, 1968.

_____. *Israel under Babylon and Persia*. Oxford: New Clarendon Bible, 1970.

Albertz, Rainer. *A History of Israelite Religion in the Old Testament Period. Vol I: From the Beginnings to the End of the Monarchy*. Traducido del alemán por John Bowden. Göttingen: Vandenhoeck & Ruprecht, 1992. Louisville: Westminster John Knox, 1994.

_____. *A History of Israelite Religion in the Old Testament Period. Vol II: From the Exile to the Maccabees*. Traducido del alemán por John Bowden. Göttingen: Vandenhoeck & Ruprecht, 1992. Louisville: Westminster John Knox, 1992.

Bach, Alice, ed. *Women in the Hebrew Bible*. New York: Routledge, 1999.

Baron, Salo Wittmayer, *A Social and Religious History of the Jews, Vol. 1: Ancient Times, Part 1*. New York: Columbia Univ. Press, 1952.

Becking, Bob y Marjo Korpel. *The Crisis of Israelite Religion*. Boston: Brill, 1999.

Berquist, Jon L. *Judaism in Persia's Shadow. A Social and Historical Approach*. Minneapolis: Fortress Press, 1995.

Bird, Phyllis A. *Missing Persons and Mistaken Identities. Women and Gender in Ancient Israel. Overtures to Biblical Theology*. Minneapolis: Fortress Press, 1997.

Blenkinsopp, Joseph. *Sage, Priest, Prophet. Religious and Intellectual Leadership in Ancient Israel*. Louisville: Westminster John Knox Press, 1995.

Brenner, Athalya, ed. *A Feminist Companion to Samuel and Kings, Feminist Companion to the Bible*. Sheffield: Sheffield Academic Press, 1994.

Brett, Mark G., ed. *Ethnicity and the Bible. Biblical Interpretation Series*. New York: Brill, 1996.

Camp, Claudia V. *Wise, Strange and Holy. The Strange Woman and the Making of the Bible. Journal for the Study of the Old Testament Supplement Series 320*. Sheffield: Sheffield Academic Press, 2000.

Cohen, Shaye J.D. *From the Maccabees to the Mishnah*. Philadelphia: Westminster, 1987.

_____. *The Beginnings of Jewishness. Boundaries, Varieties, Uncertainties*. Los Angeles: University of California, 1999.

Corrington Streete, Gail. *The Strange Woman. Power and Sex in the Bible*. Louisville: Westminster John Knox Press, 1997.

Cross, Frank Moore. *Canaanite Myth and Hebrew Epic: Essays in the History of the Religion of Israel*. Cambridge: Harvard Univ., 1973.

Crüsemann, Frank. *The Torah. Theology and Social History of Old Testament Law*. Traducido del alemán por Allan W. Mahnke. Chr. Aiser Verlag, 1992. Minneapolis: Fortress Press, 1996.

Davies, Philip R, ed. *Second Temple Studies. 1. The Persian Period. Journal for the Study of the Old Testament Supplement Series 117*. Sheffield: Sheffield Academic Press, 1991.

Davies, W.D. y Louis Finkelstein. *The Cambridge History of Judaism Vol 1: Introduction; The Persian Period*. Cambridge: Cambridge Univ. Press, 1984.

Day, Peggy, ed. *Gender and Difference in Ancient Israel*. Minneapolis: Fortress, 1989.

Delumeau, Jean. *El miedo en Occidente.* Traducción del francés. *Le peur en Occident.* Paris: Arthème Fayard, 1978. Madrid: Taurus,1989.

Dion, Paul-Eugene. *Universalismo religioso en Israel.* Estella: Verbo Divino, 1975.

Donner, Herbert. *História de Israel e dos povos vizinhos. Vol. 1: Dos primórdios até a formação do Estado.* Traducido del alemán. São Leopoldo: Sinodal, 1997.

_____. *História de Israel e dos povos vizinhos. Vol. 2: Da divisão do reino até Alexandre Magno.* Traducido del alemán. São Leopoldo: Sinodal, 1997.

Douglas, Mary. *Pureza y peligro. Un análisis de los conceptos de contaminación y tabu.* Traducido del inglés. Pelican Books, 1970. Madrid: Siglo XXI de España, primera edición 1973, 1991.

Driver, Samuel R. *An Introduction to the Literature of the Old Testament.* New York: Meridian Books, 1957.

Eilberg-Schwartz, Howard. *The Savage in Judaism. An Anthropology of Israelite Religion and Ancient Judaism.* Indianapolis: Indiana University Press, 1990.

Eissfeldt, Otto. *The Old Testament. An Introduction.* Traducido del alemán por Peter Ackroyd. New York: Harper & Row, 1965.

Eskenazi, Tamara C. *In an Age of Prose: A Literary Approach to Ezra-Nehemiah. Society of Biblical Literature Manuscript Series 26.* Atlanta: Society of Biblical Literature, 1988.

_____ y Kent H. Richards, eds. *Second Temple Studies Vol 2: Temple and Community in the Persian Period. Journal for the Study of the Old Testament, Supplement Series 175.* Sheffield: Sheffield Press, 1994.

Exum, Cheryl. *Fragmented Women. Feminist (Sub)versions of Biblical Narratives. JSOTSup 163.* Sheffield: Sheffileld Academic Press, 1993

Fox, Michael, et. al. *Texts, Temples, and Traditions. A Tribute to Menahem Haran* Winona Lake: Eisenbrauns, 1996.

Frymer-Kensky, Tikva. *Reading the Women of the Bible. A New Interpretation of Their Stories.* New York: Schocken, 2002.

Gammie, John G. *Holiness in Israel*. Minneapolis: Augsburg Fortress, 1989.

Gebara, Ivone. *Rompendo o Silêncio. Uma fenomenologia feminista do mal*. Petrópolis: Editora Vozes, 2000.

Girard, René. *Literatura, mímesis y antropología*. Traducido del inglés por Alberto L. Bixio. Baltimore. Johns Hopkins Univ., 1978. Barcelona: Gedisa, 1997

_____.*Violence and the Sacred*. Traducido del francés por Patrick Gregory. Paris: Bernard Grasset, 1972. Baltimore: Johns Hopkins Univ., 1977.

González Lamadrid, Antonio. *Las Tradiciones Históricas de Israel*. Estella: Verbo Divino, 1993.

Gottwald. Norman. *The Tribes of Yahweh. A Sociology of the Religion of Liberated Isreal 1250-1050 B.C.E*. Maryknoll: Orbis, 1979.

Habel, Norman, Roy H. May y José Enrique Ramírez K. *Tierra Prometida. Abraham, Josué y tierra sin exclusión*. Quito: Abya-Yala, 2000.

Christine E. Hayes. *Gentile Impurities and Jewish Identities*. Oxford Scholarship Online:Oxford University Press. 2002.

Holloway, Steven W. y Lowell K. Handy. *The Pitcher is Broken. Memorial Essays for Gösta W. Ahlström, Journal for the Study of the Old Testament Supplement Series 190*, Sheffield: Sheffield Academic Press, 1986.

Hopfe, Lewis, ed. *Uncovering Ancient Stones. Essays in Memory of H. Neil Richardson*. Winona Lake: Eisenbrauns, 1994.

Houston, Walter. *Purity and Monotheism. Clean and Unclean Animals in Biblical Law*. Sheffield: Sheffield Academic Press, 1993.

Janzen, David. *Witch-hunts, Purity and Social Boundaries. The Expulsion of Foreign Women in Ezra 9-10. Journal for the Study of the Old Testament Supplement Series 350*. Sheffield: Sheffield Academic Press, 2002.

Japhet, Sara. *The Ideology of the Book of Chronicles and its Place in Biblical Thought*. New York: Peter Lang, 1989.

Jenson, Phillip Peter. *Graded Holiness. A Key to the Priestly Conception of the World. Journal for the Study of the Old Testament Supplement Series 106*. Sheffield: Sheffield Academic Press, 1992.

Jobling, David, Peggy Day y Gerald T Sheppard, eds. *The Bible and the Politics of Exegesis*. Cleveland: Pilgrim Press, 1991.

Joosten, Jan. *People and Land in the Holiness Code. An exegetical study of the ideational framework of the law in Leviticus 17-26*. *Vetus Testamentum, Supplements LXVII*. New York: Brill, 1996.

Knohl, Israel. *The Sanctuary of Silence. The Priestly Torah and the Holiness School*. Minneapolis: Fortress Press, 1995.

Kunin, Seth Daniel. *The Logic of Incest. A Structuralist Analysis of Hebrew Mythology. Journal for the Study of the Old Testament Supplement Series 185*. Sheffield: Sheffield Academic Press, 1995.

Kristeva, Julia. *Powers of Horror. An Essay on Abjection*. New York: Columbia University Press, 1982.

Lagarde, Marcela. *Los cautiverios de las mujeres: Madresposas, monjas, putas, presas y locas*. México: Univ. Nacional Autónoma, 1993.

Lemaire, André y Benedikt Otze, eds. *History and Tradition of Early Israel. Vetus Testamentum, Supplements L*. New York: Brill, 1993.

Lemche, Niels Peter. *The Israelites in History and Tradition*. Louisville: Westminster John Knox, 1998.

Lods, Adolphe. *Israel. Desde los orígenes hasta mediados del siglo VIII (a. de C.)*. Tomo XLI de *La Evolución de la Humanidad Tomo XLI*, México: UTEHA, 1956.

Lovering, Eugene H., ed. *Society of Biblical Literature 1995 Seminar Papers*. Atlanta: Scholars Press, 1995.

Maier, Johann. *Entre los dos Testamentos*. Salamanca: Sígueme, 1996.

Mateos, Juan. *La utopía de Jesús*. Córdoba: El Almendro, 1992.

Mayer, Gruber. *Judaic Perspectives on Ancient Israel*. Philadelphia: Fortress Press, 1987.

McNuttt, Paula. *Reconstructing the Society of Ancient Israel*. Louisville: Westminster John Knox Press, 1999.

Meyers, Carol L. y M. O'Connor. *The Word of the Lord Shall Go Forth*. Winona Lake: Eisenbrauns, 1983.

Miller, Patrick D. *The Religion of Ancient Israel*. Louisville: Westminster John Knox, 2000.

Neusner, Jacob. *Judaism When Christianity Began. A Survey of Belief and Practice*. Louisville: Westminster John Knox Press, 2002.

Olmstead, A. T. A *History of the Persian Empire*. Chicago: University of Chicago, 1948.

Pfeiffer, Robert H. *Introduction to the Old Testament*. New York: Harper & Brothers, 1941.

Pikaza, Javier. *La Biblia y la teología de la historia*. Madrid: FAX, 1972.

Pritchard, James, comp. *La Sabiduría del Antiguo Oriente*. Traducido por Dr. J.-A. G.-Larraya. Princeton: Princeton Univ. Barcelona, Garriga, 1966.

Ramírez Kidd, José Enrique. *Alterity and Identity in Israel. The 'ger' in the Old Testament. Beihefte zur Zeitschrift für die alttestamentliche Wissenschaft*. New York: Walter de Gruyter, 1999.

Reineke, Martha J. *Sacrificed Lives. Kristeva on Women and Violence*. Bloomington: Indiana Univ., 1997.

Rowley, H.H. *Men of God. Studies in Old Testament History and Prophecy*. London: Nelson, 1963, 211-245.

Sacchi, Paolo. *The History of the Second Temple Period. Journal for the Study of the Old Testament Supplement Series 285*. Traducido del italiano. Sheffield: Sheffield Academic Press, 2000.

Sanders, E.P, ed. *Jewish and Christian Self-Definition*. Philadelphia: Fortress, 1981.

Schmidt, Francis. *How The Temple Thinks. Identity and Social Cohesion in Ancient Judaism. The Biblical Seminar 78*. Traducido del francés por J. Edward Crowley. Sheffield: Sheffield Academic Press, 2001.

Scott, James M. ed. *Exile. Old Testament, Jewish and Christian Conceptions*. New York: Brill, 1997.

Smith, Daniel L. *The Religion of the Landless. The Social Context of the Babylonian Exile*. Bloomington: Meyer-Stone Books, 1989.

Smith, Mark. *The Early History of God. Yahweh and the Other Deities in Ancient Israel*. Grand Rapids: Eerdmans, 2002.

Smith, Morton. *Palestinian Parties and Politics that Shaped the Old Testament*. New York: Columbia University Press, 1971.

Sparks, Kenton L. *Ethnicity and Identity in Ancient Israel. Prolegomena to the Study of Ethnic Sentiments and Their Expression in the Hebrew Bible*. Winona Lake: Eisenbrauns, 1998.

Steinberg, Naomi. *Kinship and Marriage in Genesis. A Household Economics Perspective*. Minneapolis: Fortress Press, 1993.

Steiner, Franz. *Taboo*. London: Cohen & West Ltd, 1956.

Tassin, Claude. *El judaísmo. Desde el destierro hasta el tiempo de Jesús*. *Cuadernos Bíblicos 55*. Estella: Verbo Divino, 1987.

Torrey, Charles. *Ezra Studies, The Library of Biblical Studies*. Primera edición 1910. New York: KTAV, 1970.

van Houten, Christiana. *The Alien in Israelite Law. Journal for the Study of the Old Testament Supplement Series 107*. Sheffield: Sheffield Academic Press, 1991.

von Rad, Gerhard. *Teología del Antiguo Testamento Vol. I*. Traducido del alemán por Victoriano Martín Sánchez, edición de Luis Alonso Schökel. Salamanca: Sígueme, 2000.

Weber, Max. *Ancient Judaism*. Traducido por Hans H. Gerth y Don Martindale. Illinois: Free Press, 1952.

Weinberg, Joel. *The Citizen-Temple Community. Journal for the Study of the Old Testament Supplement Series 150*. Traducido del alemán por Daniel L. Smith-Christopher. Sheffield: Sheffield Academic Press, 1992.

Welch, Adam C. *Post-Exilic Judaism*. Edinburgh: William Backwood, 1935.

Yamauchi, Edwin M. *Persia and the Bible*. Grand Rapids: Baker Books, 1990, 1996.

Yee, Gale A. *Poor Banished Children of Eve. Women as Evil in the Hebrew Bible*. Minneapolis: Fortress, 2003.

Zamora, José Antonio, coord. *Ciudadanía, multiculturalidad e inmigración*. Estella: Verbo Divino, 2003.

Zevit, Ziony, et. al., eds. *Solving Riddles and Untying Knots. Biblical, Epigraphic, and Semitic Studies in Honor of Jonas C. Greenfield*. Winona Lake: Eisenbrauns, 1995.

## 6. Artículos

Ackerman, Susan. "The Queen Mother and the Cult in Ancient Israel" en Alice Bach, ed. *Women in the Hebrew Bible*. New York: Routledge, 1999, 179-194.

_____. "The Worship of the Queen of Heaven" en Peggy Day, ed. *Gender and Difference in Ancient Israel*. Minneapolis: Fortress, 1989, 109-124.

Ackroyd, Peter. "The Jewish community in Palestine in the Persian period" en Davies, W.D. y Louis Finkelstein. *The Cambridge History of Judaism Vol 1: Introduction. The Persian Period*. Cambridge: Cambridge Univ., 1984, 130-161.

Andersen, Francis I. "The Socio-Juridical Background of the Naboth Incident", *Journal of Biblical Literature* LXXXV Mar (1996), 46-57.

Aubin, Melissa. "'She is the beginning of the ways of perversity:' Femeninity and Metaphor in 4Q184", *Women in Judaism: A Multidisciplinary Journal* (2001). Versión electrónica: www.utoronto.ca/wjudaism/journal/vol2n2/documents/aubin. pdf.

Bechtel, Lyn M. "Shame as a sanction of social control in Biblical Israel: Judicial, political and social shaming", *Journal for the Study of the Old Testament* 49 (1991) 47-76.

_____. "The Perception of shame within the divine-human relationship in Biblical Israel" en Lewis Hopfe, ed., *Uncovering Ancient Stones. Essays in Memory of H. Neil Richardson*. Winona Lake: Eisenbrauns, 1994, 79-92.

Becking, Bob. "Continuity and Community in the Book of Ezra" en Becking, Bob y Marjo Korpel. *The Crisis of Israelite Religion*. Boston: Brill, 1999, 256-287.

Bedford, Peter R. "Diaspora: Homeland relations in Ezra-Nehemiah",*Vetus Testamentum* LI, 1 (2001) 147-165.

Bellinger, Jr. W. H. "Leviticus and Ambiguity", *Perspectives in Religious Studies* Vol 25, No. 3 (1998) 217-226.

Bickerman, Elias. "The Diaspora. B. The Babylonian Captivity" en W. D. Davies y Louis Finkelstein. *The Cambridge History of Judaism Vol 1: Introduction; The Persian Period*. Cambridge: Cambridge Univ., 1984, 342-358.

Bigger, Stephen "Family laws of Leviticus 18 in their setting", *Journal of Biblical Literature* Vol 98, No 2 (1979) 187-203.

Blenkinsopp, Joseph. "A Jewish Sect of the Persian Period", *Catholic Biblical Quarterly*, Vol 52, No.1, Jan (1990) 5-20.

_____. "The Social Context of the 'Outsider Women' in Proverbs 1-9", *Biblica* 72 (1991) 457-473.

_____. "Interpretation and the Tendency to Sectarianism: An Aspect of Second Temple History" en E.P. Sanders, ed. *Jewish and Christian Self-Definition*. Philadelphia: Fortress, 1981, 1-25.

_____. "Temple and Society in Achaemenid Judah" en Phillip R. Davies. ed. *Second Temple Studies. 1. The Persian Period. Journal for the Study of the Old Testament Supplement Series 117*. Sheffield: Sheffield Academic Press, 1991, 22-53.

_____. "The Judaen Priesthood during the Neo-Babylonian and Achaemenid Periods: A Hypothetical Reconstruction", *Catholic Biblical Quarterly* Vol 60, No 1, Jan (1998) 25-43.

_____. "The Mission of Udjahorresnet and Those of Ezra and Nehemiah", *Journal of Biblical Literature*, 106/3 (1987) 409-421.

Bossman, David O.F.M. "Ezra's Marriage Reform: Israel Redefined", *Biblical Theology Bulletin* Vol 9, No 1, Jan (1979) 32-38.

Camp, Claudia. "What's So Strange About the Strange Woman?" en David Jobling, Peggy Day y Gerald Sheppard, ediçs. *The Bible and the Politics of Exegesis* Cleveland: Pilgrim Press, 1991, 17-31.

Cardoso Pereira, Nancy. "Comida, sexo y salud. Leyendo Levítico en América Latina",*RIBLA* 23 (1996) 127-152.

Carmichael, Calum M. "Forbidden Mixtures", *Vetus Testamentum* XXXII, 4 (1982) 394-415.

_____. "Forbidden Mixtures in Deuteronomy XXII 9-11 and Leviticus XIX 19", *Vetus Testamentum* XLV, 4 (1995) 433-448.

Carroll, Robert P. "Deportation and Diasporic Discourses in the Prophetic Literature" en James M. Scott, ed. *Exile. Old Testament, Jewish and Christian Conceptions*. New York: Brill, 1997, 63-85.

_____. "So What do we Know About the Temple? The Temple in the Prophets" en Tamara C. Eskenazi y Kent H. Richards, eds. *Second Temple Studies Vol 2: Temple and Community in the Persian Period. Journal for the Study of the Old Testament, Supplement Series*. Sheffield: Sheffield Press, 1994, 34-51.

_____. "Textual Strategies and Ideology in the Second Temple Period" en Phillip R. Davies. ed. *Second Temple Studies. 1. The Persian Period. Journal for the Study of the Old Testament Supplement Series 117.* Sheffield: Sheffield Academic Press, 1991, 108-124.

_____. "The Myth of the Empty Land", *SEMEIA* 59 (1992) 79-93.

Cazelles, Henri. "La Mission D'Esdras", *Vetus Testamentum* 4 (1954), 113-140.

Cervantes Gabarrón, José. "Un inmigrante será para vosotros como el nativo (Lv 19.34). El inmigrante en las tradiciones bíblicas" en José Antonio Zamora, coord. *Ciudadanía, multiculturalidad e inmigración.* Estella: Verbo Divino, 2003, 241-288.

"Código de Hammurabi 138" en James Pritchard, comp. *La Sabiduría del Antiguo Oriente.* Traducido por Dr. J.-A. G.-Larraya. Princeton: Princeton Univ. Barcelona, Garriga, 1966, 163-195.

Cross, Frank Moore. "A Reconstruction of the Judean Restoration", *Journal of Biblical Literature* 94/1 (1975) 4-18.

Dijkstra, Meindert. "The Valley of Dry Bones: Coping with the Reality of the Exile in the Book of Ezequiel" en Bob Becking y Marjo Korpel. *The Crisis of Israelite Religion.* Boston: Brill, 1999, 114-133.

Dor, Yonina. "The Composition of the Episode of the Foreign Women in Ezra IX-X", *Vetus Testamentum* Vol 53 No 1 Jan (2003), 26-47.

Eron, Rabbi Lewis John. "'That women have mastery over both king and beggar' (TJud 15.5) – The relationship of the fear of sexuality to the status of women in Apocrypha and Pseudepigrapha: 1 Esdras (3 Ezra) 3-4, Ben Sira and the Testament of Judah", *Journal for the Study of the Pseudepirapha,* Vol 9 (1991) 43-66.

Eskenazi, Tamara C. "Nehemiah 9-10: Structure and Significance", *Journal of Hebrew Scriptures* 3 (2001), en www.purl.org/jhs.

_____. "Out from the Shadows: Biblical Women in the Postexilic Era", *Journal for the Study of the Old Testament* 54, Jun (1992) 25-43.

_____. "The Structure of Ezra-Nehemiah and the Integrity of the Book", *Journal of Biblical Literature*, 107/4 (1988) 641-656.

Eskenazi, Tamara C. y Eleanore P. Judd. "Marriage to a Stranger in Ezra 9-10" en Tamara C. Eskenazi y Kent H. Richards, eds. *Second Temple Studies Vol 2: Temple and Community in the Persian Period. Journal for the Study of the Old Testament, Supplement Series 175.* Sheffield: Sheffield Press, 1994, 266-285.

Feldman, Louis H. "Josephus' Portrait of Ezra", *Vetus Testamentum* XLIII, 2 (1993) 190-214.

Frymer-Kensky, Tikva. "Pollution, purification and purgation in Biblical Israel" en Carol L. Meyers y M. O'Connor, *The Word of the Lord Shall Go Forth.* Winona Lake: Eisenbrauns, 1983, 399-414.

Gallazzi, Sandro. "Apectos de la economía del Segundo Templo", *RIBLA* 30 (1998), 55-72.

_____. "La sociedad perfecta según los sadocitas. El libro de los Números", *RIBLA* 23 (1996) 153-167.

Garrett, Susan R. "The 'Weaker Sex' in the Testament of Job", *Journal of Biblical Literature* 112/1 (1993) 55-70.

Glazier-McDonald, Beth. "Intermarriage, Divorce, and the bat'el nekar: Insights into Mal 2:10-16", *Journal of Biblical Literature* 106/4 (1987) 603-611.

Gonçalves, Francolino J. "El 'destierro': Consideraciones históricas", *Estudios Bíblicos* 55 (1977) 431-461.

Grabbe, Lester L. "Israel's Historical Reality after the Exile" en Bob Becking y Marjo Korpel. *The Crisis of Israelite Religion.* Boston: Brill, 1999, 9-32.

_____. "Reconstructing History from the Book of Ezra" en Phillip R. Davies, ed. *Second Temple Studies. 1. The Persian Period. Journal for the Study of the Old Testament Supplement Series 117.* Sheffield: Sheffield Academic Press, 1991, 99-106.

Greifenhagen, F.V. "Ethnicity In, With, or Under the Pentateuch. *Journal of Religion & Society* Vol 3 (2001). Edición electrónica:moses. creighton.edu/JRS/pdf/ 2001-1. pdf.

Gruber, Mayer I. "Women in the cult according to the Priestly Code" en *Judaic Perspectives on Ancient Israel*. Philadelphia: Fortress Press, 1987, 35-48.

Gutbrod, W. "The Law in the Old Testament" en Gerhard Kittel y Gerhard Friedrich. *Theological Dictionary of the New Testament. Vol IV*. Traducido del alemán por Geoffrey W. Bromiley. Grand Rapids: Eerdamans,1967, 1036-1046.

Halpern Amaru, Betsy. "The First Woman, Wives and Mothers in *Jubilees*", *Journal of Biblical Literature* 112/4 (1994) 609-626.

Hamilton, Victor P. "מַעַל ma'al" en Laird R. Harris, Gleason L. Archer, Jr. y Bruce K. Waltke. *Theological Wordbook of the Old Testament Vol 2*, 520.

Haran, Menahem. "Behind the scenes of history: determining the date of the priestly source", *Journal of Biblical Literature* 100/3 (1981), 321-333.

Hoglund, Kenneth. "The Achaemenid Context" en Phillip R. Davies, ed. *Second Temple Studies 1. The Persian Period. Journal for the Study of the Old Testament Supplement Series 117*. Sheffield: Sheffield Academic Press, 1991, 54-72.

Horsley, Richard A. "Empire, Temple and Community – But no Bourgeoisie!" en Phillip R. Davies, ed. *Second Temple Studies. 1. The Persian Period. Journal for the Study of the Old Testament Supplement Series 117*. Sheffield: Sheffield Academic Press, 1991, 163-174.

Houtman, C. "Another Look at Forbidden Mixtures", *Vetus Testamentum XXXIV*, (1984), 226-228.

Humbert, P. "Les adjectifs zar et nokri et la 'femme étrangèrer' des Proverbes bibliques" en P. Humbert, *Opuscules d'un Hebraisant*. Neuchatel, 1958, 111-118.

Hurst, A.R. "גּוֹי/עַם 'am/góy Pueblo" en Ernst Jenni y Claus Westermann, eds. *Diccionario Teológico Manual del Antiguo Testamento Tomo 2*, Traducido del alemán por Rufino Gooy, Munich: Chr. Kaiser Verlag,1971. Madrid: Cristianidad, 1985, 384-387.

Janzen, David. "Politics, Settlement, and Temple Community in Persian-Period Yehud", *The Catholic Biblical Quarterly*, 64 (2002) 490-510.

_____. "The 'Mission' of Ezra and the Persian-Period Temple Community", *Journal of Biblical Studies*, 119/4 (2000) 619-643.

Japhet, Sara. "Composition and Chronology in the Book of Ezra-Nehemiah" en Tamara C. Eskenazi y Kent H. Richards, eds. *Second Temple Studies Vol 2: Temple and Community in the Persian Period. Journal for the Study of the Old Testament, Supplement Series*. Sheffield: Sheffield Press, 1994, 189-216.

_____. "Foreigners and Aliens" en *The Ideology of the Book of Chronicles and its Place in Biblical Thought*. New York: Peter Lang, 1989, 334-351.

_____. "The Supposed Common Authorship of Chronicles and Ezra-Nehemiah Investigated Anew", *Vetus Testamentum XVIII*, 3, Jul (1968), 330-371.

Johnson, Willa Mathis. "Ethnicity in Persian Yehud: Between Anthropological Analysis and Ideological Criticism" en Eugene H. Lovering, ed. *Society of Biblical Literature 1995 Seminar Papers*. Atlanta: Scholars Press, 1995, 177-186.

Keefe, Alice A. "Stepping In/Stepping Out: A Conversation Between Ideological and Social Scientific Feminist Approaches to the Bible", *Journal of Religion & Society* Vol 1 (1999), 1-14. Versión electrónica: puffin.creighton.edu/human/JRS /PDF/1999-6. PDF.

Klawans, Jonathan. "The Impurity of Immorality in Ancient Judaism", *Journal of Jewish Studies* Vol XLVIII, No.1 (1997) 1-16.

Knierim, R. R. Knierim. "מעל m'l Ser infiel" en Ernst Jenni y Claus Westermann, eds. *Diccionario Teológico Manual del Antiguo Testamento Tomo 2*, Traducido del alemán por Rufino Gooy, Munich: Chr. Kaiser Verlag,1971. Madrid: Cristiandad, 1985, 1252-1255.

_____ אשם 'ásám Reato" en Ernst Jenni y Claus Westermann, eds. *Diccionario Teológico Manual del Antiguo Testamento Tomo 1*, Traducido del alemán por Rufino Gooy, Munich: Chr. Kaiser Verlag,1971. Madrid: Cristiandad, 1985, 375-383.

Knoppers, Gary N. "Intermarriage, social complexity and ethnic diversity in the genealogy of Judah", *Journal of Biblical Literature* 120/1 (2001) 15-30.

Kugel, James. "The holiness of Israel and the land in Second Temple Times" en Michael Fox, et.al. *Texts, Temples, and Traditions. A Tribute to Menahem Haran*. Winona Lake: Eisenbrauns, 1996, 21-32.

Kugler, Robert A. "Holiness, Purity, the Body and Society. The Evidence for Theological Conflict in Leviticus", *Journal for the Study of the Old Testament* Vol 76 (1997), 3-27.

Kühlewein, J. "אשׁה 'issa Mujer" en Ernst Jenni y Claus Westermann. *Diccionario Teológico Manual del Antiguo Testamento, Tomo 1*. Traducido del alemán por Rufino Gooy. Munich: Chr. Kaiser Verlag, 1971. Madrid: Cristianidad, 1985, 369-375.

Kuhn, Karl George. "προσήλυτος" en Gerhard Kittel y Gerhard Friedrich. *Theological Dictionary of the New Testament. Vol. VI*. Traducido del alemán por Geoffrey W. Bromiley. Grand Rapids: Eerdmans, 1964-1976, 727-744.

Labahn, Antje y Ehud Ben Zvi. "Observations on Women in the Genealogies of 1 Chronicles 1–9" en *Biblica* 84 (2003) 457-478.

Lassner, Jacob "Ritual Purity and Political Exile: Solomon, the Queen of Sheba and the Events of 586 B.C.E. in a Yemenite Folktale" en Ziony Zevit et. al., eds. *Solving Riddles and Untying Knots. Biblical, Epigraphic, and Semitic Studies in Honor of Jonas C. Greenfield*. Winona Lake: Eisenbrauns, 1995, 117-136.

Lemche, Neils Peter. "City-Dweller or Administrators. Further Light on the Canaanites" en André Lemaire y Benedikt Otze, eds. *History and Tradition of Early Israel. Vetus Testamentum, Supplements L*. New York: Brill, 1993, 76-89.

Loza Vera, José. "Universalismo y particularismo en las leyes del Antiguo Testamento", *Revista Bíblica* 55, No 50 (1993/2) 65-90.

Magonet, Jonathan "The biblical roots of Jewish identity: exploring the relativity of exegesis", *Journal for the Study of the Old Testament* 54 (1992) 3-24.

Martin-Achard, R. "נכר nekar Extranjero" en Ernst Jenni y Claus Westermann, eds. *Diccionario Teológico Manual del Antiguo Testamento, Tomo 1*. Traducido del alemán por Rufino Gooy, Munich: Chr. Kaiser Verlag, 1971. Madrid: Cristianidad, 1985, 97-100.

_____. "זר zar Extranjero" en Ernst Jenni y Claus Westermann, eds. *Diccionario Teológico Manual del Antiguo Testamento, Tomo 1*. Traducido del alemán por Rufino Gooy, Munich: Chr. Kaiser Verlag, 1971. Madrid: Cristianidad, 1985, 728-730.

Meyers, Carol. "'To Her Mother's House' Considering a Counterpart to the Israelite Bet 'ab" en David Jobling, Peggy L. Day y Gerald T. Sheppard, eds. *The Bible and the Politics of Exegesis*. Cleveland: Pilgrim Press, 1991, 39-51.

_____. "Women and the Domestic Economy of Israel" en Alice Bach, ed. *Women in the Hebrew Bible. A Reader*. New York: Routledge, 1999, 33-44.

Mullen, E. Theodore Jr. "Crime and Punishment: The Sins of the King and the Despoliation of the Treasuries", *Catholic Biblical Quarterly* 54 (1992) 231-248.

Müller, H.P. "קָדֵשׁ qds Santo" en Ernst Jenni y Claus Westermann, eds. *Diccionario Teológico Manual del Antiguo Testamento, Tomo 2*. Traducido del alemán por Rufino Gooy, Munich: Chr. Kaiser Verlag, 1971. Madrid: Cristianidad, 1985, 741-768.

_____. "קָהַל qahal Asamblea" en Ernst Jenni y Claus Westermann, eds. *Diccionario Teológico Manual del Antiguo Testamento, Tomo 2*. Traducido del alemán por Rufino Gooy, Munich: Chr. Kaiser Verlag, 1971. Madrid: Cristianidad, 1985, 768-781.

Neusner, Jacob. "Exile and Return as the History of Judaism" en James M. Scott, ed. *Exile. Old Testament, Jewish and Christian Conceptions*, New York: Brill, 1997, 221-237.

_____. "The Idea of Purity in Ancient Judaism", *Journal of the American Academy of Religion*, 43 Mar (1975) 15-26.

Newsome, James D. "Toward a New Understanding of the Chronicler and His Purposes", *Journal of Biblical Literature*, Vol 94, no. 2, June (1975) 201-217.

Niehr, Herbert. "Religio-Historical Aspects of the ´Early Post-Exilic´ Period" en Bob Becking y Marjo Korpel. *The Crisis of Israelite Religion*. Boston: Brill, 1999, 228-244.

North, Robert. "El Cronista: 1-2 Crónicas, Esdras, Nehemías" en Raymond Brown,Joseph Fitzmeyer y Roland Murphy, *Comentario Bíblico "San Jerónimo"*, Tomo II. Madrid: Cristiandad, 1971, 173-272.

Porten, Bezalel. "The Diaspora. D. The Jews in Egypt" en Davies, W.D. y Louis Finkelstein. *The Cambridge History of Judaism Vol 1: Introduction; The Persian Period.* Cambridge: Cambridge Univ. Press, 1984, 372-400.

Ramírez Kidd, José Enrique. "La tierra como posesión última de Yahvé" en Norman Habel, Roy H. May y José Enrique Ramírez K. *Tierra Prometida. Abraham, Josué y tierra sin exclusión.* Quito: Abya-Yala, 2000, 67-83.

_____. "Toda mujer es Dalila. Acerca de la misoginia en el Antiguo Testamento", *Vida y pensamiento* Vol 21, No 1 (2001) 109-134.

Regev, Eyal. "Priestly dynamic holiness and deuteronomic static holiness", *Vetus Testamentum* LI, 2 (2001), 243-261.

Reinhartz, Adele. "Anonymous Women and the Collapse of the Monarchy: A Study in Narrative Technique" en Athalya Brenner, ed.. *A Feminist Companion to Samuel and Kings. Feminist Companion to the Bible*, Sheffield: Sheffield Academic Press, 1994

Rendtorff, Rolf. "El paradigma del Pentateuco está cambiando: esperanzas y temores", *Selecciones de Teología* 136, Vol 34 (1995) 301-311.

Römer, Thomas C. y Marc Z. Brettler. "Deuteronomy 34 and the Case for a Persian Hexateuch", *Journal of Biblical Literature* 119/3 (2000) 401-419.

Rowlett, Lori "Inclusion, exclusion and marginality in the book of Joshua", *Journal for the Study of the Old Testament* 55 (1992) 15-23.

Sanders, James. "The Exile and Canon Formation" en James M. Scott, ed. *Exile. Old Testament, Jewish and Christian Conceptions.* New York: Brill, 1997, 37-61.

Schiffman, Lawrence H. "At the Crossroads, Tannaitic Perspectives on the Jewish-Christian Schism" en E.P Sanders, ed., *Jewish and Christian Self-Definition.* Philadelphia: Fortress, 1981, 115-156.

Schniedewind, William M. "History and Interpretation: The Religion of Ahab and Manasseh in the Book of Kings", *Catholic Biblical Quarterly* 55 (1993) 649-661.

Sharp, Carolyn J. "The Call of Jeremiah and Diaspora Politics", *Journal of Biblical Literature* 119/3 (2000) 421-438.

Simkins, Ronald A. "Patronage and Political Economy in Monarchic Israel," *SEMEIA* 87 (1999) 123-144.

Smith, Daniel L. "The Politics of Ezra" en Phillip R. Davies, ed. *Second Temple Studies. 1. The Persian Period. Journal for the Study of the Old Testament Supplement Series 117*. Sheffield: Sheffield Academic Press, 1991, 73-97.

Smith-Christopher, Daniel L. "Between Ezra and Isaiah: Exclusion, Transformation, and Inclusion of the 'Foreigner' in Post-Exilic Biblical Theology" en Mark G. Brett, ed. *Ethnicity and the Bible. Biblical Interpretation Series*. New York: Brill, 1996, 117-142.

_____. "Reassessing the historical and sociological impact of the Babylonian Exile (597/587-539 BCE)" en James M. Scott, ed. *Exile. Old Testament, Jewish and Christian Conceptions*. New York: Brill, 1997, 7-36.

_____. "The Mixed Marriage Crisis in Ezra 9-10 and Nehemiah 13: A Study of the Sociology of the Post-Exilic Judaen Community" en Tamara C. Eskenazi y Kent H. Richards, eds. *Second Temple Studies Vol 2: Temple and Community in the Persian Period. Journal for the Study of the Old Testament, Supplement Series*. Sheffield: Sheffield Press, 1994, 243-265.

Smith, Morton. "Jewish Religious Life in the Persian Period" en W.D. Davies y Louis Finkelstein. *The Cambridge History of Judaism Vol 1: Introduction; The Persian Period*. Cambridge: Cambridge Univ. Press, 1984, 219-278.

Snijders. "זר zur/zar" en Johannes Botterweck y Helmer Ringgren, eds. *Theological Dictionary of the Old Testament, vol IV*. Traducido del alemán por David E. Green, Stuttgart: Verlag W. Kohlammer GmbH, 1977. Grand Rapids: Eerdmans Press, 1980, 52-58.

Sorek, Susan. "Mother's of Israel. Why the Rabbis Adopted a Matrilineal Principle", *Women in Judaism*, 2002. Edición electrónica: www.utoronto.ca/wjudaism/ journal/spring2002/sorek.html.

Steinberg, Naomi. "The Deuteronomic Law Code and the Politics of State Centralization" en David Jobling, Peggy Day y Gerald T Sheppard, eds. *The Bible and the Politics of Exegesis*. Cleveland: Pilgrim Press, 1991, 165-169.

Stern, Ephraim. "Religion in Palestine in The Assyrian and Persian Periods" en Bob Becking, y Marjo Korpel. *The Crisis of Israelite Religion*. Boston: Brill, 1999, 245-255.

Talmon, Shemaryahu. "The Emergence of Jewish Sectarianism in the Early Second Temple Period" en Patrick D Miller Jr., et. al., eds. *Ancient Israelite Religion*. Philadelfia: Fortress Press, 1987, 587-616.

Tosato, Angelo. "The Law of Leviticus 18:18: A Reexamination", *Catholic Biblical Quarterly* 46 (1984) 199-214.

Tribble, Phyllis. "Exegesis for Storytellers and Other Strangers", *Journal of Biblical Literature* 114/1 (1995) 3-19.

Van Grol, Harm. "Indeed, Servants We Are´: Ezra 9, Nehemiah 9 and 2 Chronicles 12 Compared" en Bob Becking y Marjo Korpel. *The Crisis of Israelite Religion*. Boston: Brill, 1999, 209-227.

Walsh, Jerome T. "Methods and Meanings: Multiple Studies of Kings 21", *Journal of Biblical Literature* 111/2 (1992) 193-211.

Washington, Harold C. "Israel's Holy Seed and the Foreign Women of Ezra-Nehemiah: A Kristevan Reading", *Biblical Interpretation* 11, 3/4 (2003) 427-437.

_____. "The Strange Woman of Proverbs 1-9 and Post-Exilic Judaen Society" en Tamara C. Eskenazi y Kent H. Richards, eds. *Second Temple Studies Vol 2: Temple and Community in the Persian Period*. *Journal for the Study of the Old Testament, Supplement Series*. Sheffield: Sheffield Press, 1994, 217-242.

Weinfeld, Moshe. "The Ban on the Canaanites in the Biblical Codes and Its Historical Development" en André Lemaire y Benedikt Otze, eds. *History and Tradition of Early Israel. Vetus Testamentum, Supplements L*. New York: Brill, 1993, 142-160.

Whitekettle, Richard. "Levitical Thought and the Female Reproductive Cycle: Wombs, Wellsprings and Primeval World", *Vetus Testamentum* XLVI (1966) 376-391.

_____. "Leviticus 12 and the Israelite Woman: Ritual Process, Liminality and the Womb" *Zeitschrift für die alttestamentliche Wissenschaft* 107, No 3 (1993), 393-408.

Wilson, Marvin R. "necar", "nokri" en Laird R. Harris, Gleason L. Archer, Jr. y Bruce K. Waltke. *Theological Wordbook of the Old Testament Vol. II.* Chicago: Moody Press, 1980.

Yee, Gale A. "'I have Perfumed my Bed with Myrrh': The Foreign Woman ( *issa zara*) in Proverbs 1-9", *Journal for the Study of the Old Testament* 43 (1989) 53-68.

Zlotnick-Sivan, H. "The Silent Women of Yehud: Notes on Ezra 9-10", *Journal of Jewish Studies*, Vol LI, No 1 (2000) 3-18.

Zvi, Ben. "Inclusion in and Exclusion from Israel as Conveyed by the use of the Term 'Israel' in Post-Monarchic Biblical Texts" en Steven W. Holloway y Lowell K. Handy. *The Pitcher is Broken. Memorial Essays for Gösta W. Ahlström, Journal for the Study of the Old Testament Supplement Series* 190, Sheffield: Sheffield Academic Press, 1986, 95-149.

www.ingramcontent.com/pod-product-compliance
Lightning Source LLC
Chambersburg PA
CBHW051954090426
42741CB00008B/1386